Fy Nghawl Fy Hun

GERALLT LLOYD OWEN

Gwasg
Gwynedd

Argraffiad Cyntaf — Tachwedd 1999

ISBN 0 86074 160 5

Dymuna'r awdur gydnabod derbyn
Ysgoloriaeth gan Gyngor Celfyddydau Cymru
i gwblhau'r llyfr hwn.

Cyhoeddwyd ac Argraffwyd
gan Wasg Gwynedd, Caernarfon.

I ALWENA
MIRAIN, BEDWYR A NEST

'Eiddof fi'r mwynhad ar derfyn dydd
  Pan fyddo 'nghwysi weithiau'n deg eu llun,
A'r dydd pan na fo cystal graen ar waith
  Rhowch imi'r hawl i wneud fy nghawl fy hun.'

I

Wrth ddewis daeargi i'w gadw iddo'i hun arferai fy nhad ddewis y lleiaf a'r gwannaf o'r torllwyth am mai yn hwnnw y byddai'r ysfa i oroesi gryfaf. Serch hynny, pe bawn i, a anwyd ar y chweched o Dachwedd 1944, yn ddaeargi go brin y buasai llinyn mesur fy nhad wedi fy arbed. Roeddwn i'n wanllyd drybeilig, yn griddfan am fy ngwynt ac, yn goron ar bopeth, yn methu'n deg â stumogi fy llith. Un o'r buchod druan oedd yn cael y bai am yr aflwydd hwnnw, a'r eglurhad amaethyddol os nad meddygol oedd porfa ffrom.

Roedd hi'n rhyfel wrth gwrs, a phopeth, gan gynnwys *Nestle's Milk*, wedi'i ddogni. Ond, rhyfel neu beidio, trwy ddirgel ffyrdd a chymorth rhyw Samariad o drafaeliwr fe lwyddodd Nain Siop i ystumio rheolau'r Wladwriaeth ac ymorol fod cyflenwad digonol o'r llaeth achubol hwnnw dan gownter Siop y Sarnau. Eto i gyd, ni chredai Nain Siop na nain neb arall y gwelwn i'r Gwylie heb sôn am ddiwedd y rhyfel. Yn dair wythnos oed fe'm hanfonwyd i Ysbyty'r Plant yn Lerpwl (rhyw jôc Wyddelig o faciwî) ac er na wn am ba hyd y bûm yno mi ddois drwyddi a chael gweld, os gweld hefyd, ddiwedd yr Ail Ryfel Byd yn ogystal â'm brwydr fechan fy hun.

Os oeddwn i'n gwlin, nid felly Geraint fy mrawd, neu Nw Bach fel y'i bedyddiodd ei hun. Gyda llaw, ffolineb o'r mwyaf oedd rhoi enwau mor debyg ar frodyr ac awgrymodd Bob Lloyd (Llwyd o'r Bryn i chi), os byth y caem chwaer, y dylid ei henwi'n Gerychwyrndrobwll. Roedd Geraint dair blynedd a hanner yn hŷn na mi, yn grwn fel cneuen ac yn llond ei blisgyn o ryfyg. Gan mai ar fferm Tŷ Uchaf rhwng Llandderfel a'r Sarnau y'n ganed ni roedd myrdd o ryfeddodau — anifeiliaid, hofelau, caeau a choed — yn cymell pob math o anturiaethau peryglus. Ac oedd, roedd Nw Bach yn byw'n beryglus. Âi ar goll byth a hefyd am oriau bwygilydd ac, yn ddieithriad, yn y pwll hwyaid yng ngwaelod y buarth y dechreuid chwilio amdano. Ar un o'i fynych bererindodau fe welodd Iesu Grist, nid ar y ffordd i Emaus ond ar y ffordd dyrpeg rhwng y Sarnau a Bethel. Am ryw reswm, roedd Iesu Grist wedi dringo i ben coeden ac wedi gweiddi 'I-cw' ar Nw Bach cyn mynd ynglŷn â'r pethau a berthynai i'r Cyngor Sir, sef torri gwelltglas min y ffordd. Ymhen rhai blynyddoedd byddai'r Iesu'n gymydog inni ym mhentre'r Sarnau ac ato ef yr aem i dorri'n gwalltiau.

Os oedd yr Iesu'n uchel yng ngolwg Geraint, nid felly ei was y Parchedig Stanley Davies, gweinidog ifanc o'r Sowth a fu am gyfnod yn lletya ar ein haelwyd. Un noson, a'r ddau ohonynt yn gwarchod y ddinas, fe aeth yn ddrwg rhwng meibion Israel.

'Hen ddiawl ydech chi, Stanle Defis!'

'Bydd dawel. Hen fachan drwg wyt ti!'

'Hen ddiawl, hen ddiawl ydech chi, Stanle Defis!'

'Bydd dawel. Hen fachan drwg, hen fachan drwg wyt ti!'

Ar hynny, pwy ddaeth i'r tŷ ond Eirwen Lloyd Jones (Parry wedyn), hithau'n lletya yno ar y pryd. O glywed sŵn rhyfel yn y gwersyll aeth yn nes i'r clyw a phan ddaeth 'Hen ddiawl, hen ddiawl, hen DDIAWL . . .' o enau Geraint penderfynodd Eirwen ei bod yn hwyr glas galw cadoediad trwy hel y lleiaf o'r ddau i'w wely. Ac felly y daeth heddwch i Jerwsalem y noson honno.

Mae un tro arall yn hanes Nw Bach na fedraf beidio â'i grybwyll oherwydd y gallasai fod, mor hawdd â dim, yn dro angheuol. Roedd Taid a 'Nhad yn ffensio un o'r ffriddoedd ac wedi gadael fy mrawd, ynghyd â rhywfaint o bolion, yn y drol y tu ôl i'r gaseg. Er bod fy nhaid yn dra phryderus mynnai fy nhad fod y gaseg yn ddigon dof. Wrth bellhau fwyfwy oddi wrth y drol taflai'r ddau gipolwg amlach i'w chyfeiriad ond roedd y gaseg yn pori'n ddiddig a Geraint, yr un mor ddiddig, yn ei gwylio'n pori. Beth yn union a ddigwyddodd wedyn sy'n dywyll hyd heddiw ond yn sicr fe deimlodd y gaseg ddof honno ryw ysgogiad i newid porfa. Carlamodd i lawr y ffridd nes bod y drol yn corcio a'r polion yn hedfan fel gwaywffyn. A dyna lle'r oedd y còg eurben o Gelt yn chwyrnellu i gwrdd â'r gelyn, sef, yn yr achos hwn, ffens gwaelod y ffridd. Wrth nesáu at honno byddai'r gaseg yn saff o swilio a throi nes towlu'r drol a'r mymryn certmon. Trwy drugaredd, ar ôl rhyw ganllath o garlam daeth at ei choed ac arafodd gan sefyll yn ostyngedig lathen neu ddwy o'r ffens. A Geraint? Wel, roedd hwnnw'n gwenu fel petai newydd ennill y Darbi.

Llywaeth iawn oedd fy magwraeth i. Yn ôl y sôn, wrth linyn ffedog fy mam ac, yn amlach na pheidio, yn ei breichiau y treuliais i dair blynedd cyntaf fy mywyd.

Fferm ar stad y Pale oedd Tŷ Uchaf gyda'r tŷ a'r adeiladau'n swatio yng nghesail y gefnen a wahanai Landderfel a'r Sarnau. A bod yn fanwl, yn ardal Bethel yr oedd hi, ac yno y mae hyd heddiw, am wn i. Yn 1934 cynigiwyd ei thenantiaeth i'm taid ac, er ei bod wedi'i gollwng yn arw, roedd ganddi fwy ar ei hasgwrn na Thyddynbarwn, hen gartre'r teulu yng Nghwm Cletwr ar lethrau'r Berwyn, ac felly aeth Taid a 'Nhad i'r afael â hi'n ddiymdroi — fy nhad ar gyflog o bunt yr wythnos.

Y ddwy fferm agosaf ac yn taro arni oedd Bwlchgarneddog lle'r oedd Gruffydd Evans a'i briod yn byw. Gŵr llednais ei natur oedd Gruffydd Evans ac yn frawd i 'Anti Sali' Blaen Cwm, hithau o'r un pobiad. Y llall, i gyfeiriad y Mynydd Du a 'Llyn y Ffridd ar Ffridd y Llyn', oedd Derwgoed (Drywgoed ar lafar) lle'r oedd Bob Lloyd a Nans yn ffermio. Fe glywch ragor o sôn am Bob Lloyd yn yr atgofion hyn ond efallai mai dyma'r lle i ddweud ei fod, er gwaethaf ei holl grwydradau, yn ffermwr rhagorol. Serch hynny, nid oedd bob amser yn ffermwr poblogaidd ymhlith ei gymdogion a'i gydnabod. Prysuraf i ddweud nad ei fai ef oedd hynny ond bai'r Creawdwr. Roedd carreg ateb yn rhywle ar dir Drywgoed ac, yn ôl coel gwlad, y garreg bryfoclyd honno oedd y rheswm pam roedd teirw Drywgoed bob amser yn beryglus. Yn eu tro, bu bron iddynt dwlcio sawl cymydog i dragwyddoldeb. Yn wir, cael-a-chael fu hi yn hanes Nans un diwrnod pan oedd ei phriod ar un o'i grwydradau mynych. Dan warchae tarw bu'n rhaid iddi dreulio prynhawn hir o haf crasboeth ar ben grisiau'r granar ac efallai mai yno y byddai drannoeth oni bai i Dan Tynewydd, y gwas, ddod i'r buarth ar ôl gollwng. Ond Pero'r ci, nid Dan, a achubodd urddas Nans os nad ei heinioes hefyd. I mi, hyd heddiw, mae rhyw dwtsh o eironi hoffus yn y ffaith fod Bob Lloyd yn cyflwyno'i lyfr *Y Pethe* 'i Nans am warchod'. Y Pero hwnnw oedd yr un a achubodd einioes ei fistar hefyd. Un min nos o haf tra'n croesi Cefn Bylas, ugain acer o gae gyda gwrym yn ei ganol, daeth Bob Lloyd wyneb yn wyneb â'r tarw a hwnnw'n peuo a phystylad am hydoedd fel petai'n gwybod i'r droedfedd hyd a lled ei fantais. Wel, doedd dim amdani ond ymostwng i'r anorfod gan ategu'r Salmydd, 'Yn dy law di y mae fy amserau'. Yna, fel gwlith o'r nefoedd, yn ei law ei hun teimlodd leithder ffroen Pero. Roedd yr hen gi wedi clywed y tarw'n beichio ac wedi adnabod yr arwyddion ond, mwy na hynny, roedd yn ddigon henffel i gylchu a dod yn wrthol i'w fistar. Hyd y gwn i, welais i mo'r ci hwnnw erioed ond mae arnaf finnau, fel llawer un arall, ddyled ddifesur iddo.

Efallai bod y rhyfel wedi effeithio mwy ar fywyd Tŷ Uchaf nag ar weddill ffermydd y fro. Roedd yno fynd a dod diddiwedd a pheth dialedd o bobl. Cyfeiriais eisoes at Stanley Davies, y gweinidog ifanc o'r Sowth, ac mae un hanesyn amdano sy'n rhaid ei adrodd. Rhyw brynhawn braf fe aeth i gerdded cynefin ei braidd ac ar ôl dychwelyd fe roddodd gyfrif manwl o'r daith i Mam. Bu cyn belled â Chwm Main a dringodd i ben Craig Llwyn Onn a chanlyn y grib heibio i Gwm Cywen nes dod i olwg Tyddyn Tudur islaw lle'r oedd hen ferch o'r enw Marged Jên yn byw. 'Yna,' meddai'r bugail yn gwbl ddiniwed, 'fe ddes i lawr drwy glos Marged Jên.' Oedd, roedd hi'n galed ar Mam ond, yn sydyn, fe gofiodd fod ganddi lond lein o ddillad dychmygol i'w hel.

Cyfeiriais hefyd at Eirwen Lloyd Jones, merch alluog, ddymunol tu hwnt a oedd yn ddarpar wraig i Idris Parry a ddaeth wedyn yn Athro Almaeneg yng Ngholeg y Brifysgol, Bangor, ei ddinas enedigol. Yn ystod y rhyfel roedd Eirwen yn un o 'ferched y coed' tra oedd Idris, ar gorn ei Almaeneg, yng ngwasanaeth cudd y fyddin. Priododd y ddau ac fe fuont yn byw yn Nhŷ'r Ysgol, y Sarnau am gyfnod cyn symud i Ddwygyfylchi. Fe gawsant ddwy ferch, Mirain a Morfudd, a'u

Mirain hwy oedd y Firain gyntaf erioed. Bellach, mae pob diawch o bawb wedi bachu'r enw prydferth hwnnw. Yn Nhŷ Uchaf hefyd bu pedwar carcharor rhyfel yn eu tro, sef Horace a Marco, Karl a Hanz. Wn i fawr ddim am y tri arall ond mae gen i gof clir am Karl — Karl-Heinz Mitschke — oherwydd iddo ef barhau'r cysylltiad ac ymweld â ni o leiaf ddwywaith wedi'r rhyfel. Ffotograffydd ydoedd wrth ei grefft ac roedd yn ŵr boneddigaidd a golygus tu hwnt. Anfonai gerdyn a phwt o lythyr bob Gwylie'n ddi-ffael gan ddiolch am y croeso a'r caredigrwydd a brofodd ar ein haelwyd. Yna, un Nadolig yn nechrau'r wythdegau, ni chyrhaeddodd y cyfarchiad arferol o Wiesbaden. Dim gair byth mwy.

Bu 'carcharor' arall yn Nhŷ Uchaf yn ystod y rhyfel, sef y Prifardd a'r Cyn-Archdderwydd Geraint Bowen. Roedd yn wrthwynebydd cydwybodol ond rwy'n prysuro i ddweud mai ar dir cenedlaetholdeb Cymreig yn hytrach na heddychiaeth y gwrthododd ymuno â'r lluoedd arfog. Wedi'r cwbl, roedd yn rhy abl â'i ddyrnau i fod yn heddychwr — fel y sylweddolodd penbugail yr Hendwr, Llandrillo pan fu ond y dim iddo lanio ar ei din yn tân! Yr oedd hefyd wrth gwrs yn fardd ac yn fuan wedyn fe fyddai'n ennill y gadair genedlaethol am ei awdl foliant gywrain i'r 'Amaethwr'.

Fe achosodd ei ddyfodiad ef, ynghyd â'r diweddar E. Bryan Jones (Is-olygydd *Y Faner* wedyn) gryn gynnwrf yn yr ardal, ardal a oedd yn parhau i fod yn gadarnle Rhyddfrydiaeth. Rhaid cofio mai un o fechgyn enwocaf y fro oedd Thomas Edward Ellis, mab Cynlas, a etholwyd yn Aelod Seneddol y sir yn 1886 a'i gofgolofn yn sefyll nid yn unig ar Stryd Fawr y Bala ond hefyd yng nghalonnau pobl Penllyn fy mhlentyndod i. Roedd arwyr yn byw'n hwy bryd hynny ac roedd gwendid pob duw yn gryfach na dynion. Ond y gwir amdani yw fod mwy o ruddin yng Nghymreictod naturiol amryw o'r bobl hyn nag a geir heddiw ymhlith rhai o'u disgynyddion sy'n honni bod yn genedlaetholwyr pybyr. Meddyliwch am Dei Ffatri yn gwerthu tŷ i'm rhieni am ddau gant o bunnau'n llai na'r hyn a gynigiai rhyw Sais o ffwrdd. Roedd hynny yn 1956 pryd roedd dau gant o bunnau'n gyfwerth ag ugain mil heddiw. Gwelais â'm llygaid fy hun y Sais pasgedig hwnnw'n cyrraedd mewn car nad oedd lawer llai na'r tŷ y dymunai ei brynu. 'Aur a drig ar dy wregys,' meddai Lewys Glyn Cothi, ac mi allaf innau dystio fod gan y gŵr a ddaeth allan o'r car felt am ei ganol a honno'n bochio gan arian caled. Ond, bendith arno, ni allai Dei werthu ei dŷ na'i hen Ryddfrydiaeth Gymreig mor rhad â hynny.

Mater arall oedd Hôm Rŵl. Roedd cenedlaetholdeb ymwybodol Plaid Cymru fel cadach coch i darw yng ngolwg Dei a'i debyg. 'Hen blaid gul, *no bloody good*' oedd hi, yn ôl un englynwr yn eisteddfod yr ardal. Ond roedd ambell deulu wedi cefnu ar y Blaid Ryddfrydol ac yn cefnogi Plaid Cymru o'i dechreuad. Un o'r teuluoedd hynny oedd teulu Tŷ Uchaf. Sut bynnag, i ganol berw cymdeithasol y Sarnau fe laniodd Geraint Bowen yn ŵr ifanc tanbaid, yn genedlaetholwr digyfaddawd ac, yn waeth na'r cwbl, efallai, yn 'gonshi'. Roedd llawer un yn siarad trwy'i ddannedd ac yn lliwied y ffaith ein bod ni fel teulu'n rhoi lloches iddo.

Un noson, yn ystod rhyw gyfarfod gwleidyddol aeth pethau'n wenfflam ulw. Roedd rhyw ymgeisydd Rhyddfrydol yn siarad ac fe aeth Geraint a Bryan ati, gyda chymorth ambell un fel fy nhaid, i'w dynnu'n g'reiau. Fe aeth yn helynt na fu rotsiwn beth ac ar ôl y cyfarfod gafaelodd un hen ferch bengoch yn fy nhaid a cheisio'i ysgwyd gan sgyrnygu yn ei wyneb. Ei unig sylw, ar ôl iddi fynd i'r afael â rhywun arall, oedd troi at John Edwards, Blaen Cwm a dweud, 'Dew, John, mi leciwn i ga'l teriar o honne'.

Cof clust yw hyn oll ond, eto i gyd, mae ambell atgof o'm heiddof fy hun wedi aros, rhai o'r argraffiadau gwibiog hynny sy'n perthyn i flynyddoedd cynharaf pob un ohonom. Er eu bod bellach yn ymddangos yn ddiarwyddocâd a dibwys, mae'n rhaid bod rhyw deimlad o ddedwyddwch yn eu cylch ar y pryd nes peri eu bod wedi'u fferru am byth yn llygad y cof.

Rwy'n cofio eistedd yn fy nghadair uchel yng nghegin Tŷ Uchaf, y drws yn agor, goleuni cynnes yr haul yn llifo fel llanw'r môr dros y llawr cerrig, a rhywun (fy nhad rwy'n barnu) yn dod i mewn o'r buarth. Dyna'r cwbl, ond hyd heddiw, mae'r eiliadau hynny mor anhreuliedig â 'haul Gorffennaf gwych' y bardd.

Tua'r un adeg, rwy'n cofio Morfudd Bybls yn fy hwylio mewn coits fach adref o'r Sarnau. Merch Ty'n Fron,

Llawrybetws oedd Morfudd ac fe gafodd yr enw 'Bybls' am ei bod yn chwythu swigod i ddifyrru fy mrawd a minnau. Bellach, does gen i ddim cof am y bybls ond rwy'n dal i weld wyneb Morfudd yn union fel yr oedd am ennyd fer dros hanner canrif yn ôl. Wyneb tlws, tlws dan heulwen o wallt modrwyog. Dyna'r unig gof sydd gen i amdani.

Bryd hynny roedd gen innau hefyd lond pen o fodrwyau. Fe dyngech mai geneth oeddwn i ac efallai'n wir mai dyna oeddwn i yn nymuniad calon fy mam. Nid felly, fodd bynnag, y gwelai fy nhad bethau. Wn i ddim ai geiriau Jeremeia, 'Cneifia dy wallt, O Jerwsalem', a'i symbylodd ond, un diwrnod, cyn gynted ag y cafodd gefn fy mam, estynnodd ei wellaif ac fe'm cneifiodd. Roedd Mam yn gandryll ond fe lwyddodd i achub rhywfaint o'r cnufiad cyntaf hwnnw rhag y tân ac fe'i cadwodd yn barchus mewn tebot yn y ddreser. Nid peth anghyffredin mo hynny ers talwm ac efallai bod rhyw hen, hen goel wrth wraidd yr arfer. Wn i ddim, ond hyd heddiw, mae'r cudynnau euraid hynny yn yr un tebot yn yr un ddreser.

Yn fuan ar ôl torri gwallt ei fab ieuengaf fe dorrodd fy nhad hefyd ein cysylltiad uniongyrchol â ffermio. Fe'i penodwyd gan y Weinyddiaeth Amaeth yn Swyddog Plâu Sir Feirionnydd ac fe aethom i fyw i gartref fy mam, sef y Siop (Broncaereini oedd yr enw swyddogol) ym mhentre'r Sarnau. Yno y'm magwyd i, fy nhad yn *Pest Officer* a'm mam yn *Post Officer*. Ond roedd gan y Post Brenhinol enw arall ar ein cartref, sef *Sarnau Post Office* ac ymhen ychydig flynyddoedd fe fyddai fy mam a'r awdurdod hwnnw benben â'i gilydd ynghylch yr arwydd trahaus ar wal y tŷ. Fe'i tynnodd i lawr ac yn ei le gosododd arwydd 'Llythyrdy'r Sarnau', a hynny heb ymgynghori â neb, dim ond gwneud, a dyna fo. Pan ddaeth yr arwydd newydd i sylw'r awdurdodau fe'i gorchmynnwyd i adfer yr un Saesneg. Gwrthododd. Ar ôl misoedd o ddadlau a chwythu bygythion sylweddolodd y Post Brenhinol y buasai'n haws symud mynydd na symud fy mam.

Heddiw, o edrych yn ôl, mae'n rhyfedd meddwl bod y frwydr honno wedi'i hymladd a'i hennill ddegawd a mwy cyn darlith 'Tynged yr Iaith', heb sôn am brotestiadau Cymdeithas yr Iaith y tu allan i Swyddfeydd Post Aberystwyth a Dolgellau. Ond er bod fy mam yn wraig styfnig a chwbl benderfynol, yn ogystal â bod yn Gymraes ddiwylliedig, doedd hi ddim yn ymgyrchreg iaith o fath yn y byd ac, wrth ateb y ffôn, 'Llandderfel tw-o-êt' a ddywedai'n ddieithriad. Felly, pam roedd hi'n gwrthwynebu'r arwydd *Sarnau Post Office* ar fur ei chartref? Wedi'r cwbl, roedd holl fusnes swyddogol y Post yn uniaith Saesneg ac ni chlywais mohoni'n codi'i llais ynghylch hynny. Yr unig eglurhad sydd gen i i'w gynnig yw hwn: nid Saesneg fel y cyfryw oedd 'Llandderfel tw-o-êt' ond Cymraeg dirodres pobl a ddysgwyd i rifo yn Saesneg ond pobl, serch hynny, na freuddwydient am ledio 'Emyn tw-o-êt'. Mewn gwirionedd roedd dau Gymraeg: ar un llaw, Cymraeg capel, Cymraeg dillad gorau achlysuron cyhoeddus ac, ar y llaw arall, Cymraeg anffurfiol, Cymraeg dillad gwaith fel petai. Cofiwch chi, nid bratiaith mo'r olaf chwaith. O, na. Er mai am 'eira mawr naintin-fforti-sefn' y sonnid ac nid 'mil-naw-pedwar-saith', yr oedd gan bawb afael sicr ar gystrawen, treiglad a chenedl enw heb sôn am briod-ddull a chymhariaeth liwgar. A doedd *anyway, really, actually* a *so* na'u myrdd perthnasau epilgar ddim yn eiriau Cymraeg bryd hynny.

Na, mi dybiwn i mai gwir asgwrn y gynnen rhwng Mam a'r Post Brenhinol oedd y ffaith syml nad merch *Sarnau Post Office* oedd hi, a bod yr arwydd estron hwnnw mor wrthun iddi ag y byddai *Marsh Field* i Kate Roberts. Na, nid oherwydd anghyfiawnder â'r Gymraeg rhagor anghyfiawnder â hi'n bersonol y croesodd gleddyfau â'r Post Brenhinol. Heb yn wybod iddi, efallai ei bod wedi rhoi ei bys ym motwm bol ein cenedligrwydd. Wedi'r cwbl, nid geiriau ond pobl ydi iaith, ac mae'n amhosib cyfieithu pobl.

2

Rhyw gnegwerth o bentref disylw oedd y Sarnau neu'r 'Ddinas' fel y byddai ambell un o'r tu allan i'r muriau yn ei alw. Roedd saith bryn yn Rhufain ac roedd saith tŷ yn y Sarnau ac, fel Rhufain, fe gafodd y Sarnau hefyd dân fel mai chwe thŷ yn unig oedd ar eu traed yn ystod fy mhlentyndod i. Tŷ John a Jane Williams, Pen-y-banc oedd yr un a losgwyd. Yn nhermau'r Sarnau roedd Pen-y-banc yn teilyngu statws 'stryd' neu o leiaf 'teras' oherwydd bod yno fwy nag un tŷ. Roedd yno ddau. Dodo Banc neu Lisi Lloyd (Mrs Elizabeth Lloyd Jones ar lyfrau'r capel) a'i mab Ifan oedd yn byw drws nesaf i John a Jane. Welais i erioed mo John na Jane ac fel Stafell Gynddylan y cofiaf fi adfeilion eu haelwyd drist. Lladdwyd eu hunig blentyn yn y Rhyfel Mawr ac ni fu llawer o drefn ar Jane ar ôl hynny. Prin y daeth i olau dydd wedyn, dim ond codi allan liw nos fel tylluan unig. Druan bach. I bob pwrpas, fe fu hithau farw yn ffosydd Ffrainc.

Cymeriad ar y naw oedd John Williams ac roedd ganddo fwlch yn ei fin fel mai myngus iawn oedd ei leferydd. Roedd y straeon amdano'n lleng. Cofiaf John Preis Rhydywernen yn adrodd hanes y ddau ohonynt yn canlyn yr injan ddyrnu ac yn aros un tro mewn ffermdy yn y Parc. Y noson honno roedd y ffermwr wedi mynd ar ryw gymówt i rywle ac yn ymdroi'n o arw. Eisteddai'r ddau John oddeutu'r tân tra oedd gwraig y tŷ'n hwylio i fwydo'r criw dyrnu drannoeth. Wedi dod i ben â hynny fe aeth i'w gwely ac, yn y man, cyhoeddodd John Williams ei fod yntau'n mynd i glwydo. Doedd dim golwg o

15

ŵr y tŷ ac ar ôl mwynhau mygyn bach arall cyn noswylio fe aeth John Preis yntau am y gwely. Pan oedd ar ganol y staer sylweddolodd na wyddai ym mha lofft yr oedd ef a'i bartner yn cysgu ond, wrth lwc, roedd hwnnw wedi bod yn ddigon meddylgar i adael ei esgidiau y tu allan i'r drws. Tynnodd John Preis amdano ac fe aeth i'r gwely at John Williams. Yna, dyma lais benywaidd, cysglyd yn dweud, 'Wel mi fuost yn hir, William bach'. Ie, un stumddrwg oedd John Williams.

Roedd ganddo stori ddigri amdano'i hun yn chwythu cerrig yn Nhy'n Efridd. Ar ôl gwneud twll yn un o'r cerrig fe eisteddodd yn fforchog arni i yrru'r powdr i lawr hefo roden a morthwyl. Ac meddai, yn ei ffordd fyngus ei hun, 'Uw annwl, mi daniodd y diawl'. Yna, ar ôl gadael saib digonol i'r llwch setlo, 'Weles i byth mo'r mwrthwl!'

I. B. Griffith oedd prifathro'r Sarnau yn y pedwardegau cynnar ac un diwrnod dywedodd John Williams wrtho, 'Wsti be, dwi 'di sylwi, os bydd 'ne sgwlmistar da yn Sarne mi fydd gynno fo wraig sâl, ond os bydd 'ne sgwlmistar sâl mi fydd gynno fo wraig dda. Uw annwl, wsti be, ma' gen ti wraig dda!'

Ni ŵyr neb yn hollol beth a achosodd y tân ym Mhen-y-banc, er bod mwy nag un ddamcaniaeth yn mudlosgi hyd heddiw. Roedd Jane yn ei gwely ac, yn ôl y sôn, achub ei bres yn hytrach na'i briod oedd flaenaf ym meddwl John. Llosgwyd Jane yn golsyn a chlywais John William Ty'n Ffridd yn dweud fel y bu ef ac eraill yn lloffa'i gweddillion ar sach.

Sgrifennaf y geiriau hyn yn sŵn tipiadau'r cloc a roddodd John Williams yn anrheg priodas i'm rhieni yn 1939. Cloc potyn sgwâr heb wydr ydi o, gyda llun 'Jack and Jill' a'r rhigwm adnabyddus arno. Pan gafodd Mam y cloc roedd wedi'i orchuddio ag olew, saim a phob rhyw gasnach fel mai prin y gellid gweld y rhifau na dim, a John yn dweud ei fod wedi costio ffortiwn iddo. Mae'n beth hyll i'w ryfeddu ond, waeth befo, mae'n dal i fynd wedi trigain mlynedd.

O'r chwe thŷ oedd ar eu traed o fewn fy nghof i, Gwynfa oedd y mwyaf ei faint a'r mwyaf trawiadol ei olwg. Fe fu ar un cyfnod yn eglwys ac wedyn yn ysgol cyn cael ei droi'n dŷ annedd. Dwy hen ferch, Maud ac Amy Evans, oedd yn byw yno. Roedd y ddwy Miss Evans wedi eu geni a'u magu mewn dinas arall ac er eu bod yn siarad Cymraeg roedd cryn dipyn o sawr Llundain arno. Ni chymdeithasent ryw lawer â neb oddigerth eu cathod ac ni allaf lai na chredu y buasai awyrgylch syber rhyw swbwrbia, cyrion rhyw Fae Colwyn neu'i gilydd, wedi bod yn fwy cydnaws â'u hanian. O leiaf, mewn lle felly fe fyddai ymweliad rheolaidd y fan *Wrekin Ales* yn llai o ryfeddod. Ta waeth, cyfarchiad propor a gwên ofalus ges i gan y ddwy bob amser.

Y tŷ nesaf at Gwynfa oedd Tu-hwnt-i'r-fflat lle'r oedd Dei Ffatri a Bitres yn byw — y hi'n chwaer i'r ddwy Miss Evans. Erbyn fy mod i'n ddigon hen i'w chofio doedd Bitres druan ddim yn ei chofio'i hun heb sôn am fy nghofio i ond mi glywais ddweud mai gwraig ddoeth a distaw ydoedd. Efallai nad doeth — yn sicr, nid distaw — yw'r disgrifiad gorau o Dei. Yr oedd fel 'llafar badell efydd' Dafydd ap Gwilym ac yn fusneswr heb ei ail. Wynebai Twnti'r-fflat y ffordd dyrpeg a'r ffordd a arweiniai o honno i'r pentref ac nid âi na chreadur na chysgod heibio heb yn wybod i Dei. Bryd hynny roedd rhai o'r trigolion, ac yntau'n eu plith, yn gorfod cario dŵr o'r tap ar ganol y pentref.

Pe digwyddai fod newydd nôl bwcedaid ac ar fin cyrraedd y tŷ pan ddôi car dieithr i'r golwg fe roddai drochfa i'r llwyn pren bocs a mynd yn ôl i ail-lenwi. Roedd bod heb ddŵr yn tŷ yn fendith fawr i Dei. Ond pwy mewn difri a allai ei feio am ymddifyrru cymaint yn hynt a helynt ei gyd-ardalwyr? Wedi'r cwbl, doedd ei aelwyd ef ei hun mo'r lle difyrraf ac roedd pob rhyw fynd a dod y tu allan yn torri ar undonedd y dyddiau yn Nhwnti'r-fflat.

Rhaid imi adrodd ei hanes yn gweddïo yng nghapel Cefnddwysarn un tro. Roedd wedi mynd i hwyliau mawr ac yn parablu'n huawdl yn ei lais clochaidd. 'Diolch iti, Arglwydd Mawr,' meddai, 'diolch iti am y meddyliau godinebus ryden ni'n gael'. Os oes gan yr Arglwydd Mawr rywfaint o hiwmor — a rhaid bod cyn y buasai wedi creu'n siort ni — siawns nad oedd gwên ar ei wyneb y Sul 'gogoneddus' hwnnw.

Cotel fechan gyda nant yn llifo drwyddi oedd rhwng Twnti'r-fflat a'n tŷ ni. Dros y darn tir hwnnw, yn ôl traddodiad, yr âi'r hen ffordd Rufeinig a arweiniai bob cam o Gaer i Gaer-gai yn Llanuwchllyn. Rhedai'r nant o dan y ffordd, a dyna, wrth gwrs, ystyr y 'fflat' y safai tŷ Dei y tu hwnt iddo. Roedd y ffordd, nad oedd fawr mwy na llwybr llydan, ryw ddwylath neu dair yn uwch na'r nant, fel y sylweddolodd gyrrwr y fan *Wrekin Ales* yn rhy hwyr un prynhawn difyr eithriadol. Wn i ddim a oedd ogle'r cargo wedi codi i'w ben ond mi wn hyn: ni lwyddodd ef na'i fan i fynd y tu hwnt i'r fflat y diwrnod hwnnw. Fe fuasai *'Wrecking Ales'* wedi bod yn enw mwy addas.

Ein tŷ ni, y Siop, oedd y nesaf. Fûm i erioed yn hoff o 'Broncaereini' ond dyna'r enw oedd arno pan ddaeth Taid a Nain Siop yno yn 1904. Cyn hynny, tŷ'r gweinidog ydoedd. Sut bynnag, roedd 'Broncaereini' ffuantus yn well na *Sarnau Post Office*. Y tu ôl iddo, ac yn ei gysgod braidd, roedd Brynffynnon lle'r oedd Emlyn Humphreys a'i briod a'r meibion Caerwyn a Llion yn byw. Emlyn Humphreys oedd yr Iesu Grist hwnnw a waeddodd 'I-cw' ar fy mrawd rai blynyddoedd ynghynt.

Roedd Brynffynnon yn ddyddyn bychan o ryw bedwar neu bum cae, dwy neu dair o fuchod, beudy, sgubor a chowlas. O ie, ci defaid hefyd. Gan fod ei fistar yn gweithio ar y ffordd drwy'r dydd treuliai'r ci ran helaeth o'i oes yn rhwym wrth gadwyn, a dyna, mae'n debyg, pam na ddisgleiriodd yn y rasys cŵn a gynhaliwyd yn Rhydywernen rywdro. Gollyngwyd y defaid, gollyngwyd y ci. Am y decllath cyntaf fe greodd argraff ffafriol iawn ar y beirniad a'r dyrfa. Yn wir, roedd pob argoel y gwnâi sioe dda ohoni. Yna, fe welodd ysgallen ac fe'i bedyddiodd. Gwelodd un arall, a bedyddiodd honno hefyd. Ac felly, o fedydd i fedydd, y treuliodd y ras. Gall'sech dyngu ei fod wedi'i fagu ar locustiaid a mêl gwyllt.

Pen-y-banc, fel y soniais eisoes, oedd tŷ Dodo Banc ac Ifan a oedd ryw ddeuddeng mlynedd yn hŷn na mi. Hen wraig fechan finiog ei hasgwrn — a'i thafod ar brydiau — oedd Dodo Banc ac, ar ei hen sodlau fel 'tae, fe briododd â Moss Jones o'r un gymdogaeth ond nid o'r un genhedlaeth. Byrhoedlog fu'r briodas. Oedd, roedd rhai pethau'n anodd eu dallt, anos hyd yn oed na syms, ac eto, roedd dau a dau'n gwneud pedwar. Sut bynnag, Dodo Banc oedd archifdy'r ardal; gwyddai ddyddiad geni, marw a chladdu pawb a phopeth a gallai olrhain dincod ar ddannedd plant hyd y nawfed ach.

Y noson yr aeth tŷ John Williams ar dân pryderai Dodo Banc yr âi ei thŷ hithau'n wenfflam. Wrth brysuro allan, gwaeddodd ar Ifan, 'Ty'd â rhwbeth gwerthfawr hefo ti!' Daeth Ifan allan, yn hogyn wyth oed, hefo'r Beibl a'r Llyfr Emynau yn ei ddwylo. Yr unig dŷ arall yn y pentref oedd Tŷ'r Ysgol lle'r oedd y prifathro, Llew Glyn Davies a'i briod yn byw. Fe anwyd iddynt ferch o'r enw Siân a oedd flynyddoedd yn iau na mi ac, os yw'n digwydd darllen y geiriau hyn, fe fydd yn falch fy mod yn nodi hynny! Llew Glyn Davies a olynodd I. B. Griffith yn 1944 wedi i'r olaf gael ei benodi'n Drefnydd Ieuenctid Sir Drefaldwyn.

A dyna'r Sarnau, meddech chi. O nage. Roedd yno ysgol, a'r ysgol honno oedd both yr olwyn gymdeithasol a drôi'n ddibaid yn ystod fy mhlentyndod i. Roedd hi'n ganolbwynt i ardal amaethyddol ehangach a oedd yn cynnwys Cefnddwysarn, Bethel a Chwm Main. Fel llawer ardal arall ym Mhenllyn, roedd y Sarnau'n uwd o ddiwylliant a gweithgarwch. 'Y lle prysuraf y bûm i ynddo erioed,' meddai I.B., a hawdd y gallaf gredu hynny.

Ar wahân i'r Llawr Dyrnu, y fam-gymdeithas fel 'tae, roedd yno beth wmbredd o gymdeithasau eraill yn cyfarfod yn rheolaidd, heb sôn am gyfarfodydd mwy achlysurol megis ymarfer drama neu gôr neu bwyllgora ac ymarfer at yr eisteddfod flynyddol yn Rhagfyr, eisteddfod a oedd erbyn fy amser i yn gyfyngedig i'r ardal. Rhennid yr ardalwyr yn dri 'thŷ' gan geisio cadw'r dafol yn weddol wastad trwy osgoi rhoi goreuon rhyw gamp arbennig yn yr un tîm. Ac eithrio'r Clwb Ffermwyr Ifanc, wrth reswm, doedd dim darpariaeth neilltuol i'r ifanc rhagor yr hen. Un gymdeithas oedd hi, hen ac ifanc yn gyfoed, ac ym mhob cyfarfod o'r Llawr Dyrnu, boed yn ddarlith, ymryson y beirdd neu Babell Lên i glywed cynhyrchion buddugol yr eisteddfod, fe fyddai yno resaid neu ddwy o blant ym mlaen y gynulleidfa. A doedd neb yn rhoi o-bach iddynt am fôd yno. Wedi'r cwbl, roedd arnyn nhw eisiau bod yno.

Dyddiau dideledu, didrydan hefyd o ran hynny; dyddiau pan oedd ein Cymreictod mor naturiol ag anadlu. Prin fod y Saesneg yn cyffwrdd â'm bywyd i bryd hynny, ac eithrio pan fyddai'r Rasys TT, y *Cup Final* neu ffeit go bwysig ar y weirles. Darllen y *Beano* a'r *Eagle* hefyd, yn ogystal ag ambell ymweliad prin â'r pictiwrs yn y Bala. Yn y fan honno, wrth wylio ffilmiau rhyfel, mi gefais f'atgoffa o'm dyled i John Mills, Richard Todd, Kenneth More a'u tebyg am fy nogn o *Nestle's Milk* flynyddoedd ynghynt. Ac eto, am ryw reswm, ni allwn ymgolli'n llwyr yng ngorfoledd 'ein hawr odidocaf' ac ni allwn lai na theimlo rhyw hen, hen anesmwythyd wrth glywed Meredith Edwards yn marw yn Gymraeg ar draethau Dunkirk. Pwy ŵyr pa bethau a glywswn a pha bethau a wyddwn erioed yn nhoriad fy mogel? Roeddwn i hefyd yn nabod Karl.

3

Mewn gwers Hanes yn chweched dosbarth Ysgol Tytandomen, y Bala gofynnodd yr athro i mi, yn Saesneg siŵr iawn, pa mor bell y medrwn olrhain fy achau ac atebais, yn fy Saesneg fy hun, fy mod yn medru eu holrhain i Lywarch Hen yn y chweched ganrif. Chwarddodd yn goeglyd cyn rhoi cynnig arall arni. *'But seriously, boy, how far can you really trace your ancestors?'* Pan gafodd yr un ateb am yr eildro, ynghyd â'r sicrwydd mai Bob Owen Croesor oedd yn dweud hynny, fe gyfeiriodd y cwestiwn at un o'r bechgyn eraill a chael ateb haws ei lyncu. Mae'n debyg na wyddai am fodolaeth Bob Owen ac na chlywsai erioed am Lywarch Hen er bod yr hen bennaeth hwnnw, yn ôl traddodiad, wedi diweddu ei ddyddiau trallodus filltir neu ddwy o'r stafell lle'r eisteddem.

Efallai mai camgymeriad ar fy rhan oedd gorymestyn hygrededd, a phetawn i'n gwybod mai amcan y cwestiwn oedd profi cyn lleied a wyddem am ein hynafiaid agosaf, mi fuaswn wedi llifio canrifoedd oddi ar y pren.

Sut bynnag, pe bai'r athro — athro Hanes cofier — wedi dangos rhithyn o ddiddordeb yn hanes un o'i ddisgyblion gallasai fod wedi gweld yr ardd achau drosto'i hun drannoeth; gardd achau a ddangosai'r llinach yn anweddu ym more cynnar ein cenedl lle mae hanes a chwedl bellach yn un. Fe gawsai weld olyniaeth ddi-fwlch o'r brenin Merfyn Frych, tad Rhodri Mawr, a fu farw yn 844 hyd at y *'boy'* a aned yn 1944, un ganrif ar ddeg yn ddiweddarach. Fe gawsai weld hefyd fod gan y *'boy'* hwnnw, ddeunaw cenhedlaeth ynghynt, nain o'r enw

Lowri a honno'n chwaer i Owain Glyn Dŵr. Ond wedyn, pwy oedd hwnnw? Er bod Corwen, Carrog a Glyndyfrdwy o fewn dalgylch yr ysgol prin yr ynganwyd ei enw trwy gydol saith mlynedd o wersi Hanes yn Nhytandomen. Nid bai'r athro oedd hynny (roeddwn i, gyda llaw, yn hoff o'r athro hwnnw) ac nid bai'r ysgol chwaith ond bai'r drefn, gwaddol yr hen, hen drefn a alltudiodd Wenllian, unig etifedd ein tywysog olaf, a'i hamddifadu o'i chynefin a'i chof. Yr un drefn, saith ganrif yn ddiweddarach, a geisiai'n halltudio ninnau a'n haddysgu i anghofio. Ond fedrwn i ddim anghofio: gwyddwn pwy oeddwn ym mhob cenhedlaeth.

Pan ofynnodd fy nhaid, Owen Parry Owen, i Bob Owen olrhain yr achau gwyddai eisoes ei fod yn llinach y Barwn Lewis Owen o'r Llwyn, Dolgellau a lofruddiwyd yn 1555 gan rai yr honnid mai Gwylliaid Cochion Mawddwy oeddynt. Mewn gwirionedd, iwmyn eithaf cefnog oeddynt i gyd, a John Goch ap Gruffydd ap Hugh o Fawddwy oedd yr un a drywanodd y Barwn gyda phicell. Er gwaethaf haeriad Bob Owen mai 'hen ddiawl' oedd Lewis Owen aeth i'r afael â'r dasg, tasg gymharol hawdd i achyddwr profiadol oherwydd bod y Barwn yn llinach Ednywain ap Bradwen, Arglwydd Meirionnydd a phennaeth un o Bymtheg Llwyth Gwynedd. Felly, roedd yr achau eisoes wedi eu cofnodi'n helaeth a thrylwyr.

Priododd y Barwn â Margaret Puleston (ei hen hen hen nain hi oedd Lowri chwaer Glyn Dŵr) ac o'u chweched mab, Seimon Owen, Garthangharad y tarddodd ein cangen ni o'r teulu. Amhosibl, wrth reswm, yw rhoi darlun clir o'r achau hyn mewn geiriau; digon yw dweud fy mod yn ymfalchïo yn y ffaith fod fy hynafiaid yn cyfanheddu'r ynysoedd hyn cyn i'r Eingl-Sacson cyntaf gyrraedd eu glannau. Rwy'n ymfalchïo hefyd fod y cysylltiad â Meirionnydd wedi parhau'n ddi-fwlch am ryw fil o flynyddoedd ond, yr un pryd, teimlaf chwithdod a pheth euogrwydd fy mod i wedi terfynu'r berthynas diriogaethol honno trwy fagu fy mhlant fy hun yn Arfon heb un adlais o'r Bowyseg ar eu gwefusau. Ond mi hoffwn feddwl y byddant hwythau, ryw ddydd efallai, yn teimlo peth o'r ias a deimlaf fi bob tro yr af i olwg Cadair Idris. I mi, 'hen, hen yw murmur llawer man' yn y fro brydferth honno, bro sy'n frith o hen anheddau balch lle bu unwaith berthnasau'n byw. Ac, yn bennaf oll, Tyddynygarreg.

Yn Nhyddynygarreg yn 1623 y ganed fy seithfed hen daid, Owen Lewis, 'amaethwr awengar a pherchennog ystâd o gryn faint, yr hwn a ddaeth yn un o Grynwyr cyntaf a ffyddlonaf Meirionnydd,' meddai Richard Jones yn *Crynwyr Bore Cymru.* Roedd Owen Lewis yn ŵr o fodd, yn Ustus Heddwch ac yn ffigwr blaenllaw ym mywyd cyhoeddus gorllewin Meirionnydd ac felly, nid yw'n syndod ei fod, ynghyd ag ambell berthynas dylanwadol arall ym mhlaid Y Bumed Frenhiniaeth, megis Robert Owen, Dolserau ac Owen Humphrey, Llwyn-du, wedi ei benodi ar bwyllgor i ofalu am gyllid y milisia yn 1659. Ond, ymhen ychydig fisoedd, roedd wedi troi at y Crynwyr gan lwyr ymwrthod â phob ffurf ar wasanaeth milwrol ac, fel amryw o Gyfeillion eraill, bu'n rhaid iddo yntau dalu'n ddrud am ei argyhoeddiadau.

Ym Mai 1660 daeth mintai o filwyr i Dyddynygarreg a tharo ar gynulliad bychan yn cydaddoli. Wedyn, fel y dywed Richard Jones:

Gorfodwyd i'r cwmni o bedwar ar ddeg o wŷr a gwragedd gerdded o flaen y milwyr creulon i gyfeiriad Caernarfon i'w carcharu, fel y bygythid, yn y castell. Eithr wedi teithio tua dwy filltir gollyngwyd hwy'n rhydd, ond yn fore trannoeth cymerwyd hwy i'r ddalfa yn eu cartrefi, a gorfodwyd hwy i gerdded o flaen meirch-filwyr i'r Bala — pellter o ddeunaw milltir.

Erbyn cyrraedd y Bala rhifai'r carcharorion dri ar hugain a dygwyd hwy o flaen yr Ynadon, ac oherwydd gwrthod cymryd y llw o ffyddlondeb fe'u dedfrydwyd i Garchar Corwen. Gorfu arnynt gerdded deuddeng milltir drachefn y diwrnod hwnnw, a chadwyd hwy yn rhwym am bedwar mis, ac ymddygwyd yn greulon atynt. Yn y cyfamser gwerthwyd dros chwe chant o'u hanifeiliaid, a defnyddiwyd yr arian yn ôl mympwy'r erlidwyr, heb roddi un math o gyfrif i'r perchnogion. Ond gwelwyd nad pobl i'w digalonni yn wyneb gorthrymderau oedd y dewrion hyn . . .

Perthyn i'r erledigaeth hon ddiddordeb eithriadol ar gyfrif cysylltiadau teuluol rhai o'r dioddefwyr, a'u hanes wedi hyn. Olrheiniai rhai ohonynt eu hachau i rai o hen Dywysogion Cymru, ac yn wir, arbenigrwydd Crynwyr bore Meirionnydd oedd eu bod yn ddosbarth diwylliedig ac eangfrydig.

Ond yr oedd mwy o ddioddef i ddod:

> Ailgarcharwyd nifer ohonynt yn fuan wedi hyn, yn eu plith y
> brodyr Owen a Samuel Humphrey, Llwyn-du (Llwyngwril) ac
> Owen Lewis, Tyddyngarreg, a Robert Owen, Dolserau . . .
> Carcharwyd hwy am bymtheg wythnos, ac wedi'u rhyddhau
> drachefn cymerwyd hwy i'r ddalfa y drydedd waith. Dilynwyd
> hyn â chreulondeb annynol; cadwyd hwy mewn cwt moch am
> ddeg wythnos, ac yna fe'u cymerwyd i le ddeuddeng milltir o'u
> cartrefi, ac fe'u cadwyd am ddeuddydd mewn ystafell oer, ddi-
> dân, heb fwyd a heb hyd yn oed wellt i orwedd arno. Wedi hynny
> carcharwyd hwy am bymtheg wythnos . . .

Os oes gen i deimladau cymysg ynglŷn â'm nawfed hen daid,
y Barwn a oedd yn gweinyddu cyfraith gwlad mor frwdfrydig
o anfaddeugar, rwy'n ymfalchïo fod gan fy seithfed hen daid
ddigon o argyhoeddiad a dewrder i herio'r gyfraith honno.

Roedd Owen Lewis yn briod â chyfyrderes iddo, sef Marged,
merch Rowland Elis, Gwanas ac yn ogystal â bod yn feddyg
esgyrn yr oedd hefyd yn brydydd go ddethe. Pan fu farw
Marged yn ddwy a deugain oed yn 1664 canodd iddi farwnad
fer o dri phennill. Dyma'r cyntaf o'r tri:

> Canu ffarwel yn ddi-dro
> Ac ysgwyd dwylo â'n gilydd;
> Dydd o alar oedd i mi
> Ond iddi hi llawenydd.

Buont yn briod am ddwy flynedd ar hugain a chawsant chwech
o blant, yn eu plith Lewis a Rowland, ill dau yn feirdd. Ymhen
deuddeng mlynedd, ac yntau'n 53, ailbriododd Owen Lewis,
y tro hwn â Chatrin Puw o'r Gyfannedd a oedd, yn amlwg,
flynyddoedd lawer yn iau nag ef oherwydd fe anwyd pump
o blant ohoni hithau. Ddeng mlynedd yn ddiweddarach, ym
Mehefin 1686, bu farw Owen Lewis yn 63 mlwydd oed ac
fe'i claddwyd yn y fynwent a ddarparodd ef ei hunan i'r
Crynwyr yn Nhyddynygarreg. Canodd Lewis a Rowland
gywyddau coffa iddo ac mae llawer o wybodaeth deuluol yn
y cywyddau hynny. Soniant hefyd am Marged eu mam ac mae
gan Rowland un cwpled hyfryd ryfeddol yn cyfeirio at ei
marwolaeth:

Yn ddwy a deugien, pen pwys,
Hi briododd Baradwys.

Mae parch y meibion tuag at eu tad yn amlwg iawn. Meddai
Rowland:

Colli cynghorydd callwych,
Collais fy nhad gwastad, gwych.

A Lewis:

Duw wnaethai'r gŵr, cryfdwr Cred,
Ym Meirion yn ymwared;
Un cry' ydoedd, o'm creden',
Cefnog oedd ein bywiog ben;
Yn wisgi llydan esgyrn,
Gwrol a chorffol a chwyrn.

Roedd y Barwn Owen yn hen hen daid i Owen Lewis ac,
os gwir oedd honiad Bob Owen mai 'hen ddiawl' oedd hwnnw
yn ei ddydd, efallai bod rhai o'i ddisgynyddion wedi gwneud
rhywfaint o iawn am hynny. Un arall o'i ddisgynyddion, gor-
ŵyr iddo, oedd y Dr John Owen (1616-83), y Diwinydd
Piwritanaidd enwog a fu'n Ddeon Coleg Eglwys Grist ac yn
Gaplan i Oliver Cromwell — nid bod hynny'n bluen iddo yn
fy ngolwg i. Mae yma lyfr o'i waith, *Vindiciae Evangelicae, or
The Mystery of the Gospell* . . . a gyhoeddwyd yn 1655 ac a
drosglwyddwyd o genhedlaeth i genhedlaeth yn y teulu. Fe'i
hetifeddais ar ôl fy nhaid ac fe'i trysoraf yn fawr er nad wyf
erioed wedi deintio'i gynnwys.

Un arall o ddisgynyddion y Barwn ac un yr oedd y Dr John
Owen yn gefnder i'w fam oedd Hugh Owen, Bronclydwr,
'Apostol Meirion' fel y'i gelwid. Ceir cofgolofn iddo ym
mhentref Llanegryn. A chan fy mod mewn hwyl lluchio enwau,
mae'n ddiddorol (i mi beth bynnag) fod Wilfred Owen, y bardd
ifanc o Sais a laddwyd ar ddiwedd y Rhyfel Mawr, yn honni
ei fod yntau yn llinach y Barwn Owen.

Sut bynnag, rhaid dychwelyd at dylwyth Owen Lewis yn
Nhyddynygarreg. Gruffydd, yr hynaf o feibion yr ail briodas,
oedd fy chweched hen daid ac fe'i magwyd yn Nhyddynygarreg
gyda Lewis ei hanner brawd o fardd. Yn naturiol, Crynwr oedd
Gruffydd yntau ac, yn ei dro, felly hefyd ei fab Harri. Gyda'r

genhedlaeth nesaf, sef Owen Parry (1704-1773), fy mhedwerydd hen daid, y terfynwyd y cysylltiad â Thyddynygarreg ac â Chrynwriaeth hefyd. Yn y fan yma rhaid imi gywiro neb llai nag R. T. Jenkins neu o leiaf gywiro camargraff o'i eiddo pan ddywed yn *Y Bywgraffiadur Cymreig*: 'Darfu llinach Tyddyn-y-garreg mewn aeres a briododd â gŵr pellennig'. A dyna'i diwedd hi, gellid tybio. Ond nage, nid dyna ddiwedd y llinach. Os yw'n golygu bod y llinach *yn* Nhyddynygarreg wedi darfod 'mewn aeres a briododd â gŵr pellennig', popeth yn iawn ond, yn sicr ddigon, ni ddiweddodd llinach Tyddynygarreg gyda'r aeres anhysbys honno.

O Dyddynygarreg symudodd Owen Parry i Benllyn a phriodi ag un Elizabeth Jones ym mhlwyf Llanfor yn 1736. Aethant i fyw ym Mrynselwrn, Llandderfel cyn symud i Dyddynbarwn yn 1745. Dyna, felly, ddechrau'r cysylltiad teuluol â'r lle hwnnw yng Nghwm Cletwr ar lethrau'r Berwyn, cysylltiad a barhaodd am yn agos i ddwy ganrif a hanner. Efallai fy mod yn simpil ond ni fedraf lai na rhyfeddu fod y gangen hon o ddisgynyddion yr hen Farwn wedi ailosod ei phabell mewn lle o'r enw Tyddynbarwn.

4

Hyd weryd Tyddynbarwn fe welaf
fy hil fel ar femrwn;
hendaid yng nghof ei wndwn,
fy hen dras yn nyfnder hwn.

Roedd gan Owen Parry, fy mhedwerydd hen daid, ddau fab, sef John a Henry, yn ogystal â merch o'r enw Elizabeth a briododd ag Owen Edwards, Penygeulan, Llanuwchllyn ac a ddaeth yn nain i O. M. Edwards.

Erbyn 1756 roedd Owen Parry yn ymhel â Methodistiaeth oherwydd fe nodir yn *Hanes Methodistiaeth Dwyrain Meirionydd* fod pregeth a hysbyswyd yn gyfrinachol wedi'i thraddodi yn Nhyddynbarwn y flwyddyn honno. Mae'n amlwg mai Methodistiaid ymroddedig oedd y meibion, John yn Llandderfel a Henry yn Llwyneinion. Yng nghofnodion eglwysig Llwyneinion adroddir yr hanes hwn am Henry:

Un noswaith, meddir, yr oedd nifer o fechgyn ardal y Cletwr yn cicio pêl droed mewn cae ar lwybr yr hen flaenor, a phan glywsant sŵn ei draed, diangasant i lwyn o goed yn y cae, ond er eu syndod a'u braw wele yntau yn dyfod i'r un lle, hwythau yn aros mor ddistaw â llygod. Dechreuodd yr hen Gristion weddïo yn uchel a thaer; erfyniai ar i'r Arglwydd achub bechgyn annuwiol yr ardal, heb feddwl eu bod yn ei glywed. Aeth rhai o'r llanciau i weled y lle drannoeth a gwelsant ôl ei ddeulin yn y lle, a chawsant allan ei fod yn arfer troi i'r llannerch gysegredig honno yn fynych wrth ddod o foddion gras.

Aeth rhywbeth mawr o'i le hefo'r llinach rhwng hynny a rŵan!

Unig blentyn Henry Owen oedd Owen Parry, fy hen hen daid. Fe'i ganed yn 1797 a bu farw yn ddeugain oed ar 5 Chwefror 1837, llai na dwy flynedd lawn ar ôl ei dad. Yr oedd yn briod ag Anne Gruffydd, Doluchadda, Llanfachreth. Doluchadda, wrth gwrs, oedd cartref y Prifardd Gwyndaf Evans ac er nad yw'r dystiolaeth wrth law gennyf yr oedd perthynas yn cael ei harddel ac mi wn yr arferai fy nhaid ymweld yn aml â John Evans, tad Gwyndaf.

Wedi deng mlynedd o fywyd priodasol gadawyd fy hen hen nain, Anne Parry, yn weddw 37 mlwydd oed i ofalu am bedwar o blant, sef Mary, Catherine, Henry a Gruffydd Owen Parry. Hen ferch oedd Mary ac roedd yn howsgiper yn y Pale. Bu Catherine farw o'r diciâu yn eneth un ar bymtheg oed. Priododd Gruffydd â Mary Price, Llwyn Mawr Isaf, y Parc ac aeth i fyw i Heol Berwyn, y Bala lle'r oedd ganddo waith cerrig beddi. Â Mary, merch John a Margaret Jones, Llwynrodyn, Llidiardau y priododd Henry. Ef oedd fy hen daid ac yr oedd, mae'n debyg, yn gymeriad a hanner.

Roedd Harri Owen, fel y'i gelwid, wedi rhoi ei fryd ar fod yn gyfreithiwr ac fe fu, yn ôl y sôn, yn rhyw lun o astudio'r Gyfraith am gyfnod cyn dod adref i gynorthwyo'i fam yn Nhyddynbarwn. Dywedai'n aml, 'Twrne ddylwn i fod'. Roedd yn ŵr galluog yn ei ddydd a bu'n gefn mawr i'w gymdogion ym mhob ffrwgwd cyfreithiol. Fel ei daid o'r un enw (y gweddïwr awyr agored) gŵr byr o gorffolaeth ydoedd a chanddo wyneb glandeg gyda rhyw ddireidi hogynnaidd yn ei lygaid.

Bu Mary ei briod, sef fy hen nain, farw yn 42 mlwydd oed yn 1883 gan ei adael i ofalu am ferch a phedwar o feibion — Anne, John, Henry, Owen (fy nhaid) a David. Roedd yr ieuengaf o'r plant, Mary, wedi marw'n faban chwe mis oed yn 1881. Mewn amgylchiadau anodd tu hwnt bu Harri Owen yn dad rhagorol i'w dylwyth. Arferai gerdded â'i bladur ar ei gefn i weithio'r cynhaeaf yn Swydd Amwythig a cherdded adref wedyn gyda'i fymryn cyflog at ei blant a adawsai yng ngofal howsgiper.

Fel y soniais, roedd Mary ei chwaer yn gweithio ym mhlas

y Pale ac ar bob hanner cyfle arferai gadw llygad am blant Tyddynbarwn yn mynd heibio ar eu ffordd o'r ysgol yn Llandderfel er mwyn rhoi pwysi o dripin bîff iddynt i fynd adref hefo nhw. Ar yr adegau hynny, gwledd amheuthun oedd sbarion y byddigions — dysglaid o frywes bara dripin a bara ceirch mewn dŵr berwedig.

Byd caled ydoedd, a chlywais fy nhaid yn dweud fel yr âi ei dad ddwywaith y flwyddyn i dalu'r rhent yn nhafarn Bryntirion ger y Pale ac yna 'dod adre'n llawen a'i bocedi'n weigion!' Ar noson felly câi'r plant ambell stori a'u diddorai'n fawr, fel honno am un o stiwardiaid y stad yn gofyn i hen denant parod ei ateb, 'Oes 'cw lygod mawr, William Jones?' 'Na,' meddai William Jones, 'weles i ddim ond un'. Pan ofynnodd y stiward beth fu tynged y llygoden honno cafodd yr ateb cyrhaeddbell, 'Wel, llwgu'n de, llwgu'. Yna, fe ychwanegai'r hen daid, 'Gobeithio, 'mhlant i, na welwch chi byth mo'r byd caled hwnnw'.

Gyda'r amcan o leddfu peth ar effeithiau'r caledi fe blannodd berllan eirin ger y tŷ yn Nhyddynbarwn ac fe âi â'r eirin gyda'r trên o Landderfel i'w gwerthu i'r chwarelwyr ym Mlaenau Ffestiniog. Oedd, roedd tipyn o natur *entrepreneur* yn Harri Owen ond, er mor anodd oedd cael dau ben llinyn ynghyd, gofalodd hefyd am gynhaliaeth ysbrydol ac ymenyddol ei dylwyth.

Arferai fy nhaid ddweud mai un o'r cymwynasau mwyaf a wnaeth ei dad ag ef oedd ei anfon, yn un ar ddeg oed, i'r Berwyn i gynefino defaid. Byddai yno wrtho'i hun o fore tan fachlud bob dydd am ryw wythnos go dda ond roedd ei dad wedi ymorol fod ganddo lyfr o ddiarhebion yn gwmni iddo. Darllenodd fy nhaid y llyfr hwnnw ddegau o weithiau yn unigedd y mynydd gan fyfyrio ystyr pob dihareb a dysgu toreth ohonynt ar ei gof.

Yn 1887, bedair blynedd union ar ôl ei briod, bu farw Anne ei blentyn hynaf yn ddwy ar bymtheg oed. Roedd hynny, eto fyth, yn andros o gnoc, a'r diciâu hollbresennol oedd achos ei marwolaeth. Bryd hynny, roedd Owen fy nhaid yn codi'n un ar ddeg ac yn cofio gweld coelcerth o lyfrau'n llosgi ar fuarth Tyddynbarwn. Bu'n rhaid aberthu mwy nag einioes Anne i'r haint dieflig hwnnw. Pwy ŵyr pa drysorau prin a ddiflannodd yn fwg dros Ffriddoedd Brynselwrn i'r Berwyn ac ebargofiant o'r goelcerth honno? Ond, afraid dweud, fe roed pardwn i'r Dr John Owen a'i lyfr.

Yn 1888 fe ailbriododd Harri Owen, y tro hwn â Margaret Evans (Jones gynt), merch Nant Llyn, Cwm Celyn a oedd fel yntau'n weddw. Yr oedd hi a'i gŵr cyntaf wedi mynd yr holl ffordd i Abertawe i ddal llong am America. Buont ar y môr am dri mis cyn glanio ac ymgartrefu yn un o'r taleithiau deheuol. Paradwys o le, mae'n debyg, gyda choeden siwgwr yng nghefn y tŷ a ffynhonnydd poethion i olchi dillad. Ond, yn ystod y Rhyfel Cartref pan oedd yr Unoliaethwyr yn gwthio'u ffordd i lawr gan anrheithio popeth o'u blaenau, bu'n rhaid iddynt hwythau, fel cannoedd o rai eraill, ffoi am eu hoedl tua'r môr gan symud liw nos a chuddio liw dydd. Yn y diwedd, cawsant long yn ôl i Gymru.

Ar ôl ymddeol yn 1910 ac yntau'n gyrru ar ei bedwar ugain, aeth Harri Owen a Marged i fyw i'r Bala. Erbyn hynny roedd yr hen daid wedi dechrau mynd braidd yn ddotus. Yn gorfforol, roedd yn eithriadol o heini hyd ddiwedd ei oes ac ambell dro byddai'n mynd yn ôl i Dyddynbarwn ar y trên o'r Bala i Landderfel ac yn cerdded ar hyd y rheilffordd cyn croesi Dôl Tudur, Brynbwlan a dechrau dringo am Felin Cletwr. Gan ei fod yn bur oedrannus a'i olwg ddim cystal ag y bu, gofynnodd rhywun iddo, 'Oes arnoch chi ddim ofn baglu ar y lein 'ma, Harri Owen?' Atebodd yntau yn iaith y Gyfraith, *'I walk by faith not by sight'*.

Ar ôl symud i'r Bala arferai fynd yn bur aml i Greignant, Cwm Celyn at berthnasau Marged. Yn ôl y sôn, roedd John Jones, Nant Llyn (tad Marged) wedi darganfod aur ar lethrau Arennig Fach ac wedi'i guddio rhag i Preis y Rhiwlas, y meistr tir, gael ei fachau arno. Cododd gaban gerllaw'r fan lle claddwyd yr aur. Mae'r caban yno hyd heddiw ond aeth John Jones i'w fedd heb ddatgelu union leoliad y trysor. Ac yntau'n dipyn o *entrepreneur,* roedd hyn oll wrth fodd calon fy hen daid a chan ei fod hefyd yn hyll ar Breis y Rhiwlas a'i siort roedd yr ysfa gymaint â hynny'n gryfach. Yn wir, cafodd dwtsh o ddwymyn yr aur ac fe brynodd offer pwrpasol i gloddio amdano. Roedd teulu Creignant yn anesmwyth iawn ynghylch y fenter fyrbwyll hon ac yn ofni i rywun brepian wrth y Rhiwlas ond,

Rhiwlas neu beidio, doedd dim troi ar Harri Owen. Haerai nad oedd gan y stad unrhyw hawl ar yr aur am mai eiddo'r Goron ydoedd ac fe fyddai'n fwy na pharod i gyfreithio petai Preis yn ceisio'i atal rhag cloddio amdano.

Yn y diwedd, barnwyd mai doethach oedd gadael iddo geisio'r aur yn ddistaw bach; pe'i rhwystrid, byddai peryg iddo sbladdro hyd dre'r Bala a chychwyn rhuthr am aur ym Mhenllyn. Wedi'r cwbl, roedd hyn yn nyddiau'r Clondeic. Aeth ati i gloddio ond, er gwaethaf wythnosau o dyrchu a thurio a thuchan, ni lwyddodd i ddarganfod y trysor. Serch hynny, byddai'n dal i ddweud gydag *aur*gyhoeddiad, 'Mae o ene'n rhywle!' Ac yno y mae hyd heddiw, os yw yno hefyd.

Flynyddoedd lawer yn ddiweddarach canfuwyd fod Harri Owen yn llygad ei le ynghylch perchnogaeth yr aur tybiedig. Pan brynodd Gwynlliw Jones, etifedd Creignant, y lle oddi ar y Rhiwlas ym mhumdegau'r ganrif hon anfonodd at Gomisiynydd y Goron i holi a oedd gan unrhyw un hawliau ar fynydd Arennig Fach. Cafodd wybod bod y Rhiwlas wedi prynu'r hawliau yn 1864 ond bod y Goron wedi cadw'r hawliau mwyn. Oedd, roedd Harri Owen yn bur saff o'i bethe.

Bu farw yn 81 mlwydd oed yn 1912 ac un o'r trysorau pennaf sydd gen i yw ei gadair benteulu, sef cadair dderw gyda'i enw 'Henry Owen' a'r flwyddyn '1876', blwyddyn geni fy nhaid, yn gerfiedig arni. Ynddi hi yr eisteddaf i fwyta ac mae hi, credwch neu beidio, yn golygu mwy imi nag unrhyw gadair arall a ddaeth i'm rhan erioed.

Fel y soniais eisoes, Anne a fu farw'n ddwy ar bymtheg oed oedd cyntaf-anedig Harri a Mary Owen. Y mab hynaf oedd John, a anwyd yn 1871, ac mae gennyf gof clir amdano ef. Ar wahân i'w gloffni o ganlyniad i gic gan geffyl yn ei ieuenctid, yr hyn a'ch trawai gyntaf o'i weld oedd ei ddwylo anferthol. Bron na ddywedwn eu bod yn anghymesur â gweddill ei gorff, ond wedyn, hen ŵr cefngrwm ydoedd o fewn fy nghof i. Roedd sôn drwy'r cwmpasoedd am 'ddwylo Jac Tyddynbarwn', a chyda'r dwylo hynny y cadwodd gorff ac enaid ynghyd drwy gydol ei oes tra'n gweini ffarmwrs, canlyn injian ddyrnu, garddio a labro yma ac acw. Braidd na thyngech chi fod mymryn o gainc ynddo — fel minnau — oherwydd fe fyddai'n

31

siarad llawer ag ef ei hun. Ond, cainc neu beidio, roedd yn chwim ei feddwl a'i ateb.

Un prynhawn trymaidd o haf roedd ef ac Owen (fy nhaid) yn torri mawn yn Nant Sgrin ar y Berwyn ac ymhell, bell o gyfannedd. Toc, sylwodd fy nhaid fod cymylau duon yn crynhoi, ac meddai wrth ei frawd, 'Fase'n well inni'i gneud hi am y Stable, Jac, neu mi gawn drochfa'. Roedd y Stablau, lle'r arferai'r byddigions adael eu ceffylau ac ymgynnull am ginio ar ddyddiau saethu grows, o leiaf hanner milltir o'r ceulannau mawn. Felly dyma gychwyn yn ddiymdroi. Gan fod Jac yn gloff roedd ymhell ar ôl ac Owen wedi hen fynd o'r golwg. Yn y man, roedd hi'n tresio bwrw ac er ei fod aceri lawer ar y blaen roedd Owen yn wlyb at rych ei din pan gyrhaeddodd ddiddosrwydd y Stablau. Dyna lle'r oedd yn tarthu fel bustach gan ddisgwyl ei frawd ond doedd dim sôn am Jac. Ymhen hir a hwyr, a hithau bellach yn sychin, herciodd y morgrugyn cloff i'r golwg — cyn syched â charthen.

'Sut dy fod ti'n sych grimp a finne'n wlyb diferol?' holodd fy nhaid.

'Ffordd est ti?' gofynnodd Jac. 'Est ti dros Bont Cwm Pydew?'

'Do siŵr iawn.'

'Wel dene'r gwahanieth yndê. Mi es i *odani*!'

Dros Glawdd Offa, yng nghyffiniau Llwydlo, Henffordd ac Amwythig y treuliodd Jac y rhan fwyaf o'i oes ac yno hefyd y cafodd wraig, Saesnes hynod gelfydd ei llaw ac un yr oedd rhai o brif siopau Llundain yn gwerthu ei brodwaith.

Wedi marwolaeth Esther ei briod tua chanol y pumdegau daeth Yncl Jac i aros atom am rai misoedd yn y Sarnau. Roedd yn cadw gwenyn ac fe ddaeth â'r cychod i'w ganlyn. Hyd heddiw, gallaf weld ei ddwylo breision a'r gwenyn yn ymnyddu hyd-ddynt. Doedd ganddo na maneg na mwgwd o fath yn y byd ac fe siaradai â'i wenyn fel pe baen nhw'n blant iddo, fel pe bai'n nabod pob un wrth ei henw a'i hanian. Mi gymerais ato na fu rotsiwn beth ac, er gwaethaf ei aml rybudd, wrth ei gynffon o a'i wenyn y treuliais i'r haf hirfelyn hwnnw.

Hen ŵr hiraethus ac unig oedd Yncl Jac yn y diwedd ac mewn cartref hen bobl yn Bishop's Castle, Swydd Amwythig y diweddodd ei ddyddiau yn 1957 yn 86 mlwydd oed. Aeth

fy nhaid a'i fab yng nghyfraith Lewis Hywel yno drannoeth
a'r cyfan a ddwedodd Taid wrth edrych ar gorff ei frawd oedd,
'Dwylo gonest yndê'. Fe gladdwyd Yncl Jac yn Winstanstow
ger Craven Arms rhwng Amwythig a Llanllieni ond er imi gribo
pob modfedd o fynwent eglwys hynafol y pentref hwnnw ni
welais na charreg na chofnod yn nodi'r bedd.

Brawd arall i'm taid, ac ail fab Harri Owen, oedd Henry
a aned yn 1873. Un llygad oedd ganddo o ganlyniad i
ddamwain pan oedd yn fachgen. Led cae o fuarth
Tyddynbarwn roedd chwarel lechi ac un diwrnod aeth ef a'i
frodyr yno i chwarae a chael gafael ar rywfaint o bowdr du.
Fe lwyddwyd i'w danio ac fe lwyddwyd hefyd i chwythu llygad
chwith Henry allan o'i ben. Ychydig a wn i amdano oddigerth
ei fod yn barddoni. Yn Ebrill 1900, pan oedd yn saith ar hugain
oed, enillodd gadair yn Llandderfel, a'r noson honno, wrth
fynd allan o wres y cyfarfod, fe gafodd oerfel a drodd wedyn
yn niwmonia. Ymhen yr wythnos roedd yn ei fedd.

Fy nhaid, Owen Parry Owen, oedd y trydydd mab ond bydd
rhaid neilltuo pennod gyfan iddo ef. Yr ieuengaf a'r mwyaf
dysgedig o'r pedwar oedd David (Yncl Defi) a aned yn 1878.
Bu'n ysgolfeistr Brithdir ger Dolgellau ac ym mynwent Brithdir
y'i claddwyd yn 1915 yn 37 mlwydd oed. Fel Henry, a Jac
hefyd o ran hynny, roedd yntau'n ymhel â barddoniaeth ac
ym Mrithdir meithrinodd genhedlaeth o blant i garu
barddoniaeth ac i gynganeddu hefyd.

Dywedodd Llew Evans, Gwanas wrthyf mor ddiweddar â
1996 fod gan bobl Brithdir, Cwm Hafod Oer a'r ochrau yna
feddwl y byd o David Parry Owen. Yn ôl Llew Evans, roedd
yn athro penigamp. 'Cofiwch chi,' meddai, 'roedd o'n un brwnt
ei ddisgyblaeth ond roedd y plant yn gwerthfawrogi'r addysg
gawson nhw ganddo fo. Roedden nhw'n arfer deud yn y
Cownti yn Nolgelle ei bod hi'n ddigon hawdd nabod "plant
Parry Owen".'

Os yw'n chwith meddwl am Yncl Jac yn gorwedd mor
ddigofnod yn naear Lloegr mae'n gysur gwybod fod Yncl Defi,
yr ieuengaf o'r brodyr, yn gorwedd ym mhridd y fro lle mae
ei enw a'i ddylanwad yn aros hyd heddiw, a hynny o fewn
clyw'r gog i'r hen, hen gartref, Tyddynygarreg.

5

O'r dderwen wyf fesen fach,
Mesen o un rymusach.

Owen Parry Owen, trydydd mab Henry a Mary Owen, oedd fy nhaid. Fe'i ganed yn Nhyddynbarwn yn 1876.

Fferm fynyddig o ryw gan acer oedd Tyddynbarwn yng Nghwm Cletwr ar ochrau'r Berwyn ac oddeutu mil o droedfeddi uwchlaw'r môr. Roedd hi'n eiddo i stad y Pale ac roedd dau draean ohoni wedi ei hennill o grafangau'r mynydd gan fy hen daid, a hynny gyda haearn gwthio.

Erbyn dyddiau fy nhaid roedd addysg wedi dod yn weddol rydd a'r plant yn mynychu ysgolion nes eu bod yn bedair ar ddeg oed ond, serch y dyhead am ragor o addysg, roedd y rhan fwyaf ohonynt yn gorfod troi adref i weithio cyn cyrraedd yr oedran hwnnw. Dyna fu hanes Owen hefyd. Gadawodd yr ysgol yn Llandderfel yn ddeuddeg oed a mynd adref i gynorthwyo'i dad. Yn un ar bymtheg oed, fodd bynnag, aeth i weini yn yr Hand ym Metws Gwerful Goch. Tafarn oedd yr Hand ond roedd gan John Thomas, y perchennog, siop hefyd ac roedd yn fasnachwr cyffredinol mewn blodiau ac amrywiol angenrheidiau eraill. Arferai fy nhaid gludo blawd a nwyddau eraill gyda gwagen a cheffyl o Fetws Gwerful Goch i Fetws-y-coed a chychwyn yn ôl wedyn gefn trymedd nos drwy bob tywydd. Yn amlach na pheidio, fe fyddai wedi dyddio cyn iddo gyrraedd adref i'r Hand.

Tra bu yn y Betws daeth yn gyfeillgar â theulu'r Hendre

a pharhaodd y cyfeillgarwch hwnnw am weddill ei oes. Un o feibion yr Hendre oedd John Edwards, y bardd a'r llenor a gyfieithodd amryw o nofelau o'r Almaeneg a'r Ffrangeg i'r Gymraeg, a gŵr, gyda llaw, nad oes un frawddeg amdano yn y *Cydymaith i Lenyddiaeth Cymru.* Wedi marwolaeth fy nhaid yn 1971 anfonodd John Edwards beth o'i atgofion amdano ataf. Dyma ddetholiad o'r atgofion hynny:

Yr oedd Joseph, un o feibion yr Hand, yn yr un dosbarth Ysgol Sul â mi, ac un prynhawn Sul, yn lle rhoi'n sylw i'r wers, buom yn camddefnyddio peth o'n hamser trwy wrando ar Joseph yn sôn am y gwas newydd a oedd ganddynt. Yr oedd o'n un rhyfedd.

'Mae gynno fo dwr o lyfre, cyn uched â hyn, a channwyll ar gader wrth erchwyn ei wely yn ei lofft!'

Synasom. Ni chlywsem erioed am y fath beth. Gwas yn berchen twr o lyfrau! Ni fyddai gan weision lyfrau. Yr oedd Owen yr Hand yn was hynod ac anghyffredin heb os nac oni bai. Meddyliwn i amdano gyda pharch ac edmygedd — a pheth eiddigedd hefyd. Mor braf oedd hi arno yn cael darllen yng nghyffordddusrwydd ei wely, yn llonyddwch a thawelwch ei lofft. Gwaherddid i ni gartref fynd â channwyll i'r llofft rhag llosgi canhwyllau'n ddiachos a rhag inni roi dillad y gwely ar dân . . . Mi fûm yn dyfalu lawer gwaith wedyn beth fuasai Owen Parry pes ganesid genhedlaeth neu ddwy yn ddiweddarach a chael manteision yr addysg sydd erbyn hyn wedi dod i gyrraedd pawb.

Plentyn ysgol oeddwn i yn y cyfnod pell-yn-ôl hwnnw ac Owen Parry yn llanc. Yr oeddem yn troi mewn cylchoedd gwahanol ond gwyddwn ei fod o a Huw fy mrawd yn ffrindiau mawr, y ddau tua'r un oed ac o'r un tueddiadau, yn adroddwyr ac yn gantorion, a byddent yn canlyn ei gilydd i gyfarfodydd cystadleuol a mân eisteddfodau'r cylch. Ar amgylchiadau felly byddai Owen Parry yn aml yn cysgu efo Huw yn llofft y llanciau yn yr Hendre yn lle mynd yn ôl i'r Hand.

Clywais ef yn adrodd yn ddiweddarach ar ei oes hanes yr hwyl a gâi fy mrawd ac yntau efo'i gilydd. Gwasanaethed un stori yn y fan yma yn enghraifft. Yr oedd Huw Cae'r Lloe, tenor da, wedi dod atynt i'r Hendre ryw noswaith i gael ei 'drenio' i ganu unawd ar gyfer rhyw gyfarfod. Emyn yn sôn am 'weled draw y cwmwl du yn ffoi' oedd yr unawd. Ymneilltuodd y tri i'r cut malu gwellt yn nhop y buarth er mwyn cael llonyddwch. Yn un ochr i'r cut yr oedd tomen daclus o ffid gwartheg wedi ei pharatoi at drannoeth. Arfer Huw Cae'r Lloe fyddai agor ei geg led y pen a chau ei lygaid yn dynn wrth ganu.

'Paid â chau dy lygaid fel yna, Huwcyn,' meddai Owen Parry. 'Sut y medri di ganu dy fod yn gweld y cwmwl du yn ffoi a tithe wedi cau dy lygaid?'

Huwcyn yn rhoi cynnig arall arni. Cychwyn a'i lygaid yn agored ond fel y twymai iddi dyma'r llygaid yn araf gau drachefn fel pe bai'n llesmeiriol fwynhau melodedd ei lais ei hun, a'i safn yn agored hyd yr eithaf.

Gwelodd Owen Parry fod eisio rhywbeth amgen na dweud wrtho, a phenderfynodd weithredu i yrru'r wers adref fel nad anghofiai mohoni byth wedyn. Cipiodd ddyrnaid o ffid y gwartheg, gwyliodd ei gyfle, a phan oedd ceg Huwcyn ar ei lletaf agored lluchiodd ei ddyrnaid i mewn iddi. Tagodd a phesychodd a phoerodd Huwcyn a rhuthrodd ar Owen Parry gan ei daflu ar ei gefn i ganol y twr ffid, lle bu ymladdfa chwyrn rhwng dau lanc grymus, y naill yn ceisio cael gafael ar wddf i'w dagu a'r llall yn ei amddiffyn ei hun. Chwalwyd y domen ffid i bob cyfeiriad, fel pe bai corwynt wedi chwythu drwy'r lle. Ond aethai'r wers adref o'r diwedd. Cadwai Huwcyn ddau lygad gochelgar mor llydan agored â'i geg y tro wedyn wrth byncio'i fod yn gweld y cwmwl du draw yn ffoi.

Yr adeg honno, pan nad oedd difyrrwch parod ar gyfer neb, byddai llanciau'r ardal yn ymdyrru i'r pentre fin nos, yn enwedig yn y gaeaf. Safent wrth dalcen yr Hand i gael sgwrs a thipyn o hwyl. Âi rhai i dafarn yr Hand neu i'r White Horse ond arfer Owen Parry a Huw fy mrawd fyddai mynd i dŷ siop Glanaber lle'r oedd David William Roberts, sef Dei Wil, a'i chwaer yn byw, a threulient oriau yno yn chwedleua a sgwrsio. Dyna ddechrau cyfeillgarwch Owen Parry Owen â Dei Wil. Pan oeddynt ymhell dros eu pedwar ugain oed gwelid y ddau gyda'i gilydd yn gyson yn yr Eisteddfod Genedlaethol bob blwyddyn, Dei Wil yn gofalu am Owen Parry ac Owen Parry yn edrych ar ôl Dei Wil. Ond nid dau o gyffelyb anian oeddynt. Dyn busnes a lwyddodd drwy ei fedr a'i ddiwydrwydd i ddyfod yn ŵr cefnog oedd Dei Wil, a'i ddiddordeb ym myd arian, ond ychydig oedd gan Owen Parry i'w ddweud wrth y byd hwnnw; ffermwr uwch ei ddiwylliant na'r cyffredin oedd Owen Parry, a'i fryd ar bethau'r meddwl. Nid rhyfedd fod pethau'n mynd yn anodd rhwng y ddau weithiau, hyd at ffraeo ambell dro, ond daliai'r hen gyfeillgarwch drwy'r cwbl.

Daliodd yn ifanc, gorff a meddwl, nes oedd dros ei ddeg a

phedwar ugain, a byddai'n aml yn dod i'r Hendre i aros am sbel efo fy mrawd, 'Ifans', a rhoddai help llaw gyda gwaith y fferm. Ni allai fod yn segur. A byddai bob amser bron yn llawn afiaith a direidi ac yn creu rhyw hwyl beunydd. Prin erioed, mi gredaf, y gwelwyd dyn o'i oed ef mor fachgennaidd ei ysbryd . . . Yr oedd yn genedlaetholwr brwd. Pe buasai'n un o'r genhedlaeth bresennol nid syn yn y byd fuasai ei gael yn rhengoedd Cymdeithas yr Iaith. Yr oedd yn grefyddol ei anian ond nid wyf yn meddwl bod cyfundrefnau enwadol yn golygu fawr ddim iddo, ac am ei ddaliadau diwinyddol, yr oeddynt, o ŵr o'i genhedlaeth ef, yn annisgwyliadwy fodernaidd.

Ie, dyna Taid i'r dim. O'r Hand fe aeth i Lerpwl at gwmni David Jones, ac un gorchwyl a wnâi'n rheolaidd yno oedd cludo pynnau blawd gyda cheffyl a gwagen i'r dociau. Rhoddai'r cwmni arian iddo i dalu'r docwyr am ei helpu i ddadlwytho ond, gan ei fod mor gryf, byddai'n dadlwytho'r cwbl wrth ei nerth ei hun ac yn pocedu'r arian. Bu yn Lerpwl am ryw dair neu bedair blynedd ac arferai ddweud mai da o beth fu iddo ddod oddi yno oherwydd ei fod, yn ei eiriau ei hun, 'yn mynd yn rhy ffond o bres'.

Yn 1900, yr un pryd ag y cafodd gynnig swydd fforman gan y cwmni, bu farw Henry ei frawd a daeth yntau adref i'r cynhebrwng. Bu hynny'n drobwynt yn ei hanes. Dyna pryd y dywedodd John Hughes Brynselwrn wrtho, 'Mae dy dad d'angen di, Owen. Tyrd adre ato fo. Fydd byth yn edifar gen ti.' Derbyniodd gyngor y cymydog annwyl hwnnw ac adref y daeth i fod yn ffermwr yng Nghwm Cletwr yn hytrach nag yn fforman yn Lerpwl. Dywedai'n aml, ac fe ddywedodd yn ystod wythnos olaf ei fywyd, ei fod wedi diolch llawer iddo wrando ar John Hughes neu efallai y buasai yntau, fel miloedd o'i gyfoedion, wedi diweddu ei oes yn Sulva Bay neu ryw uffern gyffelyb.

Un diwrnod, wrth chwilio am ddafad goll ar y Berwyn, cerddodd i lawr Bwlch Rhiwarth i Langynog ac yna i fyny Cwm Pennant Melangell lle cyfarfu ag Emily Lloyd, merch drawiadol o hardd a'i chartref yn Llechwedd-y-garth neu 'Llwegat' ar lafar. Wn i ddim a lwyddodd i ddod o hyd i'r ddafad ond, yn sicr, fe ddaeth o hyd i'r ferch a ddôi'n wraig iddo maes o law. Yn 1903, wedi carwriaeth fer, yn ôl safonau'r oes honno, priododd Owen ac Emily. Y fo'n saith ar hugain a hithau'n ddeunaw oed. Yn Llechwedd-y-garth y buont yn byw tan 1905, ac yno, yn 1904, y ganed Doris.

Gweithiai fy nhaid ar y pryd yn Chwarel y Graig yn Llangynog a bu yno am ryw saith mlynedd. Erbyn 1906 roeddynt yn byw yn Ivy House ym mhentref Llangynog ac yno ar y nawfed o Ebrill 1907 y ganwyd fy nhad Henry Lloyd Owen. Sylwyd yn syth bod tafod y bychan ynghlwm wrth ei wefus. Ond buan iawn y cywirwyd y nam hwnnw ac fe fu am weddill ei oes yn greadur eithaf tafodrydd!

Yn 1910, ac yntau'n 34 mlwydd oed ac Emily yn disgwyl eu trydydd plentyn, cymerodd fy nhaid yr awenau yn Nhyddynbarwn oddi ar ei dad ac, ym Mehefin y flwyddyn honno, yn ystod y cynhaeaf, ganed Rhiannon. Bedair blynedd yn ddiweddarach, yn 1914, ganed yr ieuengaf a'r olaf o'r plant, Beti Mair.

Un o orchwylion cyntaf fy nhaid yn Nhyddynbarwn oedd agor beddi yn y Rhos i gladdu'r stoc am fod diciâu arnynt. Wedyn bu'n rhaid iddo fenthyca canpunt gan Robert Evans, Crynierth Mawr, Cefnddwysarn i brynu stoc newydd ac aeth ei ewythr, Gruffydd Owen Parry, yn feichiau drosto. Codai'r cynghorydd cefnog a'r diacon parchus o Gefnddwysarn bump y cant o log ar y benthyciad ac nid oedd yn fodlon gostwng y ddyled fesul tipyn. Y canpunt cyfan neu ddim. Fe waedodd y diawl duwiol hwnnw fy nhaid am flynyddoedd. Yn 1918, pan ddaeth incwm ychwanegol trwy werthu caseg y llwyddwyd i glirio'r slaten yn llwyr, a hynny, mae'n siŵr, er mawr siom i'r siarc o Gefnddwysarn.

Amrywiai'r rhenti ar y ffermydd uchel yng Nghwm Cletwr o saith a chwech i ddeg swllt yr acer ond, at ei gilydd, roedd teimladau pur dda rhwng y Pale a'r tenantiaid. Fferm gymysg oedd Tyddynbarwn, yn cynhyrchu defaid a gwartheg stôr, a thyfid ceirch, haidd a gwreiddiau mewn cylchdro i bwrpas eu porthi. Dibynnid ar yr wyau a'r menyn am bres i gadw tŷ.

Does dim dwywaith nad oedd fy nhaid yn ffermwr blaengar ac arloesol yn ei ddydd. Nid cynhaliaeth yn unig oedd amaethu yn ei olwg ef ond cenhadaeth hefyd. Yn wir, roedd yn ffermwr rhy dda i fod yn gyfoethog. Daliai mai ymddiriedolaeth oedd y tir a'i bod yn ddyletswydd arnom ei iawn ddefnyddio a'i drosglwyddo'n dreftadaeth i'n plant.

Cyrhaeddodd y *Stockbreeder* Dyddynbarwn a dechreuodd yntau goleddu syniadau a dulliau newydd o drin y tir a'i wrteithio trwy ddefnyddio basig slag a siwperffosffad. Daeth yr Athro Bryner Jones, Aberystwyth i Lanuwchllyn i drafod y dulliau newydd hyn ac aeth fy nhaid yno ar ei feic — deng milltir un ffordd — a chafodd agoriad llygad. Trefnodd ddarlith gyffelyb yn Llandderfel ond pan ofynnodd i benblaenor y capel roi hysbysrwydd i'r ddarlith honno ar derfyn oedfa un nos Sul gwrthododd hwnnw am nad oedd a wnelo Amaethyddiaeth ddim oll â Chrefydd. Dwbl wfftiai fy nhaid y fath gulni unllygeidiog.

Dau o'i arwyr mawr oedd Syr George Stapledon, arloeswr ym maes hadau parhaol, a Moses Griffith a roes lawer o gyfarwyddyd iddo ac a fabwysiadodd Dyddynbarwn fel rhyw fath ar fferm arbrofol dan aden y Blanhigfa yn Aberystwyth. Aeth fy nhaid ati i arbrofi trwy gymharu'r gwahanol gymysgiadau at hadu ffriddoedd a chipiodd y wobr a gynigid gan Gymdeithas Amaethyddol Sir Feirionnydd am hadu ffriddoedd sawl tro. Roedd ganddo feddwl uchel iawn o Moses Griffith ac, wrth gwrs, roeddynt ill dau'n rhannu'r un weledigaeth wleidyddol ac roedd i amaethyddiaeth le sylfaenol yn economi a diwylliant y Gymru Rydd y breuddwydient amdani.

Fel y dywedais eisoes, rhyw gan acer oedd Tyddynbarwn, tuag wyth acer ar hugain yn gaeau a'r gweddill yn ffriddoedd yr arferai ei dad eu harddu dros hanner canrif ynghynt ond a oedd bellach wedi eu hawlio'n ôl gan y Berwyn. Sut bynnag, yn ystod oes fy nhaid adenillwyd tua chwe acer a deugain yn gaeau ac, yn rhyfedd iawn, fe ellid dweud mai ar ddamwain y dechreuodd y cyfan.

Un gaeaf cafwyd storm enbyd o eira a chladdwyd y defaid tua milltir o'r buarth. Er iddo lwyddo i'w cael o'r lluwch methodd â'u cael yn nes at y tŷ a bu'n rhaid iddo gario gwair iddynt ar gefn ceffyl am wythnos gyfan. Digwyddai'r defaid fod ar ffridd wyllt heb ei harloesi ac yn cynnwys llawer o rug ond, serch hynny, yn gysgodol. Yr Henffridd oedd ei henw. Y flwyddyn ddilynol sylwodd fy nhaid fod meillion gwyllt yn tyfu'n drwchus yn y man y bu'r defaid yn cael eu porthi, a dyna sut y dechreuodd ystyried y posibilrwydd o dyfu porfa yn cynnwys meillion gwynion ar y tir hwnnw.

Y peth cyntaf a wnaeth oedd cau'r Henffridd a thorri'r rhedyn a'i ddefnyddio i wneud tail ar gyfer yr hadau. Yna tyfodd gnwd o flewgeirch a'i wrteithio gyda basig slag gan ddefnyddio'r gwellt yn borthiant i'r gwartheg. Torrai'r rhedyn unwaith neu ddwywaith y flwyddyn yn ystod misoedd yr haf a'i gynaeafu at gynhyrchu tail i'r hadau. Teilwyd yr hadau yn y flwyddyn gyntaf gyda thail gwelltog, nid yn unig er mwyn gwrteithio'r tir ond hefyd yn gysgod i'r hadau rhag cael eu gorbori. Codwyd ceirch yn gyntaf ac yna rêp a hadau yr ail flwyddyn. Byddai'n dyrnu'r ceirch a'i ddefnyddio i'r gwartheg a'r ceffylau, ac yn pesgi'r ŵyn gyrfed gyda'r rêp. Canlyniad hyn oedd oedd medru cadw llawer mwy o ŵyn, a hynny, yn ei dro, yn gwneud gwahaniaeth mawr i'w incwm. O ran y gwartheg, roedd y borfa'n ddigon da — bron cystal â'r caeau — i bori gwartheg ifanc.

Trwy lafur, a llawer o gariad, daeth yr Henffridd yn ardd o feillion a thrwy'r ymdrech meithrinodd yntau gryfder cymeriad yn ogystal â datblygu ymhellach y cryfder corfforol a feddai eisoes. Dywedodd lawer tro mai'r Henffridd a'i gwnaeth yr hyn ydoedd. Ni soniodd erioed am drechu Natur ond yn hytrach cydweithio â hi, oherwydd ei fod yn argyhoeddedig mai ar Gariad y seiliwyd y Greadigaeth ac mai gweithred gwbl ofer oedd codi dwrn yn ei hwyneb.

Yn ngeiriau Gwilym Evans, cyn-bennaeth y Blanhigfa yn Aberystwyth, 'yr oedd yn un o filiwn, yn arloeswr. Yr oedd drigain mlynedd o flaen ei oes.' Ond nid ar ddiwyllio'r tir yn unig y rhoesai ei fryd: roedd diwyllio'r meddwl cyn bwysiced ganddo bob gafael. Er gwaethaf yr oriau meithion a'r llafur caled yr oedd yn ddarllenwr rheibus ac yn meddu ar gof rhyfeddol.

Roedd yn loyw iawn yn ei Feibl ac yn medru dwyn i gof bennod ac adnod yn ôl y gofyn pan fyddai angen tanlinellu neu brofi rhyw bwynt neu'i gilydd. Er iddo fynychu capel ar hyd ei oes yr oedd unrhyw fath ar gulni yn dân ar ei groen ac nid oedd ganddo ddim oll i'w ddweud wrth ddefodaeth a chyfundrefn ac allanolion crefydd. Mewn llythyr ataf yn y chwedegau ysgrifennodd: 'Y maent yn adrodd Credo yn nghapel Maengwyn (Machynlleth) ar fore Sul ac nid wyf yn mynd yno i ddweud celwydd a'i alw yn addoliad.' Buasai wedi bod yn gwbl gartrefol gyda'r Crynwyr; yn wir, ar gownt ei dras a'i dueddfryd, fe'i hystyriai ei hun yn un ohonynt. Ceir awgrym cryf o'r tueddfryd hwnnw yn y papur hwn o'i waith lle mae'n dwyn atgofion am Ddiwygiad 1904:

Mewn ardal wledig yr oedd pawb yn mynychu'r Gymdeithas, a honno'n troi o gwmpas y capel . . . Yn nechrau'r ganrif yr oedd penllanw dylanwad yr eglwys ar fywyd Cymru . . . Yr oedd y gweinidogion yn arwain yn grefyddol ond hefyd yn wleidyddol a chymdeithasol. Mewn gair, y capel oedd canolbwynt bywyd Cymru yn ei holl agweddau. Dyna'r union adeg y digwyddodd y Diwygiad, a'r wlad i gyd yn aeddfed.

Yn Llechwedd-y-garth, plwyf Pennant Melangell yr oeddwn i'n byw ar y pryd. Daeth sôn am y Diwygiad i gylch Dyffryn Tanat ac elai dynion i lawr cyn belled â Chroesoswallt a Llanrhaeadr-ym-Mochnant i gyfarfodydd a gynhelid yno. Ond nid pobl amlwg ynglŷn â chrefydd oedd y rhai hyn ac y mae'n amheus gennyf a oeddynt yn aelodau gydag unrhyw enwad crefyddol.

Cyrhaeddodd y Diwygiad Langynog a chynhelid cyfarfodydd gweddi a chanu ar hyd yr wythnosau. Ei nodwedd amlycaf oedd gwres a chyffro. Emosiwn. Gan mai dyna ei nodwedd yr oedd yn cael mwy o effaith ar bobl danbaid a theimladol eu hysbryd. Prin y cyffyrddodd â phobl gytbwys eu barn, y rhai a fu ynglŷn â chrefydd ar hyd y blynyddoedd ac a barhaodd ar hyd eu hoes wedi i'r dwymyn fynd heibio; neu, fel y disgrifiai hen gymydog annwyl iawn hi ar y pryd hynny, 'Crefydd y traed'. Y rhai mwyaf brwd oedd y rhai mwyaf anniwylliedig ac anwybodus, ac ni pharhaodd effaith y Diwygiad ond dros dro.

Cof gennyf am Charlie Tynypant yn cymryd rhan ac yn hysbysu ei Arglwydd fod un pechadur yn y cwm heb blygu, ac aeth mor bell â rhoddi'r cyngor hwn iddo Fe, 'Plyga fo, Arglwydd. Rho gynhaeaf drwg iddo fo, Arglwydd. Rho ddau gynhaeaf drwg iddo fo.'

Hynod o anhrefnus a fyddai'r cyfarfodydd. Peth cyffredin oedd i bedwar neu bump fod yn gweddïo ar unwaith ac yn gweiddi ar uchaf eu lleisiau cryg, a phan elai'n ormod o fedlam, torrai rhywun i ganu ar eu traws ac ymunai pawb a throid yn gwrdd canu cyn y diwedd. Nodwedd arall ydoedd y byddent yn dyrnu'r bwrdd neu'r seddau yn ddidrugaredd dan angerdd eu teimladau.

Dyna un ochr i'r darlun ond y mae ochr arall, a safodd ambell un yn ffyddlon tra bu fyw. Deallaf mai rhywbeth yn debyg ydoedd mewn ardaloedd eraill. Diwygiad Evan Roberts y'i gelwid. Bûm yn dreifio llond *brake* dros y Berwyn i'r Bala yr adeg yr ymwelodd â'r dref honno, ac yr oedd yno dyrfa enfawr o bobl wedi ymgynnull ar y *Green*. Yr oedd llwyfan wedi ei wneud gyda wagenni ffermydd ac yr oedd miloedd o bobl ddisgwylgar yno yn gynulleidfa. Ni lefarodd Evan Roberts ond un gair, 'Gweddïwn'. Parhaodd y cyfarfod hwnnw am tua dwy awr mewn distawrwydd perffaith, ac i mi, yr oedd hyn yn llawer mwy effeithiol a gweddus na'r anhrefn a'r sŵn a geid yn y cyfarfodydd gweddïo.

Ein holl rad siarad a'n sŵn
Dyf o eisiau defosiwn.

Parhaodd y Diwygiad am ran o ddwy flynedd ond yn raddol darfyddodd y gwres.

Soniais fod arweinwyr crefyddol yn arwain pob agwedd ar fywyd y gymdeithas. Yn ystod y Diwygiad anwybyddwyd hwy, ac wedi i'r gwres gilio ceisient ailafael yn yr afwynau a llywio pethau fel cynt. Wrth geisio adfer trefn a diogelu defosiwn bu iddynt ganolbwyntio ar yr ochr grefyddol yn unig (ysbrydol, fel y galwent hi) ar draul anwybyddu ac esgeuluso ochr gymdeithasol a gwleidyddol bywyd. Aeth bywyd yr eglwys yn anghytbwys; aeth athrawiaethau a threfniadaeth gyfundrefnol yn bwysicach na bywyd. Credaf mai dyna ddechrau'r dirywiad nid yn unig yn ein bywyd crefyddol ond hefyd yn ein bywyd cymdeithasol a gwleidyddol. Aeth arweinwyr crefydd mor bell ag erlid rhai a gymerai ran mewn drama. Gwrthodent gyhoeddi darlith ar Amaethyddiaeth yn y capel er mai amaethwyr oedd bron pawb o'r aelodau. Gwgid ar ganu Cerdd Dant. Ond cymerai'r arweinwyr ran yn rhyfel 1914-18 trwy amrywiol ffyrdd, a'r canlyniad fu i'r hyn a heuwyd dyfu. A dyna'r ddeddf anorthrech yn gweithredu.

Yr oedd fy nhaid yn dalach dyn na'i dad ac yn dra gwahanol hefyd o ran pryd a gwedd: wyneb meinach, garwach oedd ganddo, tebycach i'w ewythr Gruffydd Owen Parry. Fel y rhan fwyaf o lanciau ei genhedlaeth ymorchestai mewn grymuster corfforol ac ymhlith crymffastiaid ifanc o feibion ffermydd yr oes honno roedd gornestau codi pwysau, taflu maen, tynnu torch, dringo polyn llithrig, tynnu rhaff ac ymaflyd codwm yn ddifyrrwch pur gyffredin. Wn i ddim ymhle y'i gosodid yng nghynghrair cryfder llanciau'r cylchoedd ond does dim dwywaith nad oedd, hyd yn oed o fewn fy nghof i, yn ddyn eithriadol o gryf a heini. Ni thrafferthai agor a chau yr un llidiard, dim ond rhoi ei law ar yr ael uchaf a neidio drosti. Parhaodd i wneud hynny hyd nes ei fod dros ei ddeg a thrigain pryd y daeth, ar ei addefiad ei hun, ei ieuenctid i ben.

Yn 1934 daeth fferm Tŷ Uchaf, Bethel yn rhydd a chafodd gynnig y denantiaeth gan stad y Pale. Derbyniodd y cynnig. Erbyn hynny roedd Doris ei ferch hynaf yn briod â'r Parchedig Evan Jones-Roberts o Benrhyndeudraeth ac yn byw ym Mangor lle ganed y meibion Medi Wyn a Gareth Ieuan. Maes o law, aethant i Warrington a mabwysiadu merch fach o'r enw Jennifer, neu Nanw fel y'i gelwir. Oddi yno, yn 1949, aethant i Melbourne, Awstralia ac yno y bu Anti Doris hyd ei marwolaeth yn 1998. Roedd yn 94 mlwydd oed ac mor fyw ei meddwl ac mor loyw ddilediaith ei Chymraeg â phe na bai wedi symud cam o Gwm Cletwr erioed. Mae Gareth, ei hail fab, yn artist uchel ei barch ac, o'm holl gefndryd a chyfnitherod, y fo yw'r unig un nad wyf erioed wedi'i gyfarfod er bod gen i ddau lun o'i waith.

Priododd Rhiannon â Robert William Jones o Landderfel ac fe aethant i ffermio Tyddynbarwn lle cawsant ddau o blant, Mary a Cerwyn. Yn 1977, a hithau'n weddw ers bron ugain mlynedd, cefnodd Anti Rhiannon ar Dyddynbarwn a mynd i'r Bala i fyw. Gyda'r mudo anorfod hwnnw caewyd y drws ar ddwy ganrif a hanner yn yr hen gartref. Ym mis Hydref 1992, ychydig fisoedd cyn ei marwolaeth, euthum i edrych amdani yng Nghartref Bron-y-graig yn y Bala a mynd â hi am dro i'r Berwyn. Aethom i fyny at Derfyn-y-ddwysir, eistedd yn y car a sgwrsio am ryw awr go dda. Y prynhawn hwnnw tywalltodd Rhiannon ei chalon a'i chof imi. Roedd hi wastad yn ffefryn gen i ac, er gwaetha'r bywyd caled a brofodd, roedd hi'n ddigri hyd at ddagrau. A do, fe rannodd y ddau ohonom rywfaint o'r rheiny hefyd y prynhawn hwnnw ar Ferwyn ein hynafiaid.

Ond yn ôl â ni i 1934. Symudodd fy nhad, a oedd yn 28 oed ac yn ddibriod, ynghyd â Beti Mair, hefo'u rhieni i Dŷ Uchaf. Gweithiai Beti mewn siop yn y Bala ac fe ddaeth maes o law yn wraig i Lewis Hywel Davies, Caerau Isaf, y Sarnau. Serch hynny, ym Machynlleth y treuliodd hi a Lewis y rhan helaethaf o'u hoes, ac yno, yn 1996 y bu farw Beti er na wyddai ymhle'r oedd ers blynyddoedd lawer. Mae Eleri'r ferch wedi hen ymgartrefu yn Lloegr bellach.

Cyn mynd ymhellach, efallai mai dyma'r lle i sôn am fy nain, Emily, neu Nain Tŷ Uchaf. Yn gynnar un bore yn chwedegau'r ganrif ddiwethaf roedd ei mam, Elizabeth Jones, merch Bryncelynnog, Cwm Prysor yn cerdded i Lan Ffestiniog ac, yn ôl ei harfer, ar ôl cyrraedd rhyw lecyn neilltuol ar fin y ffordd dros y Migneint, aeth ati i newid ei hesgidiau a chuddio'r rhai-bob-dydd yn y grug gan wisgo pâr mwy parchus i fynd i ŵydd pobl. Ar hynny, daeth rhyw stwcyn byr o gipar i'r golwg gyda gwn dwy faril cyhyd â fo'i hun ar ei ysgwydd. Os oedd y cipar ifanc yn brin ei fodfeddi, roedd yn brinnach fyth ei Gymraeg ond, er nad oedd ganddi hithau ddim ond rhyw ychydig sillafau o Saesneg, bu rhyw lun o sgwrs rhyngddynt ac addawodd yntau warchod yr esgidiau, Duw a ŵyr rhag pwy na beth.

John Balmer Lloyd, un o ddeg plentyn Robert a Mary Lloyd, Tan-y-maes, Ysbyty Ifan oedd y dyn ifanc a'r gwn. Daethai'r teulu — teulu o giperiaid o dras Sgotaidd — i Ysbyty Ifan o Gymbria, a dyna'r rheswm am Gymraeg clapiog gwarchodwr yr esgidiau. Fodd bynnag, daeth y gymwynas honno'n ddefod reolaidd ac, er gwaethaf pob rhwystr ieithyddol, daeth y ddau i ddeall ei gilydd i'r fath raddau nes priodi. Ar ôl byw am gyfnod yn Llanarmon-yn-Iâl symudodd y ddau i Langwm yn Uwchaled lle cawsant ddau fab a chwe merch. Emily fy nain a aned yn 1885 oedd yr ieuengaf o'r wyth.

Yn 1890 cerddodd John Lloyd, yr hen daid a roes y 'Lloyd' yn fy enw, bob cam o Langwm drwy Fwlch Cwmllan a thros y mynydd i Gefnddwysarn, yna dros y gefnen i Landderfel ac wedyn yr holl ffordd dros y Berwyn i Langynog ym Maldwyn yn y gobaith o gael ei gyflogi'n gipar ar stad General Gough. Fe'i cyflogwyd, a do, fe gerddodd yn ei ôl wedyn yr un diwrnod. Yng Ngorffennaf y flwyddyn honno ymfudodd y teulu i Blas Llechwedd-y-garth yng Nghwm Pennant Melangell, Llangynog ac, unwaith eto, cerddodd fy hen daid yr holl ffordd hefo'r cŵn.

Y noson gyntaf yn eu cartref newydd yr oedd yn amhosib cysgu oherwydd bod yno gyd-breswylwyr dirifedi: roedd y lle'n symud gan lygod mawr, a'r rheswm am hynny oedd bod

Richard Davies o'r fferm gyferbyn yn cadw ŷd yn stafelloedd ucha'r plas. Drannoeth, aeth John Lloyd ati i osod trapiau, a'r noson honno wedyn roedd hi'r un mor amhosib cysgu oherwydd gwichiadau'r llygod yn trengi yn y trapiau.

Fel y soniais, cipar oedd John Lloyd ac, yn ôl y sôn, roedd yn saethwr anhygoel o gyflym a chywir. Cyn bod y fath bethau â cholomennod clai arferid cynnal gornestau saethu peli gwydr tua'r un maint â pheli golff a'r rheiny wedi'u llenwi â phlu. Os llwyddid i'w trawo dôi cawod o blu ohonynt ac roedd fy hen daid yn bencampwr ar eu pluo nhw.

Roedd Emily fy nain yn eneth hardd ryfeddol, hardd ei hwyneb a'i hanian. Yn ystod ei blynyddoedd olaf yn Nhŷ Uchaf bu'n dioddef pwysedd gwaed uchel ac yng Ngorffennaf 1940 bu farw yn 55 mlwydd oed. Ymhlith y teyrngedau a dalwyd iddi roedd yr englyn toddaid hwn o waith John Evans, y Prifardd John Evans yn ddiweddarach:

> Rhown wraig lanwedd, fonheddig — o londer
> Glendid gardd a miwsig,
> Yn isel rhown un ysig — mewn heddwch
> A rhown dirionwch i'r hendir unig.

Felly, yn 1940, ar ôl 37 mlynedd o fywyd priodasol, yr oedd fy nhaid, Owen Parry Owen, yn ŵr gweddw 64 mlwydd oed. Erbyn hynny, yr oedd fy nhad wedi priodi ac yn byw yn Nhŷ Capel, Bethel ond yn dal i weithio yn Nhŷ Uchaf a Beti Mair hithau wedi priodi ac yn byw yng Nghaerau Isaf. Symudodd fy nhad a'm mam i Dŷ Uchaf at fy nhaid ac yn Nhachwedd 1940 cymerodd fy nhad y denantiaeth a phrynu'r offer a'r stoc am £1186-8-0. Yna, tua 1946, pan aeth Beti a Lewis i Sir Drefaldwyn fe aeth fy nhaid hefo nhw ac yn 109 Heol Maengwyn, Machynlleth yr ymgartrefodd am weddill ei oes. Gan ei fod mor iach a heini cafodd fywyd llawn a llawen am chwarter canrif arall. Yn ei ddyddiadur am 1943, er enghraifft, nodir ei fod wedi mynd ar ei feic yr holl ffordd o Fethel i edrych am Doris a'r teulu ym Mangor — taith o 43 milltir un ffordd. Cychwynnodd am ddeg o'r gloch a chyrraedd am ddeng munud wedi chwech. Drannoeth, gwnaeth yr un siwrnai yn ôl adref. Roedd yn 67 mlwydd oed ac yn ffogieth beic nad oedd fawr gwell na ffrâm gwely ar olwynion.

Ar ôl ymddeol cafodd fwy o hamdden i ymweld â chyfeillion ac roedd ganddo faint a fynnai o'r rheiny, a'u nifer yn cynyddu'n barhaus. Yn wir, fe lwyddai i wneud ffrindiau fel y bydd rhai pobl yn gwneud arian, ac ystyriai mai ei gyfoeth pennaf oedd ei liaws cyfeillion. Heb os, roedd ganddo ddawn i dynnu pobl ato ac nid pobl o'r un elfen a'r un diddordebau ag ef ei hun yn unig; byddai rhai o adar brithion Machynlleth yn ei gyfarch yr un mor gynnes â'i gyd-aelodau yng Nghapel Maengwyn ac yn 1966 pan enillodd Gwynfor Evans sedd Caerfyrddin i'r Blaid roedd trigolion Machynlleth, o bob plaid, yn ei longyfarch ar y stryd fel pe bai ef ei hun wedi cael ei ethol.

Ar ôl ymddeol yr aeth ati hefyd i feistroli'r cynganeddion ac yn hynny o beth cafodd lawer o gymorth ac arweiniad gan ei hen gyfaill y Prifardd John Evans. Roedd y ddau yn llawiau mawr ac wedi ymwneud llawer â'i gilydd byth oddi ar y cyfnod y bu John Evans yn ysgolfeistr yn Llandderfel. Ato ef yr anfonai fy nhaid ei ymdrechion cynharaf ac fe gâi sylwadau buddiol a smala yn ôl. O dipyn i beth, âi'r gwallau cynghanedd yn anamlach ac o ganol y pumdegau ymlaen roedd Owi'n ennill gyda'i englynion mewn eisteddfodau ymhell ac agos.

Fel y cyfeiriwyd eisoes, cadwodd gysylltiad agos â'i hen gyfeillion bore oes ym Metws Gwerful Goch a byddai'n mynd yn aml i'r Hendre i aros a chynorthwyo gyda'r cynhaeaf, plygu gwrychoedd (roedd yn blygwr rhagorol) ac unrhyw orchwyl arall yn ôl y galw. Er mai Edwards oedd ei snâm, wrth yr enw Ifans yr adweinid gŵr yr Hendre am ryw reswm. Roedd gan Ifans hiwmor cyn syched â'r Sahara a châi fy nhaid fodd i fyw yn ei gwmni.

Yn Eisteddfod Genedlaethol Llangefni 1957 testun yr englyn oedd 'Ysgyfarnog' ac roedd fy nhaid wedi gyrru dau englyn i'r gystadleuaeth gyda'r ffugenwau 'Ifans yr Hendre' a 'Dwalad Tŷ Nant'. Cymydog anawengar yn y Betws oedd Dwalad. Gosodwyd y ddau yn yr ail ddosbarth. 'Fyddai ddim cymaint o ots gen i petaswn i yn y dosbarth cyntaf,' meddai Ifans, 'ond mae cael fy enwi yn yr ail ddosbarth yn dipyn o sarhad.' Cafodd Dwalad ac Ifans bwyllgor brys a phenderfynwyd talu'r pwyth i Parry Owen. Fe aed ati i lunio'r englyn mwyaf echrydus a luniwyd erioed. Y testun, yn naturiol, oedd 'Ysgyfarnog'. Dyma'r englyn:

Ardderchog, goronog sgwarnog, — heglog
A jumpiog a chlustiog,
Caiff warrog ger Bronbannog,
Targed i'r 'Twelve Bore' ciciog.

Fe'i hanfonwyd i golofn farddol Meuryn yn *Y Cymro* wrth yr enw 'O.P.O., Betws Gwerful Goch'. Ymddangosodd yr englyn yn y papur ynghyd â sylwadau Meuryn, sylwadau a ddechreuai fel hyn, 'Wel, wel, wel, O.P.O.! Y mae eich "englyn" yn rhyfeddbeth, yn wir. Ni welais ei debyg erioed . . .' Os cofiaf yn iawn, ymddangosodd llythyr ymhen yr wythnos — Ifans a Dwalad eto — yn amddiffyn enw da eu hardal trwy ddweud nad oedd neb o'r enw O.P.O. yn byw ym Metws Gwerful Goch ond bod yna O.P.O. yn byw ym Machynlleth!

Sut bynnag, nid dyna'i diwedd hi. Ar y pryd, roedd y clwy *myxomatosis* yn lladd cwningod wrth eu miloedd ac fe gynhyrchodd y Weinyddiaeth Amaeth boster lliw gyda llun cwningen llawn maint arno. Gan nad oedd llun sgyfarnog ar gael, torrodd fy nhaid y gwningen allan a'i glynu ar gerdyn caled, a'r tro nesaf yr aeth i'r Hendre aeth â'r 'gwningen' hefo fo. Pan gyrhaeddodd y Betws sylwodd fod car Ifans yn y Felin ac aeth yntau ymlaen i'r Hendre a gosod y gwningen i bori yn y berllan. Cyn gynted ag y daeth Ifans adref dywedodd wrtho fod cwningen yn y berllan ac, yn naturiol ddigon, aeth Ifans i estyn ei wn a mynd yn ei gwman hefo wal y berllan. Ymsythodd, anelodd a saethodd. Os oedd y gwningen honno'n farw cynt roedd hi'n farw iawn wedyn. Roedd hi fel gogor bras. Wedi hynny, bob tro yr âi fy nhaid i'r Hendre, gofalai fynd â hi hefo fo rhag i Ifans anghofio.

Yr oedd rhyw ymgiprys am oruchafiaeth rhyngddynt byth a hefyd, a'r ddau'n mwynhau'r ornest ni waeth pwy a fyddai drechaf ar y dydd. Yn Ebrill 1964 derbyniais lythyr gan fy nhaid yn dweud nad oedd Ifans yn dda ei iechyd a'i fod yntau wedi bod draw yn edrych amdano. Meddai yn y llythyr:

Yr oedd yn llawen o'm gweld a dywedodd fod ganddo rywbeth i'w ddangos imi. Aeth i nôl darn o bapur ac arno yn ysgrifenedig roedd *'The ornaments of a house are the friends that frequent it'*.
'Ardderchog,' meddwn innau, gan dybied fod ganddo ryw led-

gyfeiriad ataf fi. 'Pa un o athronwyr Groeg a lefarodd y geiriau doeth yna, Ifans?' gofynnais.

'Dim un ohonyn nhw. Ei gael o ar focs matsis wnes i!'

Ifans, yn ei waeledd, oedd drechaf y tro hwnnw, a'm taid, yn ei lawn iechyd, yn medru chwerthin am ei ben ei hun.

Ac o sôn am focs matsis, mae un stori arall yn dod i'm cof. Un diwrnod dywedodd Ifans, 'Parry Owen, mae'r Fron wedi tyfu'n ffeg gwyn drosti. Fedra i mo'i throi hi heb beryglu bywyd, ac felly sut y ca i wared â'r ffeg?' Atebodd fy nhaid, 'Beth am ei losgi? Wedi'r cwbwl, mae hi'n sychin. Wedyn, hau basig slag a phori'r tyfiant newydd yn ifanc er mwyn cadw'r ffeg i lawr.' Ar ôl dwys ystyried y peryglon — roedd ydlan y Parchedig J. T. Roberts am y gwrych â'r Fron — barnodd Ifans mai tân oedd yr ateb. Aeth fy nhaid ati i losgi ond er iddo danio peth dialedd o fatsis ni lwyddodd i gynnau'r ffeg. Yna, cofiodd fel y rhoddodd llwynogod Samson ydau'r Philistiaid ar dân ac aeth i'r buarth i chwilio am hen sachau. Rhwygodd ddwy neu dair ohonynt yn gadachau a'u mwydo mewn hen olew tractor cyn eu clymu wrth roden. Wedi dychwelyd i'r Fron taniodd y cadachau a llusgodd y roden o'i ôl gan losgi'r ffeg yn gwbl ddidrafferth.

Pan aeth Ifans draw rhyfeddai at ddyfeisgarwch ei was ac ymunodd yntau yn hwyl y ffaglu. Gwisgai fy nhaid hen oferôl gyda thro yn ei odre ac, yn ddiarwybod iddo, roedd gwreichionen wedi sboncio i droad y goes chwith ac, ar ôl mudlosgi'n araf i fyny'r groth, dechreuodd fflamio. Trwy lwc, sylwodd Ifans fod ei was ar dân a rhuthrodd i ffustio'r fflamau gyda'i gap.

Ar ôl gorffen llosgi'r ffeg aeth y ddau at y tŷ am eu te. Pan welodd Mrs Edwards yr hyn oedd yn weddill o goes chwith oferôl fy nhaid gofynnodd mewn syndod, 'Brensiach y bratie, Parry Owen, be ddigwyddodd ichi?' Cyn i'm taid gael cyfle i ateb dyma Ifans yn egluro, 'Mynd ar dân ddaru o — rhyw fymryn cyn ei amser 'falle — ac mi'i diffoddes inne fo,' ac yna, gyda'r amseru perffaith a'i nodweddai, ychwanegodd, 'ond heb feddwl y gwnes i.'

Er mai ei ŵyr sy'n dweud, dyn rhyfeddol oedd Owen Parry Owen, dyn praff ei feddwl, dyn crwn ei ddiwylliant a'i ddiddordebau. Dywedodd I. B. Griffith rywdro mai fy nhaid, yn ei dyb ef, oedd y darlun delfrydol o'r gwerinwr o Gymro cyflawn. Eto i gyd, fel yr awgrymwyd eisoes, yr oedd ar lawer cyfri yn annodweddiadol o'i genhedlaeth a'i gefndir. Yr oedd, o ran ei ddaliadau a'i dueddfryd, ddegawdau yn iau na'r rhan fwyaf o'i gyfoedion. 'Yr wyf yn falch fy mod yn perthyn i genhedlaeth hunanaberthol,' meddai wrthyf mewn llythyr yn 1969. Doedd o ddim ond 93 mlwydd oed ar y pryd. Cofiaf fel yr wfftiodd ataf yr un flwyddyn — blwyddyn dorcalonnus i mi — pan ddywedais wrtho fy mod yn anobeithio ynghylch dyfodol Cymru ac yn cywilyddio oherwydd amharodrwydd ei phobl i fynnu rhyddid. Roedd naïfrwydd Plaid Cymru dan fy llach hefyd a dywedais rywbeth i'r perwyl mai'r anialwch oedd o flaen yr Hen Genedl ac na cheisiwyd ei thwyllo. Fe'm rhoddodd yn fy lle yn abl handi. 'Nid i'r anialwch roedden nhw'n mynd: y *destination* oedd Canaan. Darllena Dewteronomiwm, yr wythfed bennod, ac fe gei di weld fod diben i fynd â nhw drwy'r anialwch. Paid â digalonni. Dydi'r cynhaeaf byth yn dilyn yr hau. Mae'r haf, tymor y tyfu a'r aeddfedu, rhyngddyn nhw.' Ac yna, gyda gwên ddireidus, ychwanegodd, 'Ac fe'th ddysgais fel y dysg gŵr ei fab ei hun.'

Fel roeddwn yn ymadael ag ef y diwrnod hwnnw estynnodd bapur pumpunt a dweud, 'Hwde, rho hwn i Dafydd Iwan'. Ie, Dafydd Iwan, er mai Cymdeithas yr Iaith a olygai wrth reswm.

Yr oedd ei hen ddyddiaduron a phob hen amlen a feddai yn frith o ddyfyniadau, ffeithiau ac ystadegau o'r llyfrau a'r cylchgronau y bu'n pori ynddynt. Gwelid geiriau Syr George Stapledon, Padraig Pearse, Shakespeare a'r Athro J. R. Jones ar yr un tudalen; Gandhi, Bertrand Russell a Gwilym O. Roberts wedyn yn rhannu lle gyda Muhammad Ali. Ac o grybwyll y paffiwr gwefreiddiol hwnnw, cofiaf fy nhaid yn dweud mai Ali, yn ei farn ef, oedd wedi 'siarad ac ymddwyn debycaf i Iesu Grist ers tro byd'. Roedd hynny pan wrthododd ymuno â'r fyddin a mynd i fwrdro Fietnamiaid. Oedd, roedd yn edmygydd mawr o Ali oddi allan ac oddi mewn i'r sgwâr. Howard Winstone hefyd. Cofiaf fel roedd wedi gwirioni pan gafodd lun a chyfarchiad personol gan Winstone wedi iddo sgrifennu ato i'w longyfarch ar ennill pencampwriaeth y byd.

Fel yn ei ieuenctid, ymddiddorai'n fawr mewn campau corfforol o bob math ac nid âi i'w wely ar nos Sadwrn heb weld *Match of the Day*.

Er mai englyna a roddai'r pleser mwyaf iddo yn ystod ei flynyddoedd olaf roedd hefyd yn hoff o lunio diarhebion megis 'Miwsig mochyn twrw bwced', 'Annog a'n gwna'n gyfrannog', a hon, sydd ddengwaith fwy gwir erbyn heddiw, 'Po fwya'r fformio lleia'r ffarmio'.

Yn ystod pymtheng mlynedd olaf ei oes daeth ef a minnau yn agos iawn at ein gilydd a byddem yn llythyru'n gyson. Er bod wyth a thrigain o flynyddoedd rhyngom yr oedd ein diddordebau a'n daliadau yn ein gefeillio ac, wrth gwrs, roedd gennym hefyd y cwlwm pellach o fod, i bob pwrpas, yn meistroli'r cynganeddion yr un pryd. Bob tro y deuem at ein gilydd y peth cyntaf a wnâi fyddai fy nhywys o'r neilltu i gael fy marn ar ei englyn diweddaraf ac ni allwn innau lai na sylwi ar y gwelliant yn ansawdd ei englynion fel y deuai'n fwyfwy cyfarwydd â'r grefft nes cyrraedd, yn ei hen ddyddiau, aeddfedrwydd go nodedig mewn englynion fel y rhain:

Diwedd Blwyddyn
Main edau pob munudyn — o'n heinioes,
　　Daw henaint i'n canlyn;
　　Mor rhwydd yr aeth y flwyddyn,
　　Mor frau ydyw dyddiau dyn.

Amgueddfa Werin Cymru
Y mae hen oes o'i mewn hi, — a gwledig
　　Oludoedd geir ynddi;
　　Nid mynwent lwyd mohoni
　　Ond lloches i'n hanes ni.

A'r englyn 'cymharol adnabyddus' hwnnw a drafodwyd gan R. M. Jones yn *Ysgrifau Beirniadol XII*:

Pladur
Mynnodd barch; mwy'n ddiberchen, — dyna'i rhawd.
　　Dan y rhwd a'r hoelen
　　Y'i hongiwyd; does mo'i hangen;
　　Fel finnau aeth hithau'n hen.

Meddai'r Athro: '. . . yn y llinell olaf . . . tynnir y gwrthrych yn ddisymwth i fod yn oddrych: clymir y fi a'r hi yn un mewn odl a chysylltir y ddau â'u gair tyngedfennol "hen" drwy gytseinedd. Llinell hollol berffaith y gellir ymdeimlo â'i hanocheledd hyd waelod ein bodolaeth.'

Gwaetha'r modd ni chafodd Owi fyw i weld sylwadau'r Athro Bobi Jones. Tua chanol Hydref 1971, ac yntau'n 95 oed, daeth i aros atom ac yn ystod yr wythnosau dilynol aeth i lawr yr allt yn gyflym. Chwith oedd ei weld yn oedi o flaen y drych ac yn ei wylio'i hun yn gwywo o ddydd i ddydd: canrif yn bwrw'i dail fesul diwrnod. Er bod ei feddwl yn loyw hyd y diwedd, yn ystod wythnos olaf ei fywyd roedd yn gaeth i'w wely, a'r corff cydnerth yn ddim ond cysgod eiddil o'r hyn a fu. Ychydig oriau cyn ei fynd eisteddwn wrth yr erchwyn yn ei wylio'n pendilio rhwng dau olau. Yn sydyn, agorodd ei lygaid ac edrych arnaf â syndod plentyn yn deffro o ryw freuddwyd pell. Ni thorrwyd gair rhyngom: doedd dim rhaid. Rhoddais winc arno ac am eiliad neu ddwy ymledodd gwên dros ei wyneb cyn llithro'n ôl i'r niwl yng ngenau'r glyn. Roedd Owi a minnau'n dallt ein gilydd.

Ar 16 Tachwedd, am dri o'r gloch y bore — yr awr beryg pan yw curiad calon y Greadigaeth ar ei wannaf — rhoes ei galon yntau ei churiad olaf. Roeddwn i hefo fo, ac yn y mudandod syfrdan hwnnw wedi i'r anadl beidio am byth mi wyddwn fod mwy na thaid a mwy na ffrind wedi mynd o'm gafael. Gyda'r anadliad olaf hwnnw aeth canrif o gof ac efallai gymaint â hynny wedyn o gof clust i ebargofiant. Roedd cynifer o gwestiynau heb eu gofyn. Mae'n rhy hwyr bellach.

Claddwyd fy nhaid gydag Emily yn Llandderfel ddydd Gwener, 19 Tachwedd 1971. Daeth hen gyfeillion o bell ac agos i'w roi yn y ddaear y bu mor fawr ei ofal ohoni ac, er bod yr Henffridd o'r golwg dan binwydd ers llawer blwyddyn ynghynt, roedd presenoldeb Moses Griffith ymysg y galarwyr yn fwy o deyrnged na dim a lefarwyd y diwrnod hwnnw. Buasai Owi wedi mwynhau bod yn ei gynhebrwng ei hun.

6

Unig fab Owen Parry Owen ac Emily oedd fy nhad, Henry
Lloyd Owen. Ers cenedlaethau, hyd at fy mrawd a minnau,
roedd yn arferiad teuluol i enwi meibion yn Owen Parry ac
yn Henry bob yn ail. Cyn hynny, Owen Lewis a Lewis Owen
oedd y drefn. Sut bynnag, daeth y 'Lloyd' i enw fy nhad o
du ei fam ac er mai Henry oedd ei enw cyntaf, Lloyd y'i gelwid
gan bawb oddigerth teulu ei fam; fel 'Henry Lloyd' y cyfeirid
ato dros y mynydd yn Sir Drefaldwyn. Fe'i ganed yn Llangynog
yn 1907, ac roedd yn dipyn o fwrddrwg mae'n debyg. Un
noson, ac yntau'n cael bath ar yr aelwyd, galwodd yr ysgolfeistr
heibio ac, er mawr gywilydd i'w fam, gofynnodd Lloyd iddo,
'Weli di 'nhin i?'
    Yr oedd yn bedair oed pan symudwyd i Dyddynbarwn, ac
ymhen rhyw flwyddyn wedyn dechreuodd fynychu'r ysgol yn
Llandderfel. Doedd ganddo ddim llawer o ddiddordeb mewn
addysg ffurfiol ond yr oedd yn anghyffredin o graff a hyddysg
ym myd natur. Hynny, mae'n debyg, a barai ei fod byth a hefyd
yn hwyr i'r ysgol. Roedd cymaint o ryfeddodau i'w gweld yn
y gwrychoedd a'r gelltydd ar y siwrnai dair milltir o'r cartref
i'r Llan. Fel y dywedodd ei hun yn *Atgofion Byd Natur*, dysgodd
lawer gan ei fam: 'Gwyddai enwau'r anifeiliaid i gyd, yr adar,
y coed a'r blodau. Medrai adnabod pob aderyn wrth ei gân
a gwyddai am y mannau tebygol i ganfod nythod.' A hithau'n
ferch i giper yng Nghwm Pennant Melangell roedd yn
gyfarwydd â'r pethau hyn erioed ac etifeddodd fy nhad ei
diddordeb a'i gwybodaeth.

Nid oedd yn hoff o'r ysgol nac o Hughes y sgŵl. Roedd gan hwnnw ffefrynnau a gâi'r fraint o eistedd ar ei lin ac nid oedd plant Tyddynbarwn na neb arall o Gwm Cletwr ymhlith y rheiny. Yn wir, roedd gan anwariaid y Berwyn lai fyth o obaith bod yn ei lyfrau ar ôl i'm tad daflu pot inc ato am gosbi Rhiannon ar gam. Gwnaeth Doris rywbeth tebyg — gwaeth os rhywbeth — a Rhiannon druan oedd otani y tro hwnnw hefyd. Roedd arni ofn mynd i'r ysgol am fod Susie Jones, yr athrawes, yn frwnt wrthi. Gan fod gwaed yn dewach na dŵr penderfynodd Doris dalu'r pwyth yn ôl. Un amser chwarae, a'r drws wedi'i gloi, dringodd i mewn drwy'r ffenest a rhoi bonclust i Susie Jones nes roedd hi'n corcio. Bu raid iddi fynd gerbron y mistar (nid Hughes bryd hynny) ond ni chafodd gosb o fath yn y byd ganddo. Yr oedd yn deall decini.

Ie, tipyn o garchar oedd ysgol i fachgen fel fy nhad, un yr oedd ei galon allan yn y caeau a'r coed neu'n pysgota brithyll a nofio yn nant y Cletwr. Ar brynhawniau o haf nid oedd ddim ganddo ddianc o'r ysgol a mynd i nofio i lyn Bodwenni yn afon Dyfrdwy ac, yn aml iawn, byddai ei chwiorydd wedi cyrraedd adref o'i flaen a châi yntau andros o hensied pan gyrhaeddai ymhen hydion.

Er na châi fawr o flas ar ysgol llwyddodd i basio'r *Scholarship* yn 1918 a mynd, yn ddeuddeg oed, i Ysgol Ramadeg y Bechgyn yn y Bala, hen ysgol enwog Tytandomen. Lletyai yn y dref yn ystod yr wythnos a gellir dychmygu fod hynny'n gwbl groes i'r graen yn ei achos ef. Bryd hynny roedd raid talu am werslyfrau, a thalu am lety wrth reswm, ac nid mater bychan oedd treuliau felly yn y cyfnod caled hwnnw. Tair blynedd fu arhosiad fy nhad yn yr ysgol ramadeg ac ar ôl sefyll arholiad y *Junior* gadawodd yn bymtheg oed, cyn sefyll y *Senior*, ac aeth adref at ei dad yn Nhyddynbarwn.

Yr oedd yn ei elfen yn bugeilio defaid ar y Berwyn, yn torri mawn, yn aredig a chynaeafu'r ffriddoedd a ddofwyd trwy ymdrech ei hynafiaid. Gweithiai'n galed o reidrwydd ond, serch hynny, nid gwaith a gorffwys yn unig oedd patrwm bywyd yn Nhyddynbarwn ac ymddiddorai'n fawr mewn adrodd a chanu penillion ac efallai mai trwy'r diddordebau hyn yr ymserchodd mewn barddoniaeth.

Yn un ar hugain fe'i trawsblannwyd o lethrau'r Berwyn i

wastadeddau toreithiog Sir Gaer yn Lloegr. Yr oedd ewythr o'r enw John Jones, cefnder i'w dad, yn berchen fferm Birch Hall ger Northwich ac yno y bu am y pedair blynedd nesaf. Yn Northwich roedd arno gryn dipyn o hiraeth am y Berwyn. Crwydrai ei feddwl yn aml hyd Gefn Llwyd, Y Grechwel, Penraneg, Nant Sgrin, Craig yr Arian, Cadair Fronwen, Y Waun Ben Llydan, Moel Cwm Siân Llwyd, Cwm Pydew, Esgynfa, Y Creigiau Duon, Craig Person, Cell y Rhewynt, Bryniau Gleision, Y Fawnog Egryn a Chyrnie Nod. Roedd eu henwau'n farddoniaeth, yn felyster o'r glust i'r galon.

Yn 1931 ffarweliodd â Birch Hall a daeth yn ôl i'w gynefin a'i wynfyd ond, fel y soniais eisoes, symudodd gyda'i rieni i'r Tŷ Uchaf yn 1934 gan adael Rhiannon i barhau'r olyniaeth deuluol yn Nhyddynbarwn.

Ac yntau o hil ciperiaid roedd ganddo ddiddordeb mawr mewn hela ac wrth gwrs roedd hynny'n orchwyl angenrheidiol yn y broydd amaethyddol. Pan dorrodd y rhyfel allan yn 1939 cafodd swydd ran-amser gyda'r *War Ag* yn dal llwynogod gan barhau i ffermio yr un pryd. Yn 1939 hefyd, ar y dydd olaf o Fedi, priododd â Jane Ellen Thomas, merch Broncaereini, Sarnau, neu 'Siop Sarnau' fel y'i gelwid.

Cafwyd llu o gyfarchion barddol wrth gwrs. Fel hyn y diweddai cyfarchiad I.B. Griffith, prifathro'r fro ar y pryd:

> Un peth a dim mwy rwy'n ddymuno
> I'r ddeuddyn sydd newydd eu huno,
> I ddau sydd o hyd mor brysur eu byd
> Gael llonydd heb bwyllgor am heno!

Ond y cyfarchiad mwyaf clasurol oedd cywydd Ifan Rowlands, y Gist-faen, cywydd a gyhoeddwyd yn *Y Seren* o dan y pennawd 'Y Llwyd yn cael ei rwydo'. Dyma rai llinellau ohono:

> Harri Llwyd, y carwr llên,
> Llywydd hwyrnosau llawen,
> Dyn a ffrwd ei awen ffraeth
> Yn adroddwr mydryddiaeth.
> Hwyliog fydd gwraig yr aelwyd
> O roi'i llaw i Harri Llwyd.
> Tyner y 'ddeuawd dannau',
> Onid un fydd awen dau!

Oedd, roedd gan 'Harri Llwyd' gronfa ddihysbydd o gerddi Cymraeg a Saesneg ar ei gof. Roedd Harry Lauder, y canwr gwerin o'r Alban, yn dipyn o ffefryn ganddo a byddai'n hoff o ganu rhai o'i ganeuon ef wrth fynd ynghylch ei waith ar y fferm. Dyna a barodd i'r Parchedig Gwion Jones, y gweinidog, ddweud ar ei bregeth un tro, wrth gondemnio diddordebau'r ifanc a gwerthoedd yr oes, 'Morwyn fach yn dilyn ei dyletswyddau ac yn mynd o amgylch y tŷ dan ganu emynau. Gwyn ei byd. Ond gŵr ifanc o ffermwr yn aredig ac yn canu rhyw hen *comic songs!*'

Yn 1947 penderfynodd fy nhad roi'r gorau i ffermio a chafodd swydd fel Dirprwy Swyddog Pla Meirionnydd. Gwerthwyd yr offer a'r stoc yn Nhŷ Uchaf ac aethpwyd i fyw i Siop y Sarnau, cartref fy mam. 1947, wrth gwrs, oedd blwyddyn yr eira mawr, heth na welwyd mo'i thebyg ers tro byd, ac fel hyn y canodd fy nhad ar gyfer rhyw gyfarfod neu'i gilydd yn y Sarnau. Dyfynnaf bum pennill o'r tri ar ddeg.

> Ymhen blynyddoedd eto
> Ym mro y Sarnau lân
> Bydd plant sydd heb eu geni
> Yn eistedd wrth y tân
> Yn gwrando rhyw hen wreigan,
> Efallai ym Mhen Cefn,
> Yn adrodd stori'r tywydd
> A'r heth yn fforti sefn.
>
> A stori od fydd honno,
> Mor od â'r dilyw gynt
> Pan hwyliodd Capten Noa
> A'i syrcas ar ei hynt.
> Bydd sôn am eira'n disgyn
> Yn ddyfal, ddyfal wyn
> Nes claddu pawb a phopeth
> A stopio Wil Ty'n Llyn!
>
> John Preis o Rydywernen
> A aeth i werthu llo;
> Mewn berfa ef a'i dodws,
> I'r Bala ffwrdd â fo.

Ymhen diwrnodiau wedyn,
'Rôl ymladd rhew a lluwch,
Cyrhaeddodd John y Bala
Yn reidio ar y fuwch.

Bu bechgyn dewr yn tyllu
Am lo i helpu'r wlad,
A'r lleill yn tyrchu cyfoeth
I wella eu hystâd,
Ond Dafydd Jones, Cefnddwysarn
Ym mlwyddyn fforti sefn
Fu'r creadur meidrol cyntaf
I dyllu am ddrws cefn.

Bydd stori'r rhew a'r eira
A'r heth fu yn y tir
Ar enau plant y Sarnau
Ymhen canrifoedd hir.
Cawn ninnau'r adeg honno,
Yn dawel yn y gro,
Ryw ymfalchïo'n ddistaw
Na rewodd calon bro.

Gan fy mod erbyn hyn wedi crybwyll fy mam efallai mai
dyma'r lle i sôn am ei llinach hi. Rhywdro yn ystod y
ddeunawfed ganrif daeth hen hen hen daid i mi, gŵr o'r enw
David Williams a Catherine ei briod o'r Carneddau ger
Llanrwst i fyw yn y Cablyd, Dinmael. Roedd ganddynt ddau
fab, David a Moses. Yn fechgyn ifanc iawn aeth y brodyr hyn
yn weision ar fferm Gwnodl Bach, Cynwyd. Maes o law, aeth
Moses dros y Berwyn i Sir Drefaldwyn ac wedyn ymfudo i'r
Unol Daleithiau lle daeth yn adnabyddus fel y Parch. Moses
Williams, New Cambria. Ymsefydlodd David yng Nghynwyd
ac yn 1831 priododd â Sarah, merch Coed Talwrn Bach a
mynd i fyw i Bant-y-clai, Cynwyd lle cawsant ddeuddeg o
blant. Yn 1899 enillodd y ddau wobr o dair punt a medal arian
gan berchenogion *Tit Bits* am mai hwy oedd y pâr priodasol
hynaf yn y Deyrnas Gyfunol. Roeddynt yn briod ers 68 o
flynyddoedd. Ymhen hanner blwyddyn, yn Ionawr 1900, bu
farw David Williams fy hen hen daid, yn 90 oed. Dridiau yn

ddiweddarach bu farw Sarah yn 86 oed. Claddwyd hwy yr un diwrnod ochr yn ochr yn yr un bedd ym mynwent Eglwys Sant Ioan, Cynwyd.

Y mae deuddeg o blant yn ormod o nifer i mi olrhain eu hynt yma, ond mi nodaf ambell gysylltiad diddorol. Roedd un ohonynt, Martha, yn fam i wraig Evan Meirion Evans, Gwasg y Brython, Lerpwl ac yn fam hefyd i Anne, priod E. Stanton Roberts, sef taid a nain Trystan a Dylan Iorwerth. Ond gydag un o'r merched eraill, Elin, y mae a wnelom ni. Priododd hi â Dafydd Thomas, saer a gwneuthurwr cerbydau yn Heol Plase, y Bala, ac fe gawsant chwech o blant. Yr ieuengaf o'r rheiny oedd John Thomas, fy nhaid. Saer oedd yntau ac ar ôl marwolaeth ei dad, bu ef a'i frodyr yn parhau'r busnes dan yr enw 'Y Brodyr Thomas'. Ond maes o law aeth y tri i'w ffyrdd eu hunain. Yn 1904 priododd John â Catherine Griffiths, Ty'n Ffridd, y Sarnau ac fe aethant i fyw ym Mroncaereini, y Sarnau lle'r agorodd fy nain siop yn y cartref.

Fel saer, prif gwsmeriaid fy nhaid oedd ffermwyr y cyffiniau ond am nad oedd y rheiny'n dalwrs prydlon roedd yn anodd cael dau ben llinyn ynghyd. Y diwedd fu iddo roi'r gorau i weithio ar ei liwt ei hun a mynd yn saer ar stad y Rhiwlas ac wedyn yn brif saer stad y Pale lle câi gyflog sefydlog o bum swllt yr wythnos.

Nid wyf fi'n ei gofio gan iddo farw ym Mehefin 1944, bum mis cyn fy ngeni ond, yn naturiol, mi glywais lawer o sôn amdano. Dyn prin ei eiriau oedd Taid Siop. Un heb ei ail am gyrraedd hefo'i lawchwith. Un tro eisteddai wrth y bwrdd yn cael ei de ac roedd fy nain yn hwylio i dorri brechdan iddo. Bu'r dorth a'r gyllell yn ei dwylo am hydoedd tra oedd hi'n sgwrsio'n brysur gyda chymdoges a'r ddwy'n methu'n lân â chofio beth oedd gwaith rhyw ddyn y sonient amdano. Eisteddai Taid yn amyneddgar gan ddisgwyl ei frechdan, a disgwyl a disgwyl. Pan ddywedodd Nain, unwaith eto, na fedrai yn ei byw gofio beth oedd gwaith y dyn dan sylw, fe welodd yntau ei gyfle. Awgrymodd yn sychlyd, 'Dyn bara oedd o!' Do, fe aeth yr ergyd adref.

Dyma ran o'r coffâd a ymddangosodd yn *Y Seren* gan gyfaill anhysbys, ond mae ogle Bob Lloyd yn drwm arno.

57

Os yw parchu amser yn rhinwedd, dylid ei osod ar ben y rhestr. Cadwodd y nodwedd hon ar hyd ei oes — prydlon i'w waith, prydlon i gapel. Parai anesmwythyd pe bai ef yn ymdroi. Sgwrs fer. Ateb byr. Siwrnai fer. Dyma'r gair y chwiliaf amdano — 'sythni'. Hwyrach mai 'union' y galwai'r geiriadur ef. O'r gore. Welsoch chi rywun unionach ar gefn beic erioed? Prin y gwelech yr olwyn flaen yn gwingo. Yr un fath hefo'i gŷn a'i blaen, neu'n torri mortais. Deliai â dynion yr un fath. Os addo, cyflawni; ac os gwrthod, dyna ben. I'r dieithr, gall y diffiniad yna beri iddynt synio mai oer a dideimlad ydoedd. Gwyddom ni ei gymdogion yn amgenach. Medrodd drefnu ei amser i wasgar llu o gymwynasau. Mor ddidwrw y byddai'n gosod paraffarnelia y ddrama i fyny yma ac acw hyd y wlad. Saer llwyfan a gwyliwr y llenni — ar y dot. Tu ôl i'r llen y carai fod ac nid o'r tu blaen . . .

Medrodd ei hen weinidog, y Parch. H Gwion Jones, symio'r golled ar ei ôl i'r dim; 'fod ei golli o Rydywernen fel pe bai Llunden heb ei Big Ben, neu'r Bala heb y Cloc Mawr.'

Arferai godi bob dydd am 5.30 er mwyn bod yn ei waith hanner awr cyn pryd. Ond, er cymaint y parchai amser a phrydlondeb, roedd parchu ei grefft yn bwysicach na dim yn ei olwg. Mi glywais I.B. Griffith yn sôn amdano braidd yn hir yn gorffen rhyw waith yn Nhŷ'r Ysgol ac fe ofynnodd iddo, 'Faint fyddwch chi eto?' Atebodd yntau heb godi'i ben, 'Ymhen blynyddoedd, fydd neb yn gofyn faint o amser gymerodd y joben yma ond falle y gofynnith rhywun pwy gwnaeth hi.'

At ddiwedd ei oes câi drawiadau ysgafn ac amharai'r rheiny ar ei allu i drin coed. Ychydig wythnosau cyn ei farw fe aeth ati i wneud berfa fechan yn anrheg ben-blwydd i Geraint fy mrawd. Bu wrthi'n ddygn ond pan ddaeth diwrnod y pen-blwydd doedd dim golwg o'r ferfa. Ar ôl ei angladd fe gafwyd hyd iddi wedi'i chuddio mewn sach yn y sied. Doedd o ddim yn dymuno i neb wybod pwy wnaeth y joben honno. Bid a fo am hynny, pan oeddwn i'n blentyn teimlwn falchder mai gwaith Taid Siop oedd rhyw lidiard fan yma, rhyw drol fan acw ac, wrth gwrs, y cwch a'r cwt a'i cartrefai ar lan Llyn Creini.

Er mai Catherine oedd enw Nain Siop, fel Kate Thomas yr adwaenid hi gan bawb oddigerth plant yr ardal. Dodo Siop oedd hi iddyn nhw.

Fel ei mam, Jane Griffiths, bu Nain Siop yn gymwynaswraig

bro. Cyn bod nyrsys trwyddedig, Jane Griffiths oedd bydwraig yr ardal ac fe dynnodd ddegau o blant i'r byd. Mewn oes ddifodur ni chyrhaeddai'r meddyg o'r Bala am allan o hydion a byddai hi wedi hen gyrraedd o'i flaen ac, yn aml iawn, byddai'r babi hefyd wedi cyrraedd o'i flaen.

Blwydd a hanner oeddwn i pan fu farw Nain Siop ym Mai 1946 yn 65 oed. Felly, does gen i ddim cof amdani ond mi glywais ddweud ganwaith os unwaith gan gymdogion a chydnabod ei bod yn un o ragorolion y ddaear.

Sgrifennodd I.B. Griffith ysgrif goffa iddi ac fe'i cyhoeddwyd yn *Y Cymro* dan y pennawd 'Peidiodd calon y Sarnau â churo', ac fe'i hailgyhoeddwyd yn y rhifyn arbennig i ddathlu chwarter canrif cyntaf y papur. Mae honno'n berl o ysgrif.

Rhoddodd Nain Siop gartref i amryw o blant cadw yn ystod y rhyfel. Un ohonynt oedd Alun, mab Meirion Evans, Gwasg y Brython, Lerpwl. Gwen a Tommy Hanks o Lundain hefyd. Mae yna un stori eithaf digri am Tommy. Un dydd Sul, yn weddol fuan ar ôl iddo ddod i'r Sarnau, ac yntau heb ddod yn rhugl ei Gymraeg, roedd rhyw bregethwr yn cael te yn y Siop. Pan ofynnodd y gŵr parchedig a gâi fynd i'r tŷ bach dywedodd Nain wrth Alun am ddangos iddo lle'r oedd. Roedd y tŷ bach allan ym mhen draw'r sied oel, fel y galwem hi. Cyn i Alun gael cyfle i symud dyma Tommy Hanks yn gwirfoddoli i hebrwng y pregethwr. Aeth ag ef allan, heibio Brynffynnon, i fyny'r allt a phan oeddynt ar ganol Ffridd Goch, rhyw chwarter milltir o'r pentref, a'r pregethwr yn teimlo'r llanw'n codi gyda phob cam, gofynnodd, 'Ydi o'n bell eto?' Ac meddai Tommy, 'Mae fo milltir.' Roedd y Cocni bach yn ei hebrwng i'r capel!

Roedd gan Taid a Nain Siop dri o blant, sef Jane Ellen (Jin) fy mam, Gwladys ac Arthur. Aeth Arthur i'r weinidogaeth ac am y rhan helaethaf o'i oes bu'n weinidog gyda'r Annibynwyr yn Llanfair Caereinion a Hefina ei briod yn athrawes yn ysgol y pentref. Ar ôl ymddeol yn 1983 fe aethant i fyw yn Llangefni gan ymroi i fywyd diwylliannol a chrefyddol Môn gyda'r un brwdfrydedd ac egni ag a feddent ym Maldwyn.

Bu Yncl Arthur farw yn 1996 cyn gweld ffrwyth ei lafur diflino ef a'i debyg dros Blaid Cymru am ddegawdau lawer. Os oedd unrhyw un yn haeddu cael byw i weld dyfodiad y

Cynulliad a llwyddiant diweddar y Blaid, Arthur oedd hwnnw. Priododd Gwladys â David William Jones, mab Y Wernol, nid nepell o Dyddynbarwn. O'i hieuenctid bu'n dioddef crydcymalau enbyd ond er mor eiddil ydoedd roedd ynddi ryw wytnwch rhyfeddol. Saer yn y Bala oedd Yncl Dafi. Cafodd Gwladys ac yntau ddau o blant, sef Bryn sydd yr un oed â'm brawd, a Catherine sydd ryw flwyddyn neu ddwy yn iau na mi. Athrawes oedd fy mam ac ar ôl cyfnod yn Llundain yn gofalu am blant Peredur, mab D.R. Daniel, bu am rai blynyddoedd yn ysgol Betws Gwerful Goch. Yna, yn y tridegau cynnar, fe ddaeth yn ôl i'w bro enedigol ac i ysgol y Sarnau. Roedd ganddi gôr plant llwyddiannus iawn ac roedd ei bys ym mhob brywes cymdeithasol. Yn wir, cymdeithasu oedd ei hanadl einioes. Capel, Llawr Dyrnu, eisteddfod, drama, côr, cyngerdd — unrhyw fodd ac unrhyw fan lle'r ymgasglai pobl fe fyddai hi bob amser yn chwarae rhan flaenllaw yn y gweithrediadau. Roedd hi'n arweinydd ac yn drefnydd wrth natur a hi oedd ysgrifennydd cyntaf y Llawr Dyrnu a'r eisteddfod yn y Sarnau.

Wedi marw Nain Siop fe gymerodd Mam ei mantell ym mhob ystyr a pharhau'r traddodiad cymwynasgar. Aeth fy nain i'w bedd cyn i rai teuluoedd glirio'r slaten ac aeth fy mam hefyd i'w bedd heb weld anrhydeddu rhai o'r hen ddyledion hynny heb sôn am ambell un fwy diweddar. Gwraig ddarbodus iawn oedd hi, llawer mwy darbodus na 'Nhad. Nid ei bod hi'n edrych yn llygad y geiniog chwaith. I'r gwrthwyneb, roedd ynddi gryn dipyn o fenter ond ni fedrai oddef gwastraff. Achos llawer o hwyl ar hyd y blynyddoedd oedd y ffordd y byddai'n agor anrhegion Nadolig yn ofalus, ofalus rhag rhwygo mwy nag oedd raid ar y papur lapio. Roedd ganddi gyflenwad aillaw o bapur lapio ers Nadoligau dirifedi.

Urddas oedd un o'i geiriau mawr ac, ni waeth beth fyddai'r achlysur, 'Rhaid wrth urddas' oedd ei phregeth barhaus. Ar brydiau, gallasech dyngu iddi gael twtsh ysgafn o snobyddiaeth. Ac eto, digon diniwed cofiwch. Roedd ynddi anwyldeb mawr a chryn lawer o hiwmor hefyd. Medrai chwerthin am ei phen ei hun cystal â neb.

Do, mi fûm yn ffodus yn fy magwraeth. Er nad oeddem ni'n deulu cyfoethog roeddem ni'n gyffyrddus ein byd ac roedd fy nhad yn ennill cyflog da. Roedd y siop a'r Post yn dod ag incwm ychwanegol ac er bod siop arall yng Nghefnddwysarn lai na milltir i ffwrdd roedd gan fy mam fusnes bach eithaf dethe. Doedd neb yn breuddwydio am fynd i'r Bala i brynu bwydydd bryd hynny ac fe wyddai hithau i'r owns beth oedd angenrheidiau wythnosol ei chwsmeriaid fel nad oedd beryg gorstocio. Doedd dim lle i hynny prun bynnag: siop fechan, fechan oedd hi, a'r cownter pren o waith fy nhaid yn mynd â'i hanner hi. Ac ogle bara. Roedd hwnnw mor felys ag ogle gwair oni bai, wrth gwrs, fod ogle cetyn Bob Lloyd yn ei foddi o'r gegin gyfagos.

Yn swyddogol, roedd y siop yn cau am chwech ond mewn gwirionedd doedd hi byth yn cau. Roedd aelwyd a chownter yn un ac, yn aml iawn, fe ddôi rhywun at ddrws y tŷ tua deg o'r gloch y nos i ofyn am bum Wdbein neu hanner owns o Faco Amlwch. Sgwrsio wedyn nes byddai'r pum Wdbein wedi mynd yn dair a'r hanner owns baco dipyn ysgafnach.

Ned Caerau yn galw ar ei ffordd adref o'r Bala ar nos Sadwrn. Byddai'n mynd i'r Bala bob nos Sadwrn i oelio'i gymalau, a'i dafod hefyd o ran hynny. Rhegwr ysbrydoledig os bu un erioed. Doedd yr hen Ned ddim wedi bod cweit ym mhen draw'r ffwrn ond roedd o'n dweud rhai da ambell dro. Er ei fod mewn oed go lew roedd o'n dal i weini'n ddygn yng Nghaerau Uchaf lle'r oedd Miss Blanche Kate yn byw ac yn ffermio'r lle ar y cyd â'i brawd, Roger Davies, Caerau Isaf. Un noson awgrymodd Blanche wrth y gwas, 'Fase'n well ichi fynd i'ch gwely rŵan, Edward.' Ac meddai Edward, 'Ddoi di hefo fi, diawl?' Diawl oedd pawb a phopeth gan Ned.

Gan fy mod wedi crybwyll Roger Davies (Rojar i ni) mae'n rhaid imi adrodd un stori amdano yntau. Un noson roedd eisteddfod yn y Sarnau a dau gôr meibion lleol yn cystadlu. Roedd Rojar (sori, ond fedra i mo'i alw'n Roger) yn aelod o'r côr buddugol. Fe benderfynwyd cyfuno'r ddau gôr ar gyfer cystadlu mewn eisteddfod lawer mwy nos drannoeth. Pan ddyfarnwyd Côr y Sarnau'n fuddugol fe godod Rojar ar ei draed i gymeradwyo'r dyfarniad gyda'r fath fonllefau o orfoledd nes peri i ryw wraig a eisteddai o'i flaen droi ato a dweud, 'Steddwch i lawr, ddyn. Be' sy'n bod arnoch chi? Ydech chi rioed wedi ennill o'r blaen?' Ac meddai Rojar, 'Do, misus, neithiwr!'

Kitty Rowlands, Tŷ Hen, hen wraig fach gron, barablus yn cyrraedd gan amlaf chwarter awr cyn amser cau ac yn ymdroi am hydoedd. Ond bob amser yn ddifyr ac yn fwrlwm o hiwmor. Pan ofynnech iddi sut oedd hi yr un fyddai'r ateb bob tro, 'Symol thenciw.' Os digwyddai Dei Owen Postmon a hithau fod yno'r un pryd fe fyddai'n horlics ulw.

Roedd Dei Owen (David Owen Parry) yn gymeriad hoffus tu hwnt. Un fraich oedd ganddo ar ôl colli'r llall yn injian falu gwellt Brynderw pan oedd yn llefnyn. Serch hynny, roedd wedi hen ddygymod â'i anfantais ac roedd ei unig fraich, ei fraich dde, cyn gryfed â thair. Roedd o'n werth ei weld yn mynd ar ei feic neu'n saethu hefo'i dwel bôr.

Mi glywais fy nhad yn adrodd sawl stori am ddireidi Dei Owen pan oedd y ddau'n gogie ifanc yn Llandderfel. Un noswyl Nadolig roedd criw ohonyn nhw wedi mynd i ganu carolau hyd Gwm Cletwr ac yn eu plith roedd Dic Penbryn Sych. Ym mhob ystyr, un byr iawn ei olwg oedd Dic Penbryn Sych. Digwyddai fod yn noson drybeilig o oer, a phan fu raid i'r côr groesi Nant Cletwr roedd Dic yn petruso'n arw am na fedrai weld y cerrig sarn. 'Neidia ar y garreg wen 'ne, Dic,' meddai Dei Owen o'r ochr draw ac fe neidiodd Penbryn Sych at ei ganol i'r ewyn rhewllyd.

Wrth reswm, doeddwn i ddim cyn falched o weld pawb a ddôi i'r Siop. Er enghraifft, doeddwn i ddim yn hoff iawn o hen berson Llanfor hefo'i gymysgedd ryfeddaf o Gymraeg a Saesneg ac, yn wir i chi, fe aeth hi'n ddrwg rhyngom un tro. Roeddwn i rywle tua deg oed efallai ac roedd hi'n adeg Etholiad Cyffredinol. Fe ddechreuodd yr hen berson frygowthan am genedlaetholdeb gan gyfeirio at y tlodi mawr yn Iwerddon o ganlyniad, meddai ef, i hunanlywodraeth. Roedd honno'n ddadl gyffredin iawn bryd hynny. Mi ges lond bol ar ei baldaruo dwyieithog ac mi bitsiais iddo braidd yn rhy eger o ystyried fy oedran. Yn wir, mi ddwedais wrtho ei fod yn siarad trwy'i het a'i fod, yn gyfleus iawn, yn anghofio'r tlodi a'r newyn llawer gwaeth oedd yn Iwerddon dan lywodraeth ei annwyl Brydain Fawr. Roedd Mam yn fy nghicio dan y cownter nes oeddwn i'n gleisiau byw. Wrth fynd allan dyma fo'n dweud, 'Pnawn da, Mrs Owen, *and remember, young lad, manners maketh man.*'

Sgwn i beth a ddywedai pe gwelai'r llewyrch sydd yn Iwerddon heddiw.

Er mor ddifyr oedd hi wrth gownter y siop roedd yr aelwyd ei hun yn ddifyrrach byth. Roedd hi'n aelwyd lle'r oedd pwys ar ddiwylliant ac oherwydd nad oedd gan fy nhad ofalon fferm bellach roedd cyfle i grwydro cryn dipyn ac ehangu gorwelion. Fe aethom unwaith i Dyddewi ac yn ôl yr un diwrnod ac roedd hynny pan oedd y ffyrdd yn llawer mwy anhwylus nag ydynt heddiw. Yn achlysurol, byddem yn mynd ar wyliau hefyd. Ac i'r Eisteddfod, wrth gwrs. Doedd fiw colli honno. Dolgellau 1949 oedd yr un gyntaf i mi fynd iddi er na chofiaf fawr ddim amdani. Brith gof hefyd am Lanrwst 1951 ond cof clir iawn am y gweddill. Gallaf ymffrostio mai dim ond pum Eisteddfod Genedlaethol a gollais er 1949 ac rwy'n cofio blwyddyn a lleoliad pob Eisteddfod oddi ar hynny, a'r rhan fwyaf o'r rhai a fu cyn hynny hefyd. Yn aml iawn, os bydd arnaf eisiau cofio rhyw rif arbennig — 537166 dyweder — byddaf yn dweud Y Rhyl, Bangor, Aberafan am mai yn y llefydd hynny roedd yr Eisteddfod yn 1953, 1971 ac 1966.

Mae'n debyg y gallwn ymffrostio hefyd ein bod fel teulu ymhlith carafanwyr cyntaf yr Eisteddfod er nad oedd maes carafanau swyddogol fel sydd bellach. Yn 1955 penderfynodd fy rhieni brynu carafán, a'r lle agosaf i gael peth felly oedd Aberystwyth. Dyna fynd yno, a phan oeddem yn dringo'r allt gul o Bontnewydd i Frithdir gwelsom rywbeth a barodd inni gael pyliau o chwerthin am weddill y daith. Ar gornel gyfyng fe ddaeth sarjant Dolgellau i'n cyfarfod ar gefn beic. Roedd o'n gyrru na fu rotsiwn beth a phan welodd ein car ni yn llenwi'r ffordd fe ddychrynodd am ei hoedl ac fe gafodd andros o wobliad. Gan nad oedd ganddo obaith stopio doedd dim amdani ond bwrw ar ei hyll rhyngom ni a'r clawdd. Duw a ŵyr sut y llwyddodd ond fe wnaeth. Roedd ei wyneb o'n bictiwr a'r holl beth yn ddigrifach byth am mai plismon oedd o.

Doedd y garafán a brynwyd yn Aberystwyth ddim yn bictiwr. A dweud y gwir, roedd hi'n eithaf hyll hefo'i hanner isaf yn farŵn a'i hanner uchaf yn hufen. Sut bynnag, fe aed â hi am yr Eisteddfod ym Mhwllheli y flwyddyn honno a'i gosod ym muarth Mur Cwymp, Pencaenewydd. Y flwyddyn ddilynol fe fentrwyd â hi cyn belled ag Aberdâr a'i pharcio yng nghae rhyw fferm o fewn tafliad carreg i'r Maes. Roedd Yncl Jac ac Anti Sali Blaen Cwm wedi dod hefyd ac yn lletya yn y ffermdy. Yno hefyd y lletyai tair o ferched parti cerdd dant Pont-rhyd-y-fen ac yn eu plith Hilda, chwaer Richard Burton. Dyna'r tro cyntaf i mi ei chyfarfod ac mi gefais lun o'i brawd a'i lofnod yn anrheg ganddi.

Ar y ffordd adref o Aberdâr, a hithau'n dywyll, fe gawsom anffawd. Ar ôl mynd heibio Llangurig ac fel roeddem ni'n cychwyn ar y goriwaered am Lanidloes dyna glec a sgytwad. Roedd y pawl tynnu wedi torri a'r garafán wedi dod yn rhydd. Diolch i'r drefn ein bod yn cychwyn ar i lawr ac nid ar i fyny; wedi'r cwbl, roedd Yncl Jac ac Anti Sali yn ein dilyn yn eu car eu hunain. Trwy lwc, fe fwriodd y garafán yn erbyn cefn y car ac fe'i hataliwyd rhag mynd ymhellach. Bu'n rhaid cael dyn garej o Lanidloes i'w symud oddi yno ac fe aethom adref hebddi.

Dim ond un Eisteddfod arall a gafodd yr hen siari, sef Llangefni 1957. Roedd modryb i Anti Hefina, priod Yncl Arthur, yn byw yn Llansadwrn ac fe barciwyd y garafán ger y tŷ. Yno hefyd ac yn cysgu yn y cowlas roedd Bob Lloyd. Bu honno'n brifwyl eithriadol o annifyr i Bobws oherwydd bod ganddo bendduyn ar ei ysgwydd. Ar y Maes fe ddôi rhywun ato byth a hefyd a tharo llaw ar ei ysgwydd nes byddai'r hen greadur yn gwingo gan boen.

Deuddeg oed oeddwn i y flwyddyn honno ond mae Llangefni 1957 yn un o'r uchafbwyntiau eisteddfodol yn fy nghof. Er pan oeddwn i'n ddim o beth, yn y Babell Lên y mynnwn i fod. Dyna oedd fy Steddfod i: gwrando'r beirniadaethau llenyddol ac, wrth gwrs, yr ymrysonau. Meuryn yr ymryson yn Llangefni oedd Rolant o Fôn ac, yn sicr ddigon, Rolant oedd brenin yr wythnos gofiadwy honno.

Rwy'n cofio diwrnod cyntaf yr ymryson fel doe. Roedd hi'n storm o fellt a tharanau a Rolant yn ceisio cael y gynulleidfa i setlo er mwyn dechrau'r ornest. Roedd rhyw gynnwrf yng nghefn y babell ac amryw o bobl ar eu traed yn clegar fel gwyddau. Pan ofynnodd Rolant am osteg gwaeddodd rhywun fod Telynores Eryri wedi colli ei ches. 'Mae'n rhaid mai twrna sâl oedd ganddi,' meddai'r meuryn a oedd, wrth gwrs, yn dwrnai ei hunan. Wedi'r sylw ffraeth hwnnw fe ymdawelodd y dorf ac fe aed ymlaen â'r ymryson.

Gofynnwyd am gwpled yn cynnwys 'Tryweryn' ac meddai Bob Lloyd:

'Bodder yn nŵr Tryweryn
Henry Brooke medd Llwyd o'r Bryn.'

Fe dynnodd y lle i lawr. Henry Brooke, wrth reswm, oedd y Gweinidog dros Faterion Cymreig ar y pryd. Er mai ef a gafodd y clod roedd Bob Lloyd, chwarae teg, yn barod iawn i gydnabod wedyn mai W.D. Williams oedd awdur y cwpled. Roedd y Llwyd mewn cyfyngder go arw pan ddigwyddodd W.D. ddod ar ei draws a chynnig achubiaeth.

Yn yr Eisteddfod bryd hynny roedd rhaid i bawb fynd allan o'r Maes ar ddiwedd y prynhawn pan ddôi'r cystadlu yn y Pafiliwn i ben. Ar ddiwrnod cyntaf yr ymryson yn Llangefni daeth clamp o blismon i ddrws y Babell Lên a bloeddio, 'Cliriwch y Maes! Cliriwch y Maes! Rŵan!' Trodd Rolant i'w gyfeiriad a gofyn yn siarp, 'Ydi hynny yn eich cynnwys chi'ch hun?' Roedd y gynulleidfa wrth ei bodd. Mae'n drueni mai dim ond yn Llangefni'r flwyddyn honno y cafodd gyfle i farnu'r ymryson yn y Babell Lên. Fe'i clywais wrthi ddwywaith wedyn mewn ymrysonau lleol yn y Bala ac roedd yr un mor chwim ei feddwl a ffraeth ei dafod. Hyd heddiw rwy'n trysori'r cof amdano.

I'm rhieni, wrth reswm, y mae'r diolch pennaf am y fagwraeth gyfoethog a gefais. Cyfoethog o ran profiadau, diwylliant ac iaith. Mae arnaf ddyled ddifesur iddynt. Roedd gan y ddau Gymraeg llafar cyhyrog, yn enwedig fy nhad ond, ar bapur, gan fy mam yr oedd yr afael sicraf. Yn wir, er cymaint a wyddai fy nhad am bob anifail gwyllt a dof, yng Nghymru o leiaf, ni fedrai yn ei fyw sillafu'r gair yn gywir. Er imi ddweud a dweud wrtho, mynnai sgrifennu 'anifael'. Y gair llafar oedd ei gryfder o ac roedd ganddo ddawn ddiamheuol i adrodd stori, yn enwedig straeon hela a'i brofiadau ei hun wrth ymhel â byd natur. Roedd yn orau cyfarwydd. Byddai'n dda gan fy nghalon petai gen i'r fath gyfoeth geirfa ac ymadroddion. Gwaetha'r modd, gyda threigl y blynyddoedd, fe aeth llawer o'r geiriau a'r ymadroddion hynny yn angof i mi. Ac eto, yn gwbl annisgwyl, fe ddaw ambell un yn ôl o bryd i'w gilydd. Beth amser yn ôl roeddwn yn pori yng Ngeiriadur y Brifysgol — un o'm pleserau pennaf — ac mi ddigwyddais daro llygad ar y gair 'distreulio' sydd, neu a oedd bellach, yn golygu golchi neu rinsio ac mi gofiais fel y byddai fy nhad yn dweud ers talwm pan fyddwn yn golchi fy ngwallt, 'Strelia'r pen 'ne.' Roedd y gair a'i ystyr wedi mynd o'm cof i'n llwyr ac arswydaf wrth feddwl faint rhagor tybed sydd 'Fel cân y gwynt lle nid oes glust a glyw.'

7

Wn i ddim faint oedd fy oed yn dechrau mynd i'r ysgol ac
nid oes gennyf unrhyw gof am fy niwrnod cyntaf yno. Dwy
ystafell oedd yr ysgol ei hun, sef y 'clasrwm' lle'r oedd y plant
bach, a'r 'ysgol fawr' lle'r oedd y rhai hŷn. Ystafell eang, hir
gyda llwyfan (o waith Taid Siop) oedd yr ysgol fawr ac yno
y cynhelid y cyfarfodydd ar fin nos. Miss Idwen Evans, merch
Y Pandy, Cefnddwysarn oedd ein hathrawes yn y clasrwm ond
prin iawn yw'r cof sydd gennyf amdanaf fy hun yno. Un o'r
ychydig bethau sydd wedi aros yw'r ganmoliaeth a gefais am
wneud stribed o luniau'n seiliedig ar y pennill cyfarwydd

> Beti Bwt a aeth i olchi,
> Eisiau dillad glân oedd arni.
> Tra bu Beti'n 'mofyn sebon
> Aeth y dillad gyda'r afon.

Anrhydedd o'r mwyaf oedd cael fy ngyrru drwodd i'r ysgol
fawr i ddangos fy nhipyn campwaith i'r prifathro a'r plant hŷn.
Prin y meddyliwn bryd hynny y byddwn yn llunio cannoedd
o stribedi tebyg yn ystod y deugain mlynedd dilynol.

Mae'r rhan fwyaf o'm hatgofion am y cyfnod cynnar hwnnw
yn ymwneud â phrofiadau y tu allan i'r ysgol. Yn chwech oed
roeddwn mewn cariad dros fy mhen a'm clustiau. Gwyneth
Coedybedo oedd eilun fy serch ac rwy'n dal i gofio'r sws a
gefais ganddi y tu allan i gapel Bethel un dydd Sadwrn ym
Mehefin 1951 — dydd ei phriodas.

Ym mis Awst yr un flwyddyn cofiaf fynd i Ryd-y-main i

glywed Elfed yn pregethu ac yntau'n 91 mlwydd oed ac yn gwbl ddall. Er na chofiaf yr un gair a lefarodd cofiaf felodedd ei lais. Roedd Mam wedi sôn cymaint am y fraint o 'glywed Elfed' nes fy mod am fisoedd wedi hynny yn gweddïo bob nos am gymorth i beidio ag anghofio 'clywed Elfed'.

Tua'r un pryd, rhywbeth nad oedd raid wrth gymorth na Duw na dyn i'w gofio oedd y profiad dychrynllyd a gefais yng nghoed Plas Moelgarnedd, Llanycil. Roeddwn wedi mynd yno hefo fy nhad a'm brawd i ddifa cenawon mewn daear helaeth ynghanol coed bedw ar waelod y ceunant. Lladdwyd wyth ohonynt ond roedd un o'r cŵn — gast ifanc o'r enw Vic — heb ddod allan. Buom yno o bump o'r gloch y prynhawn tan un ar ddeg y nos. Roedd y ddau gi arall wedi dod i'r wyneb ac yn sownd ar gwplws. Yna, trwy'r tywyllwch, daeth llwynoges i lawr y ceunant tuag atom dan udo'n hunllefus. Fe'i clywem hi'n dod yn nes ac yn nes a phan oedd o fewn ychydig lathenni i'r ddaear dechreuodd ein cylchynu dan chwyrnu'n fygythiol. Roeddwn i wedi fferru gan arswyd. Yna gollyngwyd y ddau gi i'w hymlid ond, hyd yn oed wedyn, fe roddodd dro neu ddau heibio inni yr un mor agos a'r un mor fygythiol cyn mynd i ffwrdd i gyfeiriad Gwastadros. Heb os, dyna'r ofn mwyaf a deimlais i trwy gydol fy mhlentyndod. Arswyd parlysol a barhaodd am rai munudau ac sydd, o ran argraff, yr un mor barlysol-arswydus bron i hanner canrif yn ddiweddarach. O edrych yn ôl, ni allaf lai na chredu bod mwy i'r profiad nag ofn un llwynoges yn y gwyll: tybed nad oedd yn deffro rhyw hen, hen arswyd a fu'n llechu erioed yn nyfnderoedd tywyll ein hanian? Yn bendifaddau, roedd ar fy nhad ofn hefyd. Er bod ganddo ddryll yn ei ddwylo doedd ganddo ddim i'w saethu, dim ond y nos. Gadawodd ei gôt wrth geg y ddaear ac aethom adref heb Vic.

Wrth fynd yn y car tua'r Sarnau adroddodd fy nhad ei hanes ef a'i hen gyfaill George Maxwell yn lladd cenawon yn Aberhirnant. Roedd y cŵn mewn daear ac wedi bod ynddi ers peth amser pan waeddodd George, 'Tendia dy hun!' Dyna lle'r oedd ci a gast lwynog yn sgyrnygu dod i lawr y llechwedd amdanynt. Cael a chael fu hi i'r ddau gyrraedd eu gynnau mewn pryd. Ond roedd hynny gefn dydd golau.

Y noson honno ni ddaeth cwsg yn hawdd. Roedd pob math

o feddyliau a theimladau yn fy nghorddi. Meddyliwn am Vic druan wedi'i gadael yn fyw neu'n farw mewn ceunant chwe milltir o'i chartref. Yng nghlydwch fy ngwely fe'i dychmygwn hi'n dod allan yn yr oriau mân — wedi'i hanafu efallai — ac yn gorwedd ar gôt fy nhad yn ffyddlon, ddiamddiffyn. Beth pe bai'r hen lwynoges yn dychwelyd ac yn ymosod arni? Beth pe dôi'r ci llwynog hefyd? Ond, ar y llaw arall, roedd yr hen lwynoges hefyd yn mynnu fy nghydymdeimlad. Serch ei bod wedi peri'r fath arswyd imi a serch mai mynd yno'n unswydd gyda'r bwriad o'i lladd hi a'i hepil a wnaethom, ni allwn lai na thosturio wrthi. Mam oedd hi, wedi'r cwbl. Rachel o lwynoges. Duw a ŵyr pa awr o'r nos anesmwyth honno yr aeth cwsg yn drech na chydwybod chwech oed.

Yn gynnar, gynnar drannoeth aeth fy nhad a'r ddau gi yn ôl i Foelgarnedd a chael bod y gôt yn dal yno ond dim golwg o Vic. Yna, dechreuodd un o'r cŵn farcio, a phan dorrodd fy nhad dwll yn y fan honno, daeth o hyd i lwynog marw, a thu ôl iddo gorweddai Vic. Oedd, roedd hi'n fyw ond wedi'i chaethiwo gan y llwynog marw a oedd rhyngddi a cheg y ddaear. Wedi hynny bu Vic drwy beth dialedd o sgarmesoedd ffyrnig heb unwaith golli'r dydd. Roedd hi wedi dysgu sut i dorri clicied gên llwynog nes ei fod wedyn yn hollol ddiamddiffyn. Cafodd oes faith. Beth tybed fu ffawd yr hen lwynoges?

Yn ystod fy mhlentyndod roeddwn i'n fwy cyfarwydd â gweld tramp na gweld plismon. Er bod rhai ohonynt yn siarad Cymraeg roedd arnaf ofn tramps. Ond roedd un eithriad, sef Joe Philpin, clamp o Wyddel sgwarog mewn côt uchaf ddu, cap stabal ar lechwedd ei ben a phastwn yn ei law. Doedd gen i ddim rheswm yn y byd i ofni Joe. Pan oeddem yn Nhŷ Uchaf arferai ddod heibio ar ei hald gan wybod bod drws y sgubor yn agored iddo ddydd a nos. Cafodd brofiad anghysurus iawn yn y sgubor honno un noswaith ar ôl bod yn gwlychu'i big. Bore drannoeth daeth ar draws y buarth gan gyhoeddi'n derfynol, *'Holy Mary, I'm not stoppin' here again. There's a bloody ghost in there!'* Y *'bloody ghost'* oedd cyw tylluan wen. Ond yn ei ôl y daeth Joe lawer tro wedyn ac ar ôl inni symud i'r Siop byddai'n galw heibio'n achlysurol. Roedd rhyw urddas bonheddig yn perthyn iddo. Alltud o Wyddel ydoedd ac, yn ôl y sôn, roedd yn gyndyn o ddychwelyd i Iwerddon am ei fod wedi ymladd gyda'r lluoedd Prydeinig yn y Rhyfel Mawr. Am ei drafferth cafodd fidog drwy'i wyneb. O ganlyniad roedd ganddo graith fawr ar ei foch ac roedd ei geg yn gam nes peri ei fod braidd yn anodd ei ddeall yn siarad.

Mae gen i un atgof arbennig iawn amdano. Un tro, tra oeddwn i'n pensynnu ar fy eistedd y tu allan i'r Siop, daeth Joe rownd y gornel yn annisgwyl. Safodd a phlygodd i godi rhywbeth oddi ar y llawr. Yna, wrth fynd heibio imi, rhoddodd bishyn chwecheiniog gloyw yn fy llaw. Aeth i mewn i'r Siop at fy mam ac fe'i gwelwn yn crafu am bres mewn hen dun baco. Gwnaeth y weithred syml honno argraff fawr arnaf ac mi gedwais y pishyn chwech hwnnw yn ofalus rhag ofn y buasai Joe'n hoffi ei gael yn ôl rywbryd.

Dim ond mewn dwy fferm yn y cyffiniau yr arferai wneud ei wely, sef y Pentre yng Nghefnddwysarn a'r Tŷ Uchaf. Yn rhyfedd iawn, Oweniaid oedd yn y ddau le er nad oedd unrhyw gysylltiad teuluol. Roedd Eirwyn, mab y Pentre, a minnau'n bennaf ffrindiau ac un noson Ffair Glamai yn nechrau'r chwedegau, a ninnau bellach yn llafnau, roeddem yn y Bala. Ac yno hefyd yr oedd Joe Philpin, yn sefyll wrtho'i hunan ar y gornel gyferbyn â Siop Dil. Doedd Eirwyn na minnau ddim wedi'i weld ers blynyddoedd ac aethom ato i siarad gan ein cyflwyno'n hunain fel meibion y ddwy fferm lle'r arferai gysgu. Fe loywodd ei wyneb nes bod y graith yn gwenu. Buom yn sgwrsio am beth amser a chawsom wybod mai yn yr hen wyrcws ym Mhenrhyndeudraeth y byddai'n aros fynychaf bellach. Dywedais wrtho fy mod yn ei gofio, flynyddoedd lawer ynghynt, yn codi chwecheiniog oddi ar lawr ac yn ei roi i mi, ond doedd Joe ddim yn cofio hynny. Wrth inni ffarwelio ag ef dywedodd, '*God bless you, boys. Thank you for talking to me.*' Dyna'r tro olaf y gwelais ef ac mi garwn feddwl iddo gael y tro hwnnw, ar ôl llawer o ddyddiau, rywfaint o log ar ei chwecheiniog gynt. *God bless you, Joe.*

Gan fy mod wedi neidio degawd go dda, rhaid dychwelyd i flynyddoedd cynnar y pumdegau. Gallai fy nhad fod yn gastiog iawn ar brydiau. Rwy'n cofio merch ifanc ddieithr yn aros hefo ni un noson. Y hi fyddai morwyn briodas Paddy Berry drannoeth ac am nad oedd lle iddi yn y Cablyd, cartref Paddy, daeth i aros atom ni. Roedd tair llofft yn y Siop a golygai hynny fod gan fy mrawd a minnau ein llofftydd ein hunain fel mai dim ond ar rai adegau y byddem yn gorfod rhannu gwely. Felly roedd hi'r noson honno. Roeddem eisoes yn y gwely pan glywsom y ferch ifanc yn dod i fyny'r staer ac yn mynd ar hyd y landin i'r llofft nesaf. Ymhen rhyw bum munud dyma sgrech i ddeffro'r meirw ac yna sŵn traed yn sgrialu ar hyd y landin a sŵn pâr arall o draed yn dringo'r staer i'w cyfarfod. Fy mam oedd biau'r rheiny, a da hynny oherwydd doedd gan y ddarpar forwyn ddim rhyw ormodedd amdani. Pan aeth Mam i'r llofft ac archwilio'r gwely daeth o hyd i ben brwsh llawr blewog yn y traed. Am ddim a wn i, welais i byth mo'r forwyn briodas honno ond synnwn i damaid na fu'r profiad yn ddigon i wneud hen ferch ohoni am weddill ei hoes.

Fel y crybwyllais, dim ond ar adegau neilltuol y byddai fy mrawd a minnau'n rhannu gwely ond mae un o'r troeon hynny wedi'i serio am byth ar fy nghof. Roedd hi'n noson oer, a'r ddau ohonom nid yn unig yn rhannu gwely ond yn rhannu potel ddŵr poeth hefyd. Roeddwn i, a'r botel wrth fy ochr, yn y gwely o flaen Geraint ac wedi dechrau cael gafael ar gwsg. Daeth yntau i'r llofft a thynnu amdano. Rŵan, er mai rhyw lathen go dda oedd yna rhwng swits y golau ac erchwyn y gwely roedd y llathen honno fel milltir i un oedd ag ofn nos. Diffoddodd y golau a llamodd fel hydd i'r gwely. Llamodd ohono hefyd gyda'r un acrobateg anhygoel ac roedd wedi cyrraedd gwaelod y staer cyn i mi ddechrau sylweddoli bod y llabwst wedi byrstio'r botel ddŵr poeth. Cyn gynted ag y sylweddolais hynny roeddwn innau hanner ffordd i lawr y staer a'm tin ar dân fel tŷ John Williams gynt. Brensiach, dyna beth oedd loes. Roedd ein tinau sgaldiedig yn gig noeth cyn goched â dau samon. Ar ôl hynny does gen i ddim cof i Geraint fod ag ofn nos.

Er gwaethaf profiadau fel hyn — a rhai gwaeth i ddyfod — atgofion melys sydd gen i am fy mhlentyndod. Roeddwn i'n blentyn digon hapus er fy mod i'n un dwys a gweddol unig. Roedd yr ychydig fechgyn o'r un oed â mi yn byw'n eithaf pell o'r pentref ac yn feibion ffermydd a gâi ddigon o ddifyrrwch a gwaith o fewn eu libart eu hunain heb grwydro cyn belled â'r Sarnau i chwarae â mab ffarm wedi ymddeol. Serch hynny, casgliad y deuthum iddo'n ddiweddarach yw'r 'unigrwydd' hwn. Ni allaf gofio teimlo'n unig erioed na dyheu am gymdeithas rhai o'r un oed â mi. Wedi'r cwbl, roedd fy nyddiau'n llawn rhyfeddod, hyd yn oed y rhai glawog, digrwydr. Os oedd gennyf lyfr neu bapur a phensel — ac roedd yn ddieithriad — roedd gennyf gwmni. Un stribed hir o luniau, un epig faith o farddoniaeth ac un llyfr diddiwedd o ddifyrrwch oedd plentyndod i mi. Hynny a salwch. Roedd rhyw bip arnaf byth a hefyd. Gallwn dorri braich mor ddiymdrech â thorri gwynt, ac mi wnes — hynny yw, torri braich — bedair gwaith. Does gen i ddim cof am y tro cyntaf ond deallaf mai syrthio o ben cadair a wneuthum. Sut bynnag, rwy'n cofio'r troeon eraill yn glir iawn.

Roedd gen i feic tair olwyn a gefais yn anrheg ben-blwydd ac fe aeth Geraint a minnau i fuarth yr ysgol un min nos, y fo ar ddwy olwyn a minnau ar dair. Bryd hynny roedd buarth yr ysgol yn bridd coch, caregog ac anwastad. Gan fod fy mheiriant i'n lletach nag un fy mrawd, a chan fod un man neilltuol rhwng talcen yr ysgol a wal y buarth yn rhy gul i ni fedru ffogieth yn gyfochrog, penderfynwyd — yn ddoeth iawn — ein bod yn mynd i gyfeiriadau gwahanol. Fe'i gwelwch hi'n dod, mae'n siŵr, ond welsom ni mohoni. Daethom wyneb yn wyneb yn y man culaf ac er nad oedd y gwrthdrawiad yn un arbennig o galed roedd yn ddigon i'm towlu i a'm tair olwyn ac yn fwy na digon i dorri fy mraich. Os rhywbeth, roedd y trydydd tro'n fwy simpil fyth. Chwarae ffwtbol yng nghae Brynffynnon, sefyll ar y bêl, syrthio i'r glaswellt esmwyth, torri fy mraich.

Y pedwerydd tro, a minnau'n ddeg oed, mae'n debyg y dylwn ddiolch na thorrais fy ngwegil. Roedd Bryn Delfryn, fy nghefnder, a minnau'n mynd i lawr yr allt heibio'r ysgol ar ein beics, a'r ddau ohonom yn mynd fel dwy gath i gythrel, yn enwedig Bryn a oedd bedair blynedd yn hŷn na mi. Pwy oedd yn ymlwybro'n araf o'n blaenau gyferbyn â'r ysgol ond Dei Ffatri a Bitres. Gan fod y ffordd yn hen ddigon llydan doedd dim rheswm i arafu ond roedd o leiaf ddau reswm dros ddangos gorchest. Wrth eu goddiweddyd gwnaeth Bryn ryw giamocs Eilomanaidd cwbl ddianghenraid nes i'r bag neges ar gyrn ei feic ymglymu yn edyn yr olwyn flaen. Dyna'r brêc gorau a fu ar unrhyw feic erioed. Taflwyd Bryn — yn gyfleus iawn — i'r gwelltglas ar fin y ffordd ac nid oedd fymryn gwaeth ond roedd ei feic yn bentwr annisgwyl o haearn ar ganol fy llwybr i. Mae gen i gof byw iawn am yr eiliadau nesaf oherwydd mai dyna'r tro cyntaf, a'r unig dro hyd 1998, i mi hedfan. Buasai wedi bod yn brofiad digon pleserus pe na bawn wedi gorfod glanio mor fuan ar ôl codi. Wedi llyfu'r ffordd am lathenni lawer gwyddwn o'r gorau fy mod wedi torri fy mraich chwith, sef yr union fraich y gafaelodd Dei Ffatri ynddi i'm codi'n garedig ar fy nhraed. 'Dwi wedi'i thorri hi, Defi Roberts,' meddwn wrtho. 'Naddo, 'ngwas i, meddwl wyt ti,' oedd yr ateb. Wel, yr ifanc a wyddai a'r hen a dybiai oedd hi'r diwrnod hwnnw. Bûm yn ysbyty Gobowen am wythnos a chefais gerdyn neis iawn gan Bryn.

Cyn gorffen sôn am anffodion fel hyn, rhaid cyfeirio at un afiechyd difrifol a ddaeth i'm rhan yn 1954 pan oeddwn yn naw oed. Heddiw, mae llid yr ymennydd *(meningitis)* yn llawer mwy cyfarwydd inni nag oedd hanner canrif yn ôl ac mae gan wyddonwyr a meddygon lawer mwy o wybodaeth amdano, ond nid digon chwaith, gwaetha'r modd. Dywedwyd wrth fy rhieni na fuasai unrhyw obaith i mi pe bawn wedi cael yr afiechyd ychydig flynyddoedd ynghynt.

Dydd Sadwrn y *Grand National* oedd hi. Doeddwn i ddim wedi bod yn rhy hwylus drwy gydol y dydd ond y noson honno clafychais yn fy ngwely ac fe alwyd meddyg o'r Bala. Er mai Dr Maurice oedd fy noctor arferol i, Dr Robert, yr hynaf o'r ddau, oedd ar ddyletswydd y noson honno ac, er na wyddai beth oedd yn bod arnaf, sylweddolai fy mod yn ddifrifol wael. Yn niffyg gwybod beth arall i'w wneud, rhoddodd dabled M&B imi ac, yn ôl a ddeallwyd wedyn, mae'n bur debyg mai'r dabled honno a achubodd fy mywyd. Yn gynnar drannoeth roeddwn yn hwylio i gychwyn unwaith eto am Ysbyty'r Plant yn Lerpwl. Ond, o leiaf y tro hwn, doedd hi ddim yn rhyfel. Dyna lle'r oedd y pentrefwyr i gyd yn sefyll yn dwr pryderus yr olwg ac yn ffarwelio â mi. Roedd pawb, gan fy nghynnwys i fy hun, yn argyhoeddedig na ddown i ddim yn ôl y tro hwn. Ar y daith, llithrais i anymwybod llwyr.

Pan ddeffrais, ymhen dyddiau, roeddwn mewn rhyw dŷ gwydr bach o stafell a'm traed i fyny ac yn bibelli a photeli i gyd. Bûm yn y gell fynachaidd honno am rai wythnosau ac, yn wir, ar ôl cael fy mreichiau'n rhydd a'm traed yn wastad, roedd yr unigrwydd yn dra derbyniol. Roedd yn lle delfrydol i feddwl ac i farddoni. Ac felly, yn fy myd bach fy hun, rhwng pigiadau rhyw nodwyddau diddiwedd y difyrrwn yr amser. Cofiaf fy rhieni'n dod i'm gweld un tro a'm cael ar fy mol yn barddoni (os maddeuwch yr honiad) am ryw 'Fwthyn Unig' ym mhellafion fy nychymyg. Roedd eu balchder yn amlwg oherwydd bod y barddoni yn arwydd sicr fy mod yn criwtio.

Ond os oedd unigrwydd y stafell honno wrth fodd fy nghalon roedd unigrwydd arall a'm llethai. Nid bod ar fy mhen fy hun ymhell o'm cynefin, nid hiraeth am deulu a ffrindiau, nid dyna oedd achos yr unigrwydd hwn. Unigrwydd iaith ydoedd. Pan ofynnai nyrs neu feddyg gwestiwn a hawliai ateb helaethach na 'Yes' neu 'No' byddwn yn cagio ac yn ymbalfalu yn nhywyllwch fy unieithrwydd. Ond ambell ddiwrnod pan fyddai Nyrs Elin Rowlands o Farian-glas, Môn ar ddyletswydd teimlwn mor gartrefol â phe bawn yn fy ngwely yn y Siop. Un hwyliog, ddireidus oedd hi ac rwy'n dal i'w chofio'n gwneud Ffŵl Ebrill ohonof. Roedd merch ifanc o Langwm hefyd, Mair Jones, yn nyrsio yn yr ysbyty ac, er nad oedd yn gweithio ar y llawr lle'r oeddwn i, byddai'n dod i edrych amdanaf yn aml, chwarae teg i'w chalon. Daeth ataf yn Eisteddfod Llangwm yn 1994 ac roedd ei chyfarfod eto ar ôl deugain mlynedd yn brofiad dymunol dros ben.

Os gwnaeth Nyrs Rowlands Ffŵl Ebrill ohonof teimlwn yn ganmil mwy o ffŵl y diwrnod yr aed â mi mewn cadair olwyn i ryw stafell eang nid annhebyg i theatr a'm gosod ar ganol y llwyfan tra rhythai'r gynulleidfa arnaf. Mi dybiwn i fod yno tua hanner cant o bobl — dynion yn bennaf — a'r rheiny 'oll yn eu gynau gwynion'. Yn wir, oni bai mai Saesneg oedd yr iaith, hawdd y gallaswn gredu fy mod yn y nefoedd. Ond yn sicr, doeddwn i ddim yn y fan honno oherwydd bu'r awr nesaf yn un uffern hir nad anghofiaf mohoni byth. Buan y sylweddolais mai darlith oedd ar droed ac mai y fi a'm hafiechyd oedd y testun.

Roedd y darlithydd, yr Athro Maisin, sef yr arbenigwr yr oeddwn dan ei law, yn traethu ac yn pwyntio ataf fel pe bawn yn perthyn i rywogaeth brin o fyncwn. Mi wn fod hynny'n annheg â'r dyn a fu'n bennaf cyfrifol am fy ngwella ond bu bron iddo fy lladd wedi'r cwbl y diwrnod hwnnw. Gan fod Saesneg meddygaeth ymhell y tu hwnt i mi ychydig iawn o'r hyn a ddywedai a ddeallwn ond doedd hynny'n poeni dim arnaf. Yr hyn a'm poenai i trwy gydol y ddarlith oedd yr arswyd o feddwl y buasai'n rhaid imi ddweud 'gair o brofiad' neu ateb cwestiynau ar y diwedd — yn Saesneg. Roedd arnaf eisiau marw na fu rotsiwn beth.

Erbyn deall, cyw-feddygon oedd 'angylion' y gynulleidfa a phe gwyddwn fod o leiaf un Cymro yn eu plith efallai y buasai hynny wedi lleddfu rhywfaint ar fy ofn. Ar ddiwedd y ddarlith daeth gŵr ifanc o gyffiniau Wrecsam ataf a'm hebrwng yn ôl i'r ward. Cofiaf iddo ddweud ei fod yn canlyn geneth o Lanuwchllyn. Pwy bynnag ydoedd, bu'n feddylgar a charedig iawn.

Y diwrnod roeddwn i'n mynd adref roedd Cymraes fach o Ddyffryn Conwy yn cyrraedd yno ac yn cael fy ngwely i. Tybed faint o Saesneg oedd ganddi? Ar y bore olaf hwnnw bu rhai o'r nyrsys yn arwyddo fy llyfr llofnodion ac mi gefais fy mhlesio'n fawr gan yr hyn a sgrifennodd Staff-nyrs Conway, serch bod tinc angladdol i'w geiriau: *In memory of a perfect patient*'. Y rheswm am y sylw hwnnw, meddai hi, oedd y ffaith fy mod, er gwaethaf yr holl bigiadau — rhai ohonynt yn giaidd iawn — yn *'brave little chap . . . he never blinked an eyelid'*. Geiriau eironig iawn oherwydd fe effeithiodd yr afiechyd ar fy llygaid nes fy mod yn blincio'n aml, yn enwedig ar adegau o flinder neu nerfusrwydd. Oddigerth y mymryn niwsans hwnnw ni fu unrhyw effaith parhaol ac mae'n wir dweud nad oeddwn i mo'r un bachgen ar ôl bod drwy'r frwydr honno.

Hyd at 1954 y diweddar Llew Glyn Davies oedd prifathro'r Sarnau ond ychydig iawn o gof sydd gen i am fy nghyfnod gydag ef yn yr ysgol fawr. Ond rwy'n cofio cael profiad eithaf annifyr ar gownt fy llawysgrifen. Roedd gan fy nhad, fel fy nhaid, lawysgrifen neilltuol o brydferth — a Mam hefyd o ran hynny — ac felly pan oeddwn i'n dechrau sgwennu-sownd mi euthum ati un noson i ddynwared llaw fy nhad. Bûm yn ymarfer yn ddygn a chan fod gennyf eithaf clem ar arlunio mi lwyddais mewn un noson nid yn unig i feistroli sgwennu-sownd ond sgwennu-sownd crand yr un pryd. Yn yr ysgol drannoeth, a ninnau o'r diwedd wedi cefnu ar Oes y Cerrig ac yn mwynhau moethusrwydd papur ac inc yn hytrach na llechi a chalch, mi sgrifennais rywbeth nad oes gennyf rithyn o gof beth ydoedd ond hyd heddiw rwy'n cofio'r syndod ar wyneb y prifathro. Pe buasai wedi ailddarganfod Llawysgrif Hendregadredd, fel y gwnaed ddeugain mlynedd ynghynt, go brin y buasai ei orfoledd yn fwy. Chwifiai fy memrwn o dan drwyn pob disgybl yn ei dro nes peri imi ddechrau difaru fy mod wedi cymryd y sgwennu-sownd 'ma gymaint o ddifri.

Sut bynnag, yn eisteddfod yr ardal y flwyddyn honno roedd cystadleuaeth lawysgrifen i rai dan ddeg oed, os cofiaf yn iawn. Y beirniad oedd Meirion Jones, prifathro'r Ysgol Goch yn y Bala ac un o ffrindiau pennaf Bob Lloyd. Ychydig cyn yr eisteddfod roedd Bob Lloyd wedi galw heibio iddo yn ei gartref ac wedi gofyn sut stwff oedd wedi dod i mewn yn y gwahanol gystadlaethau. Cafodd ar ddeall fod un ymgais yn y gystadleuaeth lawysgrifen dan ddeg oed na allai byth fod yn waith plentyn mor ifanc. Honnai'r beirniad mai llawysgrifen oedolyn ydoedd. Dangosodd yr ymgais i Bob Lloyd a dywedodd hwnnw ei fod yn digwydd adnabod y llawysgrifen a'i fod yn cynghori Meirion i fod yn ofalus rhag iddo roi ei droed ynddi. Ond na, mynnai Meirion Jones roi prawf ar ddilysrwydd yr ymgais ac ar ôl i Bob Lloyd ddatgelu fy enw daeth y beirniad draw i'r Siop un noson a gofyn imi sgrifennu ychydig frawddegau yn fy llaw fy hun. Doedd hwnnw ddim yn brofiad dymunol, mae'n wir, ond roedd Meirion Jones yn llygad ei le. Fe ddylai beirniad feddu'r hawl i brofi dilysrwydd unrhyw ymgais eisteddfodol gan blant a phobl ifanc, a rhai hŷn hefyd ond yn achos y rheiny ni ddaw'r amheuaeth yn amlwg hyd nes y dyfernir y wobr. Yn fy marn i, fe ddylai pob eisteddfod, beth bynnag fo'i maint, nodi'n glir fod gan feirniaid hawl i geisio profi dilysrwydd unrhyw ymgais cyn — a hyd yn oed ar ôl — y dyfarniad. Mae'n hen bryd wynebu'r ffaith fod yna dwyllo mewn eisteddfodau a bod beirniaid a threfnyddion yn gwbl analluog i wneud dim yn ei gylch.

Nid wyf yn siarad ar fy nghyfer. Mi sgrifennais i fy hunan delyneg ar ran cyd-ddisgybl yn y chweched dosbarth ac fe enillodd mewn eisteddfod agored ym Meirionnydd. Roeddwn i'n bresennol yn yr eisteddfod honno ac yn cymeradwyo'n fwy brwd na neb wrth ei weld yn cyrchu'r llwyfan i dderbyn ei wobr. Wedi'r cwbl, y fargen rhyngom oedd ei fod ef yn cael yr holl glod ond yn rhoi hanner y wobr i mi. Os cofiaf yn iawn, mi gefais swllt a chwech. Oeddwn, roeddwn ar fai ac roeddwn yr un mor euog ag yntau.

Cofiaf Yncl Jac Blaen Cwm yn adrodd stori smala iawn am gystadleuydd yn twyllo mewn eisteddfod. Cystadleuaeth jam cartref yn eisteddfod Llawrybetws oedd hi ac roedd gwraig wedi prynu pot jam yn siop y pentref rai dyddiau cyn yr eisteddfod. Doedd gan y siopwr ddim cof iddi brynu jam yno erioed o'r blaen, a doedd hi ddim yn enwog am ei doniau yn y gegin chwaith, ond, er syndod i bawb, fe enillodd y gystadleuaeth. Rai dyddiau wedi'r fuddugoliaeth fe aeth i'r siop. 'Llongyfarchiadau ar y jam,' meddai'r siopwr, ac fel roedd hithau'n ymchwyddo gan falchder, daeth y cwestiwn cyrhaeddbell, 'Be wnaethoch chi hefo'r goliwog?'

Ond yn ôl â ni i'r ysgol fawr at Llew Glyn Davies. O ran gwaith, yr unig beth a gofiaf yn weddol glir yw'r sôn am y Coroni yn 1953 a'r ffaith bod gofyn i ni wneud llyfr lloffion ar y teulu brenhinol. Rwy'n cofio hynny decini oherwydd ei fod yn groes i'r graen, fel ag yr oedd gwrando'r darllediad o'r Coroni ar y radio. Cawsom ninnau, fel holl blant y Deyrnas, gopi o'r Testament Newydd i gofio'r achlysur. Ond nid yn yr ysgol yn unig y buom yn dathlu'r Coroni. Cynhaliwyd rhyw lun o garnifal, neu o leiaf cafwyd cystadleuaeth gwisg ffansi ac mae llun ohonof yn rhywle wedi fy ngwisgo fel hen wraig ar droad y ganrif. Yr hen wraig fach ddelaf welsoch chi erioed!

Fe gafwyd gêm bêl-droed ar ddôl Ty'n Bryn, Cefnddwysarn hefyd ac mae'n dda gen i ddweud nad oes lun ohonof ar yr achlysur hwnnw. Roedd hi'n gwtrin o oer a minnau'n sefyllian ac yn fferru ar yr asgell am fod y bêl yn mynd at draed y bechgyn hynaf bob gafael. Yna, fe ymyrrodd Ei Mawrhydi â'r gweithrediadau, a thrwy frenhinol ras, daeth y bêl i mi am y tro cyntaf yn ystod y gêm. Dyma wib i lawr yr asgell a Geraint fy mrawd, Llion Brynffynnon a holl lu'r fall, dybiwn i, yn fy ymlid. Pan oeddwn o fewn rhyw bymtheg llath i'r gôl ac ar fin ergydio mi gefais y bibrech fwyaf annhymig yn hanes dynoliaeth. Er nad oedd gynddrwg â'r ymadrodd a glywais gan fy nhad — pibo dros naw clawdd a marcio'r degfed — roedd yn ddigon i'm gorfodi i aberthu anfarwoldeb a chyflwyno'r bêl i'm gwrthwynebwyr. Cerddais oddi ar y cae yn ofalus iawn, iawn ac adref â mi i gael 'bath cynnar'. Dyna sut y dethlais i'r Coroni.

Gêm y byddem ni'r bechgyn yn ymgolli ynddi o bryd i'w gilydd oedd sefyll yn wynebu wal y lle chwech ar yr iard ac yn hytrach na gwneud dŵr i'r rhigol wrth ein traed y gamp oedd gwneud dŵr dros ben y wal. Gan fod John Llwyn Onn yn dalach na'r gweddill ohonom roedd ganddo fantais sylweddol ond mantais, serch hynny, a fu'n brofedigaeth iddo un diwrnod. Er iddo lwyddo i wneud dros ben y wal yn rhwydd iawn, ni lwyddodd i wneud dros ben Mrs Berry'r gogyddes a ddigwyddai fod yn mynd am adref pan dorrodd y gawod.

Tua'r adeg honno deuthum ar draws dogfennau tra diddorol yn un o ddroriau'r ddreser gartref. A dweud y gwir, roedd y ddreser bob amser yn lle difyr. I ddechrau, mae'r dodrefnyn ei hun yn ddiddorol ac wedi bod yn y teulu (ar ochr fy mam) ers cenedlaethau. Ar ei blaen, rhwng un o'r droriau a drws y cwpwrdd odano, mae sgwaryn bychan o bren goleuach sydd, yn amlwg, wedi ei fewnosod yn ddiweddarach. Mae'n debyg bod hynny'n arferiad eithaf cyffredin gan yr hen bobl, a'r amcan oedd coffáu plentyn a fu farw yn y teulu. Efallai mai er cof am Laura, chwaer Nain Siop, a fu farw'n bymtheg oed y mae'r sgwaryn hwn ond rhaid imi gyfaddef na chlywais sôn am hynny. Sut bynnag, roedd pethau diddorol ar ben y ddreser hefyd. Yn y fan honno y cedwid y gyllell glun fwyaf a welswn i bryd hynny. Dager Yncl Bob (brawd Nain Tŷ Uchaf) oedd hi ac roedd hi ganddo yn Rhyfel y Boer. Fe'i cafodd gan General Gough ac arferai hwnnw ei defnyddio i ddiweddu ac i waedu baeddod gwylltion ar gyrchoedd hela yng nghoedwigoedd Ewrop. Ar ben y ddreser hefyd roedd potel ac ynddi ddŵr yr Iorddonen ddofn. Unwaith eto, trwy Yncl Bob y daeth honno i'n tŷ ni: daeth â hi adref yn ei bac o'r Rhyfel Mawr. Â'r dŵr hwnnw y bedyddiwyd fy mrawd ac efallai mai dyna'r rheswm pam y mae ef hyd heddiw yn ddyn capel ac yn athro Ysgol Sul. Dŵr tap a gefais i. Nid fy mod i'n cwyno chwaith. Bydd un drochfa yn nŵr yr Iorddonen yn hen ddigon i mi, diolch yn fawr.

Ar ben y ddreser hefyd yr arferai fy nhad, am ryw reswm, roi cetris gweigion ar ôl bod yn saethu. Yna, bob hyn a hyn, byddai'n eu hel ynghyd a'u taflu i'r tân. Roeddwn i'n hen gyfarwydd â'r ddefod achlysurol honno ac un diwrnod pan oedd Anti Gwladys yn fy ngwarchod i a'r siop penderfynais glirio'r cetris gweigion o ben y ddreser. Tra oedd Anti Gwladys trwodd yn y siop lluchiais gryn hanner dwsin i'r tân ond fel roedd hi'n dod yn ôl i'r gegin dyma glec a chwmwl o fwg a huddyg wrth i waelod cetrisen saethu heibio'i hwyneb a tharo'r wal gyferbyn â'r grât — rhyw fodfedd islaw'r drych. Mae'n rhaid bod rhywfaint o bowdr ar ôl yn y getrisen honno ac fe allasai Anti Gwladys fod wedi cael anaf — colli llygad efallai — mor hawdd â dim. Chwarae teg iddi, ni soniodd air am y peth wrth fy rhieni ac, yn rhyfedd iawn, mi anghofiais innau grybwyll y digwyddiad hefyd.

Ond y dogfennau hynny y soniais amdanynt gynnau. Bwndel o lythyrau caru fy nhad a'm mam oeddynt, ac mae'n od meddwl am y ddau yn caru-pen-brenin er mai dim ond rhyw filltir go dda oedd rhyngddynt. Fy mam, yn unol â'i hanian, oedd wedi cadw'r llythyrau'n ofalus, ac roedd eu darllen ar y slei yn agoriad llygad i mi. Doeddwn i erioed wedi meddwl am Dad a Mam yn nhermau cariadon a, hyd y gallaf gofio, ni welais nemor ddim cusanu na chofleidio rhyngddynt. Peth preifat iawn oedd peth felly. Ar y pryd, doedd gen i ddim amheuon chwaith ynghylch eu lludded defodol ar brynhawniau Sul pan aent i fyny'r staer i ddadflino cyn oedfa'r hwyr. Sut bynnag, roedd darllen y llythyrau caru yn rhoi gwedd newydd ar bethau er nad oedd unrhyw awgrym o feiddgarwch ar eu cyfyl, dim ond cynhesrwydd serchus a direidi digon diniwed — diniwed iawn yng ngolau heddiw. Ar y pryd, fodd bynnag, roeddynt yn rhoi golwg wahanol ar y ddau roeddwn i'n alw yn 'Mam a Dad'. Llythyrau fy nhad oedd orau gen i am eu bod yn ddigri iawn ar brydiau ond, yn bennaf, am fod amryw ohonynt ar ffurf penillion. Apeliai'r rheiny'n fawr ataf ac mi fûm yn eu hastudio gyda thrylwyredd un â'i fryd ar ddoethuriaeth. Yna, un diwrnod, pan euthum i sbrotian yn y drôr, doedd dim golwg o'r llythyrau ac ni welais yr un arlliw ohonynt byth mwy. Rhaid eu bod wedi mynd yr un ffordd â'r cetris gweigion.

Trwy gydol fy mhlentyndod bu dau berson arall â rhan bwysig yn fy mywyd, sef John a Sarah Edwards, Blaen Cwm, Bethel. Yncl Jac oedd o i mi, ac Anti Sali oedd hithau er nad oedd ddafn o berthyn rhyngom. Er eu bod genhedlaeth yn hŷn na'm rhieni, y ddau hyn oedd eu ffrindiau pennaf ac fe barhaodd y cyfeillgarwch am oes. Tra oeddem ni yn Nhŷ Uchaf y dechreuodd y cyfeillgarwch hwnnw. Un o Gwm Tirmynach oedd Yncl Jac yn wreiddiol ac Anti Sali o'r Parc, a phrin y caech chi ddau mor wahanol eu hanian: ef yn wyllt fel matsien, yn gynhyrfus ei natur gyda pheth tuedd i orliwio ac ymestyn; hithau wedyn yn dawel a phwyllog ond yn gadarn ac yn gwybod i'r shafen sut a phryd i roi ffrwyn ym mhen ei chymar. A'r ddau yr un mor hoffus a'r un mor ddireidus â'i gilydd.

Ar ôl symud i'r Siop arferem fynd i Flaen Cwm lawer gwaith yr wythnos i helpu hefo'r cynhaeaf a hyn ac arall, i nôl llaeth neu i saethu cwningod. Mae llawer o'm hatgofion difyrraf wedi eu lleoli yno, yn ogystal ag un atgof a allasai fod wedi rhoi diwedd ar bob atgof. Wedi bod yn hela llwynogod yr oeddem ac ar ôl dod yn ôl i gegin Blaen Cwm aeth fy nhad ac Yncl Jac ati i daflu cetris gweigion i'r tân. Ie, yr hen stori, a dyna pam mai y fi, yn ôl y doethineb a roddwyd imi, oedd bellaf o ddigon oddi wrth y grât. Nid felly Geraint, a da hynny oherwydd pan daflodd Yncl Jac ei offrwm i'r fflamau digwyddodd fy mrawd sylwi fod cetrisen lawn yn eu plith. Pan waeddodd y rhybudd doedd Yncl Jac ddim yn ei goelio. Os rhywbeth, dyna fai mawr Yncl Jac: doedd o byth ar fai. Wedi rhai eiliadau tyngedfennol o daeru du'n wyn — a minnau ymhellach byth erbyn hynny — estynnwyd yr efail dân a thynnwyd cetrisen BB lawn o'r grât. Oni bai am grafftter Geraint wn i ddim beth a allasai fod wedi digwydd ond mae gen i syniad go lew, cystal syniad ag oedd gan Eben Fardd uwch Dinistr Jerusalem gynt:

Wele drwy wyll belydr allan — fflamol,
A si annaturiol ail sŵn taran.

Buom yn ffodus, yn enwedig y tri arall. Does gen i ddim cof am fy nhad yn lluchio cetris gweigion i'r tân ar ôl hynny, a does gen i ddim cof am Yncl Jac hyd yn oed yn gafael mewn gwn.

Tyddynbarwn ar lethrau'r Berwyn.
Bu teulu fy nhad yma am bron ddwy ganrif a hanner.

Harri Owen Tyddynbarwn, fy hen daid
a gafodd dwtsh o dwymyn yr aur.

Owen Parry Owen ac Emily Lloyd,
rhieni fy nhad, ar ddydd eu priodas yn
1903. Y fo'n 27 a hithau'n 18 oed.

John Balmer Lloyd, fy hen daid clapiog
ei Gymraeg ond saethwr penigamp.
Tad Emily, mam fy nhad.

Fy hen hen daid a nain, David a
Sarah Williams, Cynwyd (taid a nain
Taid Siop). Buont yn briod am 68 o
flynyddoedd ac fe'u claddwyd ochr yn
ochr yr un diwrnod yn 1900.

Taid a Nain Siop (rhieni fy mam) ar ddydd eu priodas yn 1904.

Fy mam ac I.B. Griffith gyda phlant ysgol y Sarnau yn nïwedd y tridegau.

Cwmni Drama'r Sarnau yn 1919.
J.F. Owen (tad Ifor Owen a thaid fy hen gyfaill Eirwyn Pentre) sydd ar y chwith
yn y cefn. Dewyrth John Ty'n Ffridd (brawd Nain Siop) yw'r pedwerydd o'r
chwith. Bob Lloyd sydd ar y chwith yn y rhes ganol. Taid Siop yw'r un yn y
canol ar y blaen ac ar y dde iddo mae Defi Roberts (Dei Ffatri), preswylydd
Tu-hwnt-i'r-fflat.

Dad a Mam ar ddydd eu priodas yn
1939.

Karl a'i briod. Carcharor rhyfel nad
anghofiodd y caredigrwydd a'r croeso
a gafodd yn Nhŷ Uchaf.

Tŷ Uchaf rhwng Llandderfel a'r Sarnau. Man fy ngeni yn 1944.

Diwrnod cneifio yn Nhŷ Uchaf, Mehefin 1946. Rhes ôl (o'r chwith): fy nhaid Owen Parry Owen; Cerwyn Tyddynbarwn; John William Ty'n Ffridd; Gruffydd Hendre Arddwyfan, Llangwm a Mam. Rhes flaen (o'r chwith): fy nhad, Hughes Tŷ Cerrig, Cletwr (minnau ar ei lin); John Preis Rhydywernen; Trefor Hendre Arddwyfan (Geraint wrth ei draed) a John Edwards (Yncl Jac) Blaen Cwm.

Broncaereini, cartref fy mam yn y Sarnau. Yma y cefais fy magu.

1945, cyn bod yn flwydd oed. Yn fy mhram ac yn fy mhreim!

Cyn y 'diwrnod cneifio'. Geraint yn chwech a minnau'n ddwyflwydd a hanner.

Bob Lloyd
Teledu'n teulu ydoedd,
Llond tŷ o ddiwylliant oedd.

Ifan Rowlands (Ifan Gist-faen), un
o'm hathrawon barddol ac awdurdod
ar Gerdd Dafod.

Ar y ffordd i'r llwyfan yn Eisteddfod yr Urdd Rhuthun 1962.

*Dydd Calan 1962. Ieu Ty'n Coed yn cludo Bob Lloyd ar ei siwrnai olaf hyd
Ffordd y Gro, Cefnddwysarn. Diwrnod du.*

John Preis Rhydywernen yn cyrraedd Cefnddwysarn ddydd angladd Bob Lloyd.

Gwylfa Roberts y prifathro yn cadw golwg ar Bryn Pen Cefn, John Llwyn Onn, Ian Pen Bryn, Dwyfor Wenallt Bach a minnau yn palu gardd yr ysgol. Rhaid bod Eirwyn Pentre wedi mynd i'r lle chwech.

Plant ysgol y Sarnau tua 1955 gyda'r prifathro Gwylfa Roberts ac Idwen Evans, athrawes y plant lleiaf. Rhaid fy mod wedi sefyll ar flaenau fy nhraed!

Dim ond crwt hefo'i sgwter yn llonydd
Yn y llun, ond Amser
Yn symud o hyd, a'i her
Yn ei fynd a'i fuander.

Dwy genhedlaeth gyntaf daeargwn fy
nhad. O'r chwith: Bob a ddwynwyd
gan rywun; Daisy a gollodd lygad yn
ei sgarmes gyntaf â llwynog; Vic (merch
Daisy) a dorrai glicied gên pob llwynog
a wynebai.

Yr unig gwpan (os gellir ei galw'n hynny) a enillais erioed am unrhyw gamp
heblaw saethu. Un o Eisteddfodau Ffermwyr Ifanc Meirion yn y pumdegau.

Fy nhad, y Llywydd, yn llongyfarch Mona Ty'n Ffridd ar ran Clwb Ffermwyr Ifanc y Sarnau. Mona oedd Brenhines Laeth Gwledydd Prydain yn 1957. Iwan ei brawd sydd ar y chwith eithaf yn y rhes gefn ac Aeron, ei brawd ieuengaf yw'r trydydd o'r dde yn yr un rhes.

Pumed dosbarth ysgol Tytandomen yn 1960. Maurice James yw'r athro.

Ymryson Areithio'r Colegau.
Mair Owen o Ben-y-groes a minnau'n ennill yn 1964 fel y gwnaethai Geraint
ac Arwel Jones o Lanberis y flwyddyn cynt.

Rhai aelodau o gast drama Gymraeg y coleg yn 1965. Aeth enw'r ddrama a'i
hawdur yn angof!

Preswylwyr Neuadd 'Y George' yn 1964. Fy hen gyfaill ysgol, William Lloyd Davies o Felin-y-wig sydd ar y chwith imi.

*Owen Parry Owen, fy nhaid, yn
95 mlwydd oed.*

*John Edwards (Yncl Jac), Blaen Cwm
ar ddechrau'r saithdegau.*

Yn was priodas i John (Roberts) a Kathleen yn 1968.

Alwena Jones o Ddeiniolen a'i gŵr yn 1972, saith mlynedd wedi'r gwaharddiad ar ein perthynas yn y Coleg Normal.

Roedd y ffordd gefn o Fethel i Faerdy yn mynd trwy fuarth Blaen Cwm ac roedd hynny'n gymorth i gadw'r lle'n lanwaith. Ac yn sicr, Blaen Cwm oedd un o'r ffermydd glanaf a welais i erioed. Doeddwn i byth braidd yn llwyddo i faeddu yno, o leiaf ddim o gwmpas y buarth a'r adeiladau. Fy hoff adeilad i oedd y stabal lle'r oedd Jiwel y gaseg yn byw mewn moethusrwydd. Roedd y lle hwnnw cyn laned os nad glanach na pharlwr ambell dŷ y gwyddwn amdano. Byddwn wrth fy modd yn agor y drws a chael llond ysgyfaint o bersawr cynnes, cyfuniad arogldarthus o'r gwellt glân a chwys gonest anifail gwaith. Fel baco melys. Bryd hynny, pan sonnid am eni'r Iesu mewn stabal, nid i Fethlem fy nychymyg yr awn i ond i Flaen Cwm gan synio â mi fy hun mor braf oedd hi ar y còg bach yn tynnu ei anadl gyntaf yn y fath awyrgylch.

Diwrnod trist i mi oedd y diwrnod y daeth yr ugeinfed ganrif ar bedair olwyn i Flaen Cwm a phedair pedol arian yn ymadael am byth. Gwelais Hanes yn newid gêr mewn mwy nag un ystyr. Bu'r goler a'r cyrn mwnci, y strodur a'r dordres yn hongian yn y stabal am flynyddoedd wedyn ond amgueddfa oedd hi bellach. Doedd dim bywyd yno, dim cynhesrwydd anadl, chwys na charthion. Dim ond chwithdod.

Doedd oglau'r anifail newydd ddim yn oglau y chwenychwn i lond ysgyfaint ohono ond, sut bynnag am hynny, roedd y Ffergi Bach wedi cyrraedd i'r rhan fwyaf o lefydd cyn cyrraedd Blaen Cwm ac, os cofiaf yn iawn, dim ond rhyw ddau le arall oedd yn parhau'n ddidractor, a'r rheiny hefyd yn llefydd difeibion. Mae'n debyg mai gweld na allai fforddio bod mor anystyriol ohono'i hun ac yntau'n tynnu 'mlaen yr oedd Yncl Jac ac wrth reswm pawb roedd tractor yn llai trafferthus, neu o leiaf fe ddylai fod ar ôl dygymod ag o a dod i'w ddallt — rhywbeth a gymerodd amser hir iawn yn yr achos arbennig hwn. Yn wir, mae'n amheus gen i a lwyddodd gŵr Blaen Cwm i ddygymod o gwbl â'r Ffergi. Yn sicr, ni lwyddodd i'w ddallt. Roedd arno'i ofn na fu rotsiwn beth, yn union fel pe bai gan y behemoth llwyd ei ewyllys ei hun ac roedd hi'n 'We-we!', yn 'Hwde!' ac yn 'We-bac!' drwy'r adeg, er mawr ddifyrrwch i mi.

Tua'r un adeg ag y prynodd dractor prynodd gar yn ogystal. Rŵan, un peth oedd gyrru tractor hyd y caeau, peth arall oedd gyrru car hyd y priffyrdd. Peth arall wedyn oedd cael y car hwnnw i'r priffyrdd. Fe'i gwelaf y funud hon yn cychwyn (os dyna'r gair) o flaen tŷ Blaen Cwm a'm tad wrth ei ochr. 'Sŵn cynnwrf olwynion, a'r march yn prancio, a'r cerbyd yn neidio,' chwedl Nahum yr Elcosiad. Ymhen rhyw chwarter awr roeddynt wedi llyffanta'u ffordd at y domen. 'We' wedyn, dadfachu a'i gadael hi tan drannoeth. Ac felly, o hwb i hwb, dros lawer o ddyddiau, y cyrhaeddodd Yncl Jac y ffordd dyrpeg ym Methel.

Bûm yn tynnu ei goes am flynyddoedd ynghylch yr ymdrechion cynnar hynny ac yntau'n goddef dan chwerthin. Gyda llaw, welais i neb erioed yn chwerthin yr un fath ag o. Chlywech chi byth mohono'n chwerthin yn uchel; yn wir, prin y cadwai unrhyw sŵn o gwbl, dim ond sgriwio'i wep bob sut fel pe'n ceisio'i orau glas i beidio â chwerthin. Y canlyniad oedd bod ei wyneb yn fflamgoch a'i holl wythiennau fel pe ar fyrstio.

Un o straeon difyrraf Yncl Jac oedd yr un amdano'n cerdded o Gwm Tirmynach i'r Bala i nôl ffisig gan y meddyg am fod ei dad yn wael. Llefnyn dwy ar bymtheg oed oedd o bryd hynny. Ar ei ffordd yn ôl, ar allt y coleg, daeth o hyd i fforddolyn arall yn cerdded i'r un cyfeiriad. Er ei bod yn nos roedd hi'n lleuad lawn ac fe adnabu Yncl Jac ei gyd-fforddolyn. John Jones neu 'Coch Bach Llanfor', fel yr adwaenid ef, oedd y gŵr hwnnw, lleidr enwocaf Penllyn ac un yr oedd ei enw'n ddychryn trwy siroedd y Gogledd. Roedd Dartmoor lawn mor gyfarwydd ag Arennig i'r Coch Bach. Mae'n debyg mai creadur digon diniwed oedd y 'Jac Llanfor' a'r 'Coch Bach' a fygythid ar blant a gambihafiai, a does dim dwywaith na chafodd ei feio a'i garcharu ar gam fwy nag unwaith ond nid felly yr ymresymai llefnyn dwy ar bymtheg oed wrth gydgerdded ag ef liw nos — lleuad neu beidio. Roedd ar Yncl Jac ei ofn trwy'i din ac allan. Rhywbeth tebyg i hyn fu'r sgwrs rhyngddynt:

'Wyt ti'n gwbod pwy ydw i?'

'Ydw.'

'Oes gen ti f'ofn i?'

(Wedi peth petruso.) 'Nagoes.'

'Pwy wyt ti felly?'

'John Edwards, Pentre, Cwm Tirmynach.'

'Be'ti'n neud allan berfeddion nos fel hyn?'

'Nôl ffisig i 'Nhad.'

'Leciet ti wbod be' dwi'n neud?'

'Wel . . .'

'Dwi'n mynd i Goed _____ [ni chofiaf eu henw] achos 'mod i wedi claddu *watches* yno. Oes gen ti f'ofn i?'

'Na . . . nagoes.'

'Gwranda, os ei di i Landudno Junction ryw dro, cer i edrych wrth fôn postyn chwith llidiard y *crossing* . . . dwi 'di cuddio pres yn fanny.'

'Mi fydda i'n siŵr o neud. Diolch yn fawr, John Jones.'

Fel yna, yn gwbl annisgwyl un nos olau leuad, y cyfarfu Yncl Jac â'r Coch Bach. Y tro cyntaf a'r olaf. Ymhen rhai blynyddoedd wedyn, yn 1913, fe'i saethwyd yn ddiangen yng Nghoed Nantclwyd pan oedd ar ffo o garchar Rhuthun.

Duw a ŵyr faint o goel i'w roi ar honiadau'r hen leidr druan ond, waeth ichi befo, mi fyddwn i'n llygadu post y llidiard bob tro yr awn trwy Gyffordd Llandudno. Does yno na chroesfan na llidiard — na phres chwaith — ers deugain mlynedd bellach. Do, aeth y Coch Bach i'w gell olaf yn naear Llanelidan gan adael llu o gwestiynau heb eu hateb a llu o'i honiadau ei hun heb eu profi, heb sôn am sawl honiad amheus yn ei erbyn.

Cofiaf yn dda yr helynt a fu yn nechrau'r chwedegau, hanner canrif ar ôl ei gladdu, pan sefydlwyd cronfa i gael carreg deilwng ar ei fedd. Er gwaethaf gwrthwynebiad ffyrnig llawer o bobl fe gasglwyd digon o arian i sicrhau carreg ac mae gen i frith gof fod John Edwards, Cwm Tirmynach gynt, ymhlith y cyfranwyr.

8

Mi grwydrais braidd ymhell o'r ysgol yn y bennod ddiwethaf. Bydd rhaid rhoi'r gorau i hynny bellach. Pan ddois adref o'r ysbyty yn Lerpwl roedd gennym brifathro newydd yn y Sarnau — Gwylfa Roberts, brodor o Gorwen. Rhaid dweud ein bod ni'r plant, yn enwedig y bechgyn, yn bur amheus ohono ar y dechrau oherwydd mai'r peth cyntaf a wnaeth oedd gosod rheol na chaem adael yr iard yn ystod yr awr ginio. Er mor groes i'r graen oedd hynny ar y pryd, rhaid cydnabod mai y fo oedd yn iawn. Y fo, wedi'r cwbl, oedd yn gyfrifol am ein diogelwch. Rhaid nodi hefyd na chaem ein gwahardd rhag mynd i gicio pêl ar foncyn Ty'n Ffridd cyn belled â'n bod yn gofyn caniatâd yn gyntaf. Digon teg.

Gan fod chwarae pêl ar foncyn yn swnio'n weithgaredd Gwyddelig, efallai y dylwn egluro fod yna ar y boncyn silff o ddaear tua phum llath ar hugain o hyd a thua hanner hynny o led a oedd, o'i chymharu â'r gweddill, mor wastad â Wembli. I'r gogledd, roedd mymryn o wrym creigiog — caffaeliad mawr — ond i'r de, doedd dim ond hanner canllath o lechwedd serth cyn cyrraedd gwrych y ffordd. Prin fod angen dweud ein bod, yn ein tro, yn treulio rhan helaeth o'r gêm yn ymlid pêl gyfeiliorn i lawr y llechwedd ac ambell dro yn ei gwylio'n diflannu trwy fwlch yn y gwrych. Roedd gennym reol mai'r un a'i cyffyrddodd ddiwethaf, boed hynny'n ddamweiniol neu beidio, oedd yn gorfod sgrialu i'w hadfer ac yna sgrialu'n ôl i fyny ac i fyny yn sŵn bonllefau dilornus fel 'Hastia, uffen . . . Ty'd 'laen, taid . . . Wel y diawl di-lun'. Yna, yn aml iawn, cyn gynted ag y cyrhaeddid y copa fe ganai'r gloch i'n galw at ein desgiau lle'r oedd llechweddau eraill i'w dringo.

Buan y daethom i sylweddoli fod Gwylfa Roberts yn athro penigamp, un a roddai inni ystod eang o brofiadau ac, wrth edrych yn ôl rŵan, rwy'n barnu mai 'brwdfrydig' yw'r gair gorau i'w ddisgrifio. Waeth beth fyddai'r pwnc neu'r gweithgaredd, roeddem yn cluro yn ei frwdfrydedd ef nes bod gorchwyl mor llafurus-ddiflas â garddio gyda'i balu a'i chwynnu diddiwedd yn rhoi boddhad inni. Gardd lysiau oedd hi wrth reswm ac ymfalchïem yn ei chynnyrch. Roedd gan bob pâr ohonom ein rhesi ein hunain, a dyna lle byddai John Llwyn Onn, Ian Pen Bryn, Bryn Pen Cefn, Eirwyn Pentre, Dwyfor Wenallt Bach a Ger Siop, chwech ohonom, yn chwynnu a chwynnu nes bod pob rhes fel corun Mohican.

Roedd Gwylfa Roberts yn cael hwyl ar ddysgu celf hefyd a cheisiai ein cymell i fod yn fwy beiddgar ac anturus wrth baentio, rhywbeth na ddôi'n hawdd i mi oherwydd bod fy ngorofal am gywirdeb yn drech na'm dychymyg. Ar yr un pryd roedd yn amhosib cael y manylder a fynnai fy llaw a'm llygad i gyda'r brwshis paent a geid mewn ysgolion bryd hynny — rhai digon bras i sgubo simdde. Mae'n amlwg i'r prifathro gael mwy o lwyddiant gydag un o'i ddisgyblion diweddarach, sef ei fab ei hun, Iwan, sydd bellach yn adnabyddus fel Iwan Bala.

Doeddwn i ddim yn gwybod fy nhablau ac yn fuan iawn wedi dyfodiad y prifathro newydd daeth yr holl ardal i wybod nad oeddwn i ddim yn gwybod fy nhablau. Bob bore, neu bob yn ail fore efallai, fe gynhelid 'Ysgol y Tablau', sef rhyw chwarter awr o sefyll yn rhes i gael prawf ar ein lluosabledd. Os atebech yn anghywir a'r nesaf yn y rhes yn rhoi'r ateb cywir byddech chi'n symud i lawr ac yntau neu hithau yn symud i fyny. Erbyn diwedd yr wythnos deuai'n bur amlwg pwy oedd y goreuon dro ar ôl tro. Mi dreuliais i wythnosau lawer yn y gwaelodion ac efallai mai yn yr un gwaelodion colledig y byddwn hyd heddiw oni bai am un ffaith gwbl allweddol, sef bod canlyniad y prawf yn cael ei arddangos ar wal yr ysgol, fel tabl cynghrair pêl-droed. Un peth oedd bod yn y gwaelodion ym mhreifatrwydd y dosbarth, peth cwbl wahanol oedd bod yn y gwaelodion yn llygad y byd. Ar fin nos, roedd yr ysgol yn neuadd a'r holl ardal yn gweld canlyniadau'r prawf. 'Yna y bydd y gwaradwydd a'r gwarthrudd yn ddysg ac yn syndod i'r cenhedloedd sydd o'th amgylch,' meddai Eseciel, ac rwy'n cofio Bob Lloyd ac ambell un arall yn gresynu at fy anwybodaeth luosogol. Yn wir, gallasech dyngu fod ganddynt bres arnaf. Felly, o gywilydd, mi euthum ati i loywi fy nhablau ac, o dipyn i beth, roedd fy enw'n dringo'r ysgol nes ennill fy lle ymhlith y goreuon. Oedd, roedd Gwylfa Roberts wedi'i gweld hi.

Peth arall a gofiaf yn glir iawn o'r dyddiau hynny yw trafod rhannau o awdl 'Ymadawiad Arthur' a dadansoddi'r cynganeddion. Roeddwn i'n digwydd bod yn adnabod y gwahanol gynganeddion yn bur drwyadl ac felly, yn naturiol, roedd gen i ddiddordeb neilltuol yn y gwersi hynny ond yr hyn sy'n rhyfeddol i mi heddiw, wrth edrych yn ôl, yw'r ffaith nad oedd ieithwedd a chystrawen y gerdd fawr honno y tu hwnt i'n deall ni yn blant naw a deg oed ym Meirionnydd. Wrth reswm, roedd angen esbonio rhai geiriau astrus ond doedd hynny ddim yn faen tramgwydd. Efallai fy mod yn gor-ddweud, ond mae'n amheus gen i a allai 'Ymadawiad Arthur', hyd yn oed gyda'r athro mwyaf ysbrydoledig, gynnal diddordeb plant cyffredin mewn unrhyw ysgol gynradd yng Nghymru heddiw. Nac ysgol uwchradd chwaith, o ran hynny. Byddai'n dda gen i feddwl fy mod yn cyfeiliorni.

Roeddwn i'n dra chyfarwydd ag adrodd, wrth gwrs, er nad oedd fy nghalon yn y busnes hwnnw o bell ffordd. Mi gefais beth llwyddiant, mae'n wir, ond ni chyrhaeddais yr un uchelfannau â'm brawd er imi ei guro unwaith a chael rhyw wniadur o gwpan yn y fargen — yr unig gwpan a gefais erioed am unrhyw gamp oddigerth saethu. Doeddwn i ddim yn mwynhau adrodd ac efallai bod hedyn y diflastod hwnnw wedi ei blannu ynof yn Eisteddfod Genedlaethol Aberystwyth yn 1952 pryd yr oedd Geraint yn cystadlu dan ddeuddeg oed. Bu'n rhaid imi, yn saith oed, eistedd fel delw mewn rhagbrawf yn gwrando ar bedwar ugain-a-rhywbeth yn adrodd darn o'r enw 'Diwrnod Cneifio' gan rhyw brydydd y buasai'n dda gennyf pe nas ganesid erioed. Yr unig fymryn o gysur a gefais wedi'r fath artaith oedd y ffaith mai Geraint a enillodd y gystadleuaeth. Daeth fy ngyrfa anfoddog i fel adroddwr i ben yng Nglynebwy yn 1958 pan ddeuthum yn ail i Gary Nicholas am adrodd 'Yr Hen Lyfr Darllen'. Penderfynais ymddeol tra oeddwn i'n weddol agos i'r brig.

Sut bynnag, mewn cyngerdd ysgol yn y Sarnau un tro cefais flas neilltuol ar gyflwyno 'Cyffes Twm Pen Cei', sef hen forwr yn adrodd ei hanes a'r modd yr oedd loced fach ei fam wedi'i gadw ar y llwybr cul. Nid adrodd oedd hyn ond actio. Dyna lle'r oeddwn mewn cap pig gloyw yn cogio smygu cetyn clai ac yn dweud y stori'n bwyllog-atgofus. Dyna, mae'n debyg, y tro cyntaf erioed i mi gael blas ar berfformio'n gyhoeddus, rhywbeth nad wyf wedi'i brofi wedyn ond ar adegau prin iawn.

Rhoddai Gwylfa Roberts hefyd bwys mawr ar ymarfer corff a chwaraeon ac fe dreuliodd oriau yn chwarae pêl-droed hefo ni'r bechgyn ar yr iard. Roedd ef ei hunan yn chwaraewr medrus yn ei ddydd cyn i'w ben-glin ddechrau cambihafio. Tuedd plant wrth chwarae pêl yw rhoi cic a chwrs nes bod pawb yn ymlid y bêl fel petai pawb yn chwarae drosto'i hun yn hytrach nag mewn tîm. Pwysleisiai Gwylfa Roberts yr angen i gynnal patrwm a chadw safleoedd gan gyfnewid safleoedd yn ôl y galw ond cynnal y patrwm yn ddi-ffael. Mae'n fwy na thebyg mai dyna pryd y sylweddolais i mai asgellwr de oeddwn i wrth reddf ac yn y safle hwnnw y bûm am weddill fy ngyrfa fer fel pêl-droediwr.

O grybwyll pêl-droed, y wefr fwyaf a gefais i yn y cyfnod hwnnw oedd y wefr o fynd ym Mai 1954, hefo fy nhad, Yncl Jac Blaen Cwm a Geraint fy mrawd i Wrecsam i weld Cymru'n wynebu Awstria. Roedd hynny'n bur fuan ar ôl imi ddod adref o'r ysbyty yn Lerpwl ac roedd fy mam, yn ôl ei harfer, yn orwarcheidiol ohonof. Cafodd Yncl Jac fodd i fyw yn ei gwylio'n fy mharselu â dillad nes oeddwn bron â mygu ond yn dioddef yn ddistaw rhag peryglu fy siawns o gael mynd i'r gêm. Prin fod gan Hillary a'i griw y fath arfogaeth rhag oerfel wrth goncro Efrest flwyddyn ynghynt. Cyn gynted ag yr aethom o'r golwg, dechreuais ddadwisgo ac erbyn cyrraedd Coed Caerau Bach teimlwn yn weddol hyderus y medrwn gael digon o wynt i weiddi 'Come on Wales!'

Yr unig gemau pêl-droed a welswn cyn hynny oedd rhai o gemau cartref Bala Town a chystadleuaeth flynyddol y Bragdy Cup rhwng rhyw ddwsin o dimau o ardaloedd Penllyn ac o dref y Bala ei hun. Roedd brwdfrydedd mawr ynglŷn â'r gystadleuaeth, a llawer o hwyl i'w gael yn ei sgîl. Rwy'n cofio un wraig o'r Sarnau wedi dod i gefnogi tîm yr ardal yn erbyn Llanuwchllyn, a phan oedd rhyw ddeng munud o'r gêm yn weddill aeth ei chwilfrydedd yn drech na hi a gofynnodd, 'I bwy mae hwnne mewn dillad du'n chwarae'? A chysidro'r grasfa a gaem, yn ogystal ag ambell ddyfarniad amheus, fe'm temtiwyd i ddweud, 'I Lanwllyn!'

Yr oedd ambell dîm yn enwog am ei ffyrnigrwydd. Wel na, a bod yn fanwl gywir, roedd un tîm yn enwog am ei ffyrnigrwydd, a'r tîm hwnnw oedd Cwm Tirmynach. Deuai stalwyni o lanciau i lawr o'r moelydd yn eu sgidiau hoelion gydag un amcan yn melltennu o'u llygaid, sef cicio pawb a phopeth, a hyd yn oed y bêl weithiau os digwyddai honno fod yn eu llwybr. Doedd dynion caled y gêm broffesiynol mewn oes ddiweddarach — Tommy Smith, Norman Hunter, Vinny Jones a'u tebyg — ddim yn yr un cae â'r rhain, a go brin y byddent yn dymuno bod. Cofiwch chi, roedd gan y Sarnau hefyd rai hyrddod o rywogaeth Basan. Roedd meibion Cynlas — John, Gwyn a Tom — yn ddiarhebol o chwyrn mewn tacl er na chofiaf iddynt beryglu einioes neb. Ond criw Cwm Tirmynach, roedd y rheiny mor ffyrnig nes eu bod yn cadw o gyrraedd ei gilydd.

Yn ddiweddarach, un a fu'n chwarae dros Gwm Tirmynach am lawer blwyddyn oedd Elwyn Edwards a ddaeth wedyn yn brifardd ar ôl ffeirio clec asgwrn am glec cynghanedd. Gan Elwyn, gyda llaw, y clywais i'r stori anfarwol am Huw Rolant, mab Wil Rolant y dyn sgrap. Un flwyddyn fe'i dewiswyd yn chwaraewr-wrth-gefn yn nhîm yr Eglwys, ac ychydig funudau cyn dechrau'r gêm sylweddolwyd mai deg dyn oedd wedi ymddangos ar ran y tîm hwnnw. Anfonwyd negesydd i gyrchu'r eilydd o'i gartref ac ymhen byr amser wele Huw'n dyfod yn lliwiau'r Arglwydd. Roedd ei falchder yn amlwg. Yn wir, gallech dyngu ei fod ar fin cael ei ordeinio'n esgob. Ond, 'gwae'r byd oblegid rhwystrau,' chwedl y Gair, ac wrth neidio'r ffens un weiren a amgylchynai'r maes fe faglodd Huw Rolant ar ei hyd a thorri ei goes. Wn i ddim ai Cwm Tirmynach oedd y gwrthwynebwyr y tro hwnnw ond, os felly, doedd waeth iddo'i thorri cyn dechrau decini.

Gan imi ymhelaethu fel hyn ar wedd amrwd — a digri —

y *Bragdy Cup* mae'n rhaid dweud fy mod i hefyd yn cofio chwaraewyr neilltuol o ddawnus, chwaraewyr a oedd yn addurn i'r twrnameint, rhai fel Ianto Edwards. Roedd Ianto'n saff o fod yn tynnu am ei hanner cant bryd hynny. Un arall yr oedd yn bleser ei wylio oedd John Gwilym Thomas, mab Cross Keys, Llandderfel, a briododd â Gwyneth Coedybedo. Roedd John Gwil yn un o'r chwaraewyr hynny a fedrai reoli gêm mewn dull twyllodrus o hamddenol a phwyllog. Doedd o byth yn gorfod rhuthro. Yna, rai blynyddoedd yn ddiweddarach, Derek Parry, cawr o ganolwr y bu Wolves, ymhlith eraill, yn ei lygadu. Go brin y gwêl y Bala byth well *centre-half.*

Y mae un arall sy'n rhaid ei enwi am y rheswm syml na ellir sôn am bêl-droed yn y Bala heb grybwyll yr un a fu'n gwarchod y gôl i dîm y dref am flynyddoedd lawer. Ie, Glyn Goli. Nid oedd yn dal o gorff, mae'n wir, ond roedd yn stwcyn llydan a chryf, cymwysterau nid dibwys y dyddiau hynny pryd y caniateid rhoi hyrddiad ysgwydd i'r golwr. Fe'i gwelaf y funud hon mewn jyrsi wlân at ei ên a chap stabal am ei ben. Jones oedd ei snâm ond fel Glyn Goli yr adwaenid ef gan bawb, hyd yn oed y rhai na fuont erioed ar gyfyl cae pêl-droed. Y tro olaf y gwelais ef roedd yn gofalu am y maes parcio yn y Plase. Pan ofynnais faint oedd arnaf am barcio, atebodd, 'Dim. Rwyt ti'n hen *Bala boy'*. Ie, *'Bala boy'*, dyna Glyn Goli yn ei ogoniant.

Ond ar y ffordd i Wrecsam roeddwn i. Un o nosweithiau mawr fy mywyd oedd y noson honno. Braint yn wir oedd cael gweld rhai o'm harwyr yn y cnawd: Ivor Allchurch a'i frawd Len, Alf Sherwood, Roy Paul, Ray Daniel, Jack Kelsey yn y gôl, Cliff Jones (ei gap cyntaf), Derek Tapscott, Terry Medwin ac, yn bennaf oll, y ddraig goch ei hun, Trevor Ford. Ef, yn ôl ei arfer, oedd yn arwain yr ymosod, ac 'ymosod' yw'r gair. Roedd hi'n gêm fudr ac fe aeth pethau'n futrach fyth wedi i Ffordyn lorio golwr Awstria. Colli fu'n hanes ni, o ddwy gôl i ddim ond doedd hynny nac yma nac acw yn fy ngolwg i. Roedd bod yno'n ddigon. Fy unig siom oedd y ffaith nad oedd John Charles yn chwarae ond roedd perfformiad Ivor Allchurch yn gwneud iawn am hynny: roedd o'n anhygoel. Er na wyddwn hynny ar y pryd roeddwn i'n cael y fraint o wylio rhai o'r chwaraewyr a fyddai'n dwyn Cymru i rowndiau terfynol Cwpan y Byd yn Sweden bedair blynedd yn ddiweddarach, a hynny am y tro cyntaf — a'r olaf, yn ôl pob golwg — yn ein hanes. Yn yr ysgol drannoeth mae'n siŵr fy mod wedi diflasu pawb wrth adrodd hanes y gêm.

Hen stof fawr yn llosgi côc oedd yn twymo'r peipiau i wresogi'r ysgol. Byddai mygdarth y golosg o'i chrombil yn llethol ar brydiau ac mae'n syndod ein bod ni cyn iached. Sut bynnag, y rheswm pam rwyf yn crybwyll y ffwrn dân honno yw'r ffaith fod llygod bach yn ein plagio o bryd i'w gilydd, neu o leiaf yn plagio'r prifathro. Penderfynodd gyhoeddi rhyfel ar y diawled bach a oedd yn tueddu i ddwyn sylw ei ddisgyblion, a chan fy mod i'n fab i swyddog plâu fe'm penodwyd yn llygotwr swyddogol yr ysgol. Roedd gennym drap gartref — peth hanfodol mewn siop — ac roedd y trap hwnnw'n dal y llygod yn fyw, yn eu carcharu dros dro cyn eu dienyddio yn newis ddull y trapiwr.

Drannoeth euthum i'r ysgol mewn da bryd (am unwaith) a gosodais y trap yng nghornel y llwyfan. Drennydd, credwch neu beidio, roedd ynddo bum llygoden a dim un briwsionyn o gaws ar ôl. Gellwch ddychmygu fy malchder — pum llygoden mewn un noson. Oedd, roedd gyrfa ddisglair fel llygotwr proffesiynol yn ymagor o'm blaen, pasio'r *Scholarship* neu beidio. Ond un peth oedd dal pum llygoden; peth arall oedd eu difa. Fel Nebuchodonosor gyda Sadrach, Mesach ac Abednego, roedd y prifathro mewn llidiowgrwydd a dicter ac oedd, roedd y ffwrn yn boeth ragorol. Ffurfiwyd hanner cylch o gwmpas y stof gan y bechgyn — roedd y genethod cyn belled ag y medrent fod — tra oedd y prifathro'n agor drws y stof, minnau'n agor caead y trap a lluchio'r llygod i'r tân. Am ryw reswm, doedd ar y llygod ddim awydd mynd i'r tân. Roedd yn well ganddyn nhw sgrialu i bob cyfeiriad hyd lawr yr ysgol. Tri pheth yn unig a gofiaf am yr eiliadau gorffwyll nesaf: y prifathro'n lladd un hefo brwsh llawr; Eirwyn Pentre, yn ddiarwybod iddo'i hun, yn dal un arall dan ei esgid ond pan dynnwyd ei sylw at ei lwyddiant annisgwyl fe gododd ei droed i gael gweld drosto'i hun. Diolch yn fawr, meddai honno ac i ffwrdd â hi. Yn olaf, gwichiadau uwchsonig y genethod ar bennau'r desgiau. Do, yn y fan a'r lle, fe ymddiswyddais o fod yn *rodent officer* yr ysgol a phenderfynais basio'r *Scholarship* doed a ddelo.

Yn nechrau haf 1956 y daeth y Farn Fawr honno i'm rhan ac yng nghefn fy meddwl roedd geiriau'r cyn-brifathro, geiriau a glywswn ddegau o weithiau ar ôl symud i'r ysgol fawr, sef 'yno y bydd wylofain a rhincian dannedd'. Roedd y *Scholarship* yn beth i'w ofni'n ddirfawr ac roedd methu'n gyfystyr â chael eich taflu i ryw ffwrn dân dragwyddol. Bryd hynny, wrth gwrs, roedd y plant aflwyddiannus yn mynd i'r Ysgol Goch, yr ysgol ganolraddol, yn y Bala neu ynteu'n aros yn yr ysgol gynradd nes cyrraedd oed ymadael. Rwy'n cofio dau neu dri o 'fechgyn mawr' felly yn ysgol y Sarnau ond bylchog iawn oedd eu presenoldeb, yn enwedig ar adegau prysuraf y calendr amaethyddol. A pham lai? Roedd mwy na digon o waith ar eu cyfer ar y ffermydd, ac yno, siŵr iawn, yr oedd eu calon. Serch hynny, rhaid dweud bod rhyw warthnod dieflig ynglŷn â methu'r *Scholarship* nes peri i rai rhieni addo pob math o wobrau i geisio ymestyn cyraeddiadau eu hepil. Ni chofiaf unrhyw addewidion felly yn fy achos i, a hynny decini am nad oedd angen ysgogiad o'r fath arnaf. Nid fy mod i'n sgolor — doeddwn i ddim — ond roedd gen i frawd hŷn yn mynd i 'Ysgol Bala' ers pedair blynedd a hynny mewn blesar grand a throwsus llaes ac yn cario bag lledr dros ei ysgwydd. Roedd hynny, ynghyd â'r ffaith ei fod yn cael cynrychioli'r ysgol mewn gemau pêl-droed yn erbyn ysgolion eraill, yn fwy na digon o symbyliad i mi. Oeddwn, roeddwn innau'n mynd i basio'r *Scholarship*.

Yn rhyfedd iawn, o feddwl bod y diwrnod tyngedfennol hwnnw gyda'i wylofain a'i rincian dannedd wedi cymylu gorwelion fy mhlentyndod gyhyd, go annelwig yw'r cof sydd gen i amdano. Rwy'n cofio eistedd yn y clasrwm a rhyw wraig olygus yn arolygu'r gweithrediadau. Erbyn deall wedyn, Mrs Pughe, gwraig prifathro 'Ysgol Bala' oedd hi. Cymerais ati y diwrnod hwnnw ac, er na wyddwn hynny ar y pryd, mi fyddwn yn cymryd ati fwyfwy ymhen rhyw dair blynedd. Does gen i ddim rhithyn o gof am y cwestiynau, dim oll oddigerth un gair, sef *pleasant*. Roedd gofyn inni gyfieithu rhyw hanner dwsin o eiriau Saesneg ac roedd *pleasant* yn peri trafferth i mi. Er fy mod yn deall ei ystyr, am wn i, ni allwn dros fy nghrogi feddwl am air Cymraeg cyfatebol. Yna, daeth y prifathro draw ar un o'i sgawtiau achlysurol ac mi allwn dyngu i mi ei glywed yn sibrwd 'hyfryd' wrth fynd heibio.

Ym Medi 1956 mi fyddwn innau'n croesi trothwy'r *Bala Boys' Grammar School* mewn blesar grand, trowsus llaes, a bag lledr newydd sbon dros fy ysgwydd. Ie, hyfryd yn wir.

9

Roedd dechrau barddoni yn beth cwbl naturiol i mi, mor naturiol ag anadlu. Fel y soniais eisoes, roedd barddoniaeth yng ngwaed yr Oweniaid ers cenedlaethau, er mai Gruffydd Owen Parry, brawd fy hen daid, oedd yr unig un a fentrodd gyhoeddi casgliad o'i gerddi. Sut bynnag, efallai mai anorfod oedd i minnau, yn fy nhro, etifeddu rhywfaint o'r 'hen ddeall', chwedl Guto'r Glyn. Wn i ddim ond mi wn hyn: braidd yr aeth diwrnod o'm plentyndod heibio heb i mi glywed neu ddarllen neu geisio llunio barddoniaeth. Clywed yn gyntaf, wrth reswm. Arferai fy nhad ganu penillion (nid cerdd dant a ddywedem bryd hynny) ac roedd ganddo stôr ddihysbydd o gerddi ar ei gof, yn englynion, cywyddau, detholiadau o awdlau yn ogystal ag ambell bryddest fel 'Mab y Bwthyn' — ffefryn neilltuol — ac wrth gwrs telynegion Eifion Wyn, Crwys, W. J. Gruffydd, Cynan a'u tebyg, heb ddiystyru amryw o ddarnau ysgafnach a hyd yn oed gwamal. Fe ganai ar yr aelwyd gartref ambell dro a Mam yn cyfeilio ar y piano. Digwyddai hynny'n ddi-ffael pan ddôi'r hen ffrindiau annwyl George ac Ella Maxwell draw i swper neu pan aem ni atyn nhw i Fryn Bach, Llandrillo. Gallech fentro'ch einioes y byddai George yn gofyn i 'Nhad ganu 'Olwen' o waith Crwys. Roedd hynny'n coroni'r noson i George.

Wrth fynd yn y car, fodd bynnag, y byddai fy nhad yn canu fwyaf. Wn i ddim pam. Wn i ddim chwaith a fyddai'n canu pan fyddai yn y car wrtho'i hun. Byddai decini. Cofiaf fel yr arferwn fynd hefo fo ar foreau Sadwrn ac yn ystod gwyliau ysgol i'w swyddfa yn Nolgellau. Fe ganai'n ddi-baid am filltiroedd ar filltiroedd, ac felly wedyn ar y ffordd adref. Pa ryfedd felly fy mod i, yn ifanc iawn ac yn ddiarwybod i mi fy hun, wedi dysgu'r geiriau ar fy nghof yn ogystal ag ymgyfarwyddo â mydr, odl a chynghanedd? Byddai llinellau fel y rhain o awdl Dyfed, 'Iesu o Nasareth', yn atseinio yn fy mhen:

Tawel iawn oedd telynau — angylion
A sŵn yr hoelion yn synnu'r heuliau.

Ac nid y sain yn unig ond y synnwyr hefyd. Rwy'n cofio ymrafael — ac rwy'n dal i wneud — ag ystyr 'sŵn yr hoelion yn synnu'r heuliau'.

Bryd hynny roedd ymrysonau beirdd wedi cydio ym Mhenllyn ac Edeirnion ac arferem ninnau gael rhyw lun o ymryson ar aelwyd y Siop, sef ymryson rhwng fy mrawd a minnau, a'n tad yn gosod y tasgau. Tasgau syml iawn, iawn oedd dechreuad y peth: ein tad yn dweud 'Ci Ty'n Coed' a ninnau'n ateb 'Yn mynd i oed' neu 'Yn chwim ei droed'. Y gamp oedd peidio ag ailadrodd yr un brifodl.

Ar ôl disbyddu enwau ffermydd yr ardal symudem i ardaloedd cyfagos, a chan fod ein tad, trwy ei waith, yn gyfarwydd â phob fferm ym Meirionnydd doedd dim prinder tasgau. Ymarfer odli a mydryddu elfennol iawn oedd hyn ond, waeth befo, roedd yn ddifyrrwch ac yn byrhau nosweithiau dideledu fy mhlentyndod.

Fel y dôi trigolion yr ardal i ddeall bod natur rhigymwr ynof fe fyddent yn fy nghymell i lunio pennill am hyn ac arall. Dyna a ddigwyddodd un tro yn Nhy'n Ffridd. Roedd yno, gyda llaw, un hynodrwydd neilltuol yn perthyn i Dy'n Ffridd rhagor unman arall: roedd ffynnon yn llawr y gegin. Doedd ddim gen i fynd wysg fy nhrwyn i Dy'n Ffridd oherwydd fy mod nid yn unig yn cael croeso yno ond yn cael cynulleidfa astud hefyd. Roedd yno lond cegin bob amser a'r tro neilltuol hwn roedd John William, cefnder fy mam yno, ei chwiorydd Dodo Buddug (Dodo Big i mi), Dodo Crei (Caereinwen) a'i gŵr Defi Henry yn ogystal â Mona, Iwan ac Aeron, plant John William. Yno hefyd yr oedd chwiorydd Defi Henry, sef Lwl a Ruth, dwy hen ferch garedig ac annwyl iawn. Ac roeddwn innau yno, yn gòg saith oed ac wedi bod wrthi ers peth amser yn diddanu'r cynulliad â'm gorchestion saethu.

Ar ôl cael digon ar fy nychmygion helwriaethol dyma John William yn dweud, 'Ty'd o'ne, gwna bennill inni'. Wel, yn saith oed ac o dan bwysau, rwy'n ofni imi ddweud y peth cyntaf a ddaeth i'm meddwl ac er nad oedd yn bennill yng ngwir ystyr y gair, roedd ynddo odlau, gwaetha'r modd:

Mae Lwl yn ddwl fel penbwl.

Gallasech dorri'r distawrwydd â chyllell. Bron na allwn glywed dŵr y ffynnon yn rhewi.

Roedd barddoniaeth yn rhan organaidd o fywyd cymdeithasol y Sarnau fel llawer man arall bryd hynny ac roedd yno amryw o bobl, yn wŷr a gwragedd, a fedrai fydryddu'n ddeheuig iawn. Doedd yno yr un bardd talcen slip oddigerth Robin John, Bryndethol a oedd, chwarae teg, ychydig lathenni y tu allan i ffiniau'r fro yn ogystal â phob ffin arall. Cymeriad ar y naw oedd hwnnw. Fe'i magwyd gan Dafydd a Janet Puw ym Mwlchgarneddog, Bethel ac roedd yn greadur go anystyriol hyd yn oed yn blentyn. Un tro roedd Undeb yr Annibynwyr yn cyfarfod yng nghapel Bethel a thri neu bedwar o weinidogion pwysicaf yr enwad — Elfed yn eu plith — yn cael cinio ym Mwlchgarneddog. Y diwrnod hwnnw roedd Janet Puw yn ei rhoi'i hun yn wraig neilltuol o dduwiol ac fel roedd y parchusion yn cymryd eu lle wrth y bwrdd fe'u clywem hi'n galw ar y bechgyn i mewn o'r buarth.

'Arthur, tyrd i'r tŷ, 'ngwas i, i ni gael gofyn bendith.'

'Iawn.'

'Robert John, 'ngwas i, tyrd i'r tŷ i ni gael gofyn bendith.'

'Be 'di rhyw hen *fuss* ddiawl heddiw mwy na rhyw ddiwrnod arall?'

Fel miloedd o'i gyfoedion, aeth Robin John i'r Rhyfel Mawr heb wybod beth i'w ddisgwyl mewn gwirionedd. Cyn pen dim fe'i cafodd ei hun ym mlaen y gad yn ymbil am dipyn o synnwyr cyffredin: 'Ara' deg rŵan, lads bach, neu mi fydd rhywun yn siŵr o frifo'n y munud!'

Sut bynnag, roedd ganddo ryw lun o grap ar y cynganeddion, neu o leiaf eu sŵn. Testun yr englyn yn eisteddfod y Sarnau un flwyddyn oedd 'Bws Crosville'. Roedd y cwmni hwnnw wedi dechrau rhedeg bws o Gorwen cyn belled â Bethel cyn troi'n ôl am hanner awr wedi tri. Dyma'r englyn a anfonodd Robin John i'r gystadleuaeth:

Crosville, hed cwrs *valley*, — wit y byd,
    What y bo o'i gyni.
Ysterics yw ei stori,
Pyst ei thro am *half past three*.

Pan ofynnodd rhyw gymydog twp am eglurhad ar yr englyn, aeth yr awdur, yn ôl ei arfer, yn wyllt gaclwm. Eglurodd mai ystyr 'hed cwrs *valley*' oedd fod y bws yn dod i fyny'r dyffryn, siŵr iawn. Braidd yn niwlog, fodd bynnag, oedd ei esboniad ar y cyrch a'r ail linell. Gwrthod tanio oedd ystyr y drydedd linell, ac roedd y llinell olaf, wrth reswm pawb, yn cyfeirio at y piston yn troi am hanner awr wedi tri.

Rhywbeth yn debyg oedd ei gyraeddiadau ym myd celf. Aeth gweinidog newydd Cefnddwysarn, y Parchedig G. R. Jones, i ymweld â Robin ac Olwen ei gymar (neu ei howsgiper efallai — roedd hynny'n annelwig hefyd) ac meddai G. R. gan gyfeirio at y paentiadau uwchben y lle tân, 'Dwi'n lecio'r gwartheg'. Ymateb yr artist oedd, 'Gwartheg ddiawl! Chwid yden nhw!'

Rhag crwydro ymhellach, gwell imi ddychwelyd i'm llwybr. Er nad oedd yn y fro fardd cadeiriol nid oedd brinder pobl a fedrai lunio cerddi yn ôl y galw, boed ymddeoliad, priodas, tro trwstan neu unrhyw achlysur arall. Dyna'r drefn a dyna'r awyrgylch yr oedd fy nghyfoedion a minnau wedi'n magu ynddo.

Rwy'n cofio cerdded hefo'r gwrych ar draws ffridd Tŷ Hen un tro pan oeddwn i'n rhyw wyth neu naw oed efallai. Dyna lle'r oeddwn, yn ôl fy arfer, yn parablu siarad â mi fy hun — Duw a ŵyr am beth — ond, yn gwbl annisgwyl, pwy ddaeth i'r golwg yr ochr arall i'r gwrych ond Elwyn Rhydelis a oedd rai blynyddoedd yn hŷn na mi. Roedd wedi fy nghlywed yn siarad â mi fy hun ac roedd hynny, yn ei farn ef a phawb call arall, yn arwydd cynnar o wallgofrwydd. Wel rŵan, rhywsut neu'i gilydd roedd rhaid imi amddiffyn fy mhwyll a dyma fi'n cyfaddef fy mod yn siarad â mi fy hun oherwydd bod John Llwyn Onn yn cael ei ben-blwydd drannoeth a'm bod innau'n ceisio gwneud penillion i'w gyfarch. Yn wir, mi es mor hy â throi amddiffyn yn ymosod trwy awgrymu ei fod wedi tarfu ar yr awen. Erbyn hyn roedd Rhydelis yn gwneud synau ymddiheurol ac yn llwyr gytuno bod siarad â chi'ch hun wrth farddoni yn gwbl dderbyniol ac, yn wir, yn gymeradwy iawn. Dyna'r math o statws a berthynai i farddoniaeth ym meddyliau plant y Sarnau.

Dywedais gynnau nad oedd yn yr ardal yr un bardd cadeiriol ond fe fu yno un am gyfnod a hwnnw'n un o'r beirdd mwyaf erioed — Robert Williams Parry. Er mai bwrw blwyddyn yn unig a wnaeth yn ysgolfeistr yn y Sarnau, yn 1912-13, ni chredaf iddo lwyr ymadael â'r lle. Yn ôl ei addefiad ei hun, un o gamgymeriadau mwyaf ei fywyd fu symud oddi yno i'r Barri a ffeirio 'uchel nef y wlad' am 'ddilaswellt lawr y dref'. Mae'r cyfeiriadau mynych at y fro a'r flwyddyn honno yn ei gerddi yn cadarnhau ei hiraeth.

Roedd Williams Parry wedi ymadael â'r Sarnau ddeng mlynedd ar hugain cyn fy ngeni i, ac eto, nid gormodiaith yw dweud ei fod yn llechu ym mhob twll a chornel o'm plentyndod. Er na welais mo'r dyn erioed, roedd o yno. Un rheswm am hynny oedd y ffaith ei fod y nesaf peth i dduw yng ngolwg rhai o'i hen ddisgyblion, rhai fel John William Ty'n Ffridd, Wil Cwmhwylfod a Lewis Hywel — pob un â'i stori, pob un â'i dystiolaeth, a phob tystiolaeth a phob stori yn rhan o'r chwedloniaeth sy'n tyfu o gylch eilunod ym mhob oes. Fe'm magwyd i ar y chwedlau hyn nes dechrau coleddu'r gred fod rhyw ramant, rhyw hud, a dogn go lew o anfarwoldeb hefyd, ynglŷn â bod yn fardd. Soniai pobl am Williams Parry gyda pharchedig ofn. Rhaid cofio hefyd nad oedd Penllyn erioed wedi codi prifardd, heb sôn am fardd o bwys; beirdd gwlad a rhigymwyr, do, bymtheg y dwsin, ond neb o statws cenedlaethol. Roedd Bardd yr Haf yn enaid prin ac wedi ennill cadair y Genedlaethol ddwy flynedd cyn dod i'r Sarnau. Erbyn dechrau'r pumdegau, blynyddoedd fy mhlentyndod i, yr oedd ar ddiwedd ei yrfa ac yn cael ei gydnabod gan bawb yn fardd gwirioneddol fawr. Naturiol, felly, oedd i'r Sarnau a Chefnddwysarn hawlio sleisen o'i anfarwoldeb.

Gan fod rhai o'r straeon mwyaf cyfarwydd, fel yr un amdano'n hongian ben i waered o ffenest llofft Tŷ'r Ysgol, wedi eu cofnodi mewn mannau eraill does fawr ddiben eu hailadrodd yma.

Os rhywbeth roedd Williams Parry o flaen ei oes fel athro ac yn llawer nes at y plant nag oedd yn arferol bryd hynny. Clywais fy ewythr, Lewis Hywel, yn dweud ei fod yn athro ysbrydoledig yn enwedig wrth ddysgu Hanes. Dyna lle byddai yn eistedd â'i draed i fyny ar y grât yn Nhŷ'r Ysgol ac yn cyflwyno Hanes Cymru yn y modd mwyaf dramatig. Ie, â'i draed i fyny. Yn wir, roedd ymhell o fod yn ffitio'r ddelwedd gyffredin o ysgolfeistr. Ac wrth gwrs, byddai'n codi'i fys bach ac ar ryw berwyl felly cafodd 'enaid hoff cytûn' yn John Dafis, Llwyniolyn, un o'i ffrindiau pennaf. Efallai bod a wnelo hynny gryn dipyn â'i benderfyniad i ymadael â Llandderfel lle'r oedd yn lletya gyda'i chwaer a'i gŵr, y Parchedig J. Owen Jones, a symud i Gynlas. Mae'n wir bod Cynlas yn nes at yr ysgol ac yn golygu nad oedd raid iddo ymlafnio i wthio'i feic i fyny'r gelltydd serth o Landderfel bob bore ond mi dybiwn i fod ganddo resymau eraill hefyd. Yn Llandderfel, go brin y gweddai i frawd yng nghyfraith y gweinidog gael ei weld yn gwlychu'i big yn nhafarn Bryntirion ond yng Nghynlas roedd y Mynydd Du a Ffridd y Llyn rhyngddo a'i gydwybod Ymneilltuol.

Sut bynnag, mae un hanesyn amdano, yr addfwynaf o ddynion, yn codi'i ddyrnau ar ôl bod yn codi'i fys bach. Roedd John Dafis ac yntau'n cerdded adref o'r Bala un noson ac, fel y gŵyr pawb, roedd ar y bardd ofn nos na fu rotsiwn beth. Ar ôl mynd heibio'r Graig Fawr fygythiol-dywyll, lle gwelwyd ysbryd sawl tro, dynesai'r ddau at lidiard Garth Cynlas. Fel yr aent heibio i'r llidiard gwaeddodd John Dafis, 'Tendia fo, Bob, mae o tu ôl iti!' Yn ei ddychryn, trodd Williams Parry a rhoi ffaten i'r peth cyntaf a ymdebygai i fod dynol, sef cilbost y llidiard.

Clywais stori arall sy'n rhoi gwedd wahanol i'r darlun arferol ohono fel dyn tra sensitif na allai oddef peri loes na braw i neb na dim. Cofiai John William Ty'n Ffridd fel yr aeth Williams Parry â'r plant at Lyn Creini sydd i fyny yn y mynydd gryn filltir a hanner o'r ysgol. Tra eisteddent hwy ar y lan aeth y mistar i'r dŵr. Nofiodd allan ymhell i ganol y llyn ac ymhen sbel fe gododd ei law a gweiddi, 'Ta-ta 'rhen blant'. Diflannodd, a 'bwlch ni ddangosai lle bu'. Ar ôl disgwyl am hydoedd iddo ddod i'r wyneb cychwynnodd rhai o'r bechgyn hynaf ar wib i nôl cymorth er nad oedd unrhyw ddiben gan eu bod mor bell o bobman. Roeddynt i gyd wedi dychryn am eu hoedl. Yna, lathenni lawer o'r man y diflannodd, daeth i'r golwg er mawr ryddhad i bawb. Y fo yn unig a ystyriai ffwlbri'r ffarwel hwnnw yn ddigri.

Yn ôl John William, dim ond ar un achlysur y collodd ei limpin yn llwyr. Mae'n wir ei fod yn cosbi'n ysgafn o bryd i'w gilydd ond y tro hwn roedd wedi gwylltio'n gandryll. Y rheswm am hynny oedd bod rhywun neu rywrai wedi difrodi rhai o'r coed ifanc a blannwyd yng nghefn Tŷ'r Ysgol. 'Ydach chi'n sylweddoli be wnaethoch chi?' gofynnodd. 'Rydach chi wedi dinistrio bywyd.' Fe gadwodd bob copa walltog i mewn am weddill yr wythnos.

I mi'n bersonol, mae un stori sy'n rhagori ar y cyfan. Nid stori chwaith mewn gwirionedd ond digwyddiad, rhyw un atgof bychan o eiddo fy mam. Yn nosbarth y babanod yr oedd hi ar y pryd ac, yn rhyfedd iawn, doedd ganddi ddim math o gof am y bardd o fewn muriau'r ysgol. Yr unig atgof oedd ganddi oedd ei weld yn eistedd ar garreg drws Cynlas ac yn glanhau ei esgidiau. Gwrthodai adael iddi fynd i mewn drwy'r drws heb iddo'n gyntaf gael sws ganddi. Fe gafodd ac fe gafodd Mam un ganddo yntau. Rwy'n simpil, mi wn, ond rwy'n hoffi meddwl am fy mam yn rhoi sws i Robert Williams Parry.

Ar wal yr ysgol yn y Sarnau, yn union o'm blaen, roedd llun dyn ifanc mewn lifrai milwrol. Roedd yno luniau eraill hefyd, llun O. M. Edwards a llun Tom Ellis ond doedd y rheiny ddim yn golygu rhyw lawer i mi bryd hynny. Roedd llun y milwr, fodd bynnag, yn golygu llawer iawn imi. Ar y wal y tu cefn inni roedd carreg goffa i'r bechgyn a laddwyd yn y Rhyfel Mawr ac roedd enw'r milwr ifanc ar y garreg honno — Private Thomas Jones. Ychydig a wyddwn amdano ac eithrio'r ffaith mai fel Tom yr Hendre yr adwaenid ef, ei fod wedi marw yn un ar hugain oed mewn ysbyty milwrol yn yr Alban ac wedi'i gladdu yng Nghefnddwysarn. Ond y peth pwysig i mi oedd y ffaith mai ef oedd y 'Milwr o Feirion' y canodd Williams Parry ddau englyn er cof amdano. Trwy gydol yr amser y bûm yn yr 'ysgol fawr' mae'n amheus gennyf a aeth un diwrnod heibio heb imi edrych ar y llun a meddwl am yr englynion hyn:

Ger ei fron yr afon red, dan siarad
    Yn siriol wrth fyned:
Ni wrendy ddim, ddim a ddwed, —
    Dan y clai nid yw'n clywed.

Ond pridd Cefnddwysarn arno a daenwyd
    Yn dyner iawn drosto;
  A daw'r adar i droedio
  Oddeutu'i fedd ato fo.

Oedd, roedd Williams Parry ym mhobman ac, wrth gwrs, roedd o yng Nghoed y Mynydd Du a Llyn y Ffridd ar Ffridd y Llyn. Efallai na wyddech mai Llyn Maes Clawdd yw enw iawn y llyn hwnnw fel y tystia'r delyneg anadnabyddus hon:

Daw hiraeth ambell gyfnos
    I'm llethu bron yn llwyr
Am orig eto i aros
    O dan firaglau'r hwyr.
Cymharu deulyn nid yw'n hawdd
Os gwelsoch rywdro Lyn Maes Clawdd.

Eisteddwn ar y dorlan
    A'i raean dan fy nhroed
Yn gwylio campau gwylan
    A'r gïach chwima' 'rioed.
Pob 'deryn dŵr oedd yn eu mysg
Fel pe yn gwatwar neidio'r pysg.

Ehedai dwy hwyaden
    (Fel angor ebe'r gŵr)
Gan droelli yn yr wybren
    Cyn disgyn ar y dŵr,
A hwnnw'n glir fel gwydr glân
Nes denu mil o donnau mân.

'Rwyf heno'n hen a musgrell
    Heb allu i ddringo mwy
Hyd gwr ei glawdd anghysbell
    I geisio gwella 'nghlwy.
O, na ddôi gŵr o ryfedd rin
I'm bwrw unwaith at ei fin.

Mae'r mesur yn gyfarwydd ac mae'r cyffyrddiadau cynganeddol yn adleisiol-gyfarwydd. Ond pa ryfedd? Roedd yr awdur yn hanner addoli Bob Parry, chwedl yntau. Bob oedd yntau hefyd — ie, Bob Lloyd, 'y Llwyd o'r Bryn' y cyfeirir ato gan y bardd yn 'Yr Hen Gantor'.

Ni allaf sôn amdanaf fy hun yn dechrau barddoni heb sôn hefyd am Bob Lloyd. Anodd gwybod ymhle mae dechrau pwyso a mesur ei ddylanwad arnaf. Nid yw'r un fath â phe bawn wedi dod dan ddylanwad rhyw athro ysgol neilltuol pryd y medrwn roi dyddiadau pendant i'r peth. Yr unig ddyddiadau sydd gennyf yw 1944-1962, oherwydd o'r dydd y'm ganed i hyd y dydd y claddwyd o, roedd Bob Lloyd yno bob amser. Gyda llaw, efallai y dylwn gywiro un camsyniad pur gyffredin trwy ddweud, eto fyth, nad oeddem yn perthyn yr un dafn o waed. Doeddwn i ddim hyd yn oed yn ei alw yn 'Yncl Bob' fel y byddwn i'n galw John Edwards, Blaen Cwm yn 'Yncl Jac' er nad oedd yntau'n perthyn chwaith. Na, 'Bob Lloyd' gan amlaf ond weithiau, yn unol â chywair y funud, 'Bobws'. Serch hynny, yr oedd fel un o'r teulu ar aelwyd y Siop. Prin yr âi wythnos heibio heb iddo alw ac, yn aml iawn, byddai'n galw ddwywaith a theirgwaith yr wythnos. Ac nid rhyw bicio a wnâi ond ei osod ei hun yn y gornel yn barod am seiat faith. Roeddwn i'n cael modd i fyw yn ei gwmni ac un o brofiadau melysaf fy mhlentyndod oedd cyrraedd adref o'r ysgol a chlywed gwynt baco Bob Lloyd yn fy nghroesawu fel yr agorwn ddrws y tŷ. Mor debyg i'r hysbyseb Bisto honno lle'r oedd oglau'r grefi'n ymdonni i ffroenau'r plant a hwythau'n dweud, 'Ah, Bisto!'. Felly'r oedd hi yn fy achos innau — A, Bob Lloyd! — ac mi wyddwn fod oriau o ddifyrrwch yn fy aros. Hwyl a sbri wrth ymlafnio â'n gilydd ar y gadair, dweud straeon, adrodd englynion, sôn am Gwynn Jones a Bob Parry a dod i'r casgliad, yn gam neu'n gymwys, mai saer geiriau oedd y naill ac mai bardd oedd y llall. Ambell stori neu englyn braidd yn amheus yn llithro allan ynghanol y llifeiriant a Mam wedyn yn rhyw hanner ceryddu o'r cefn, 'O, Bob Lloyd!' ac yntau'n ateb, Wel, be' sarrrnat ti, Jin? Rrroedd honne'n ddigon diniwed!' Ymlaen ac ymlaen . . . adrodd hanes ei dramp diweddaraf i ryw eisteddfod neu'i gilydd yng ngwaelodion Ceredigion ac fel y cyfarfu â hwn-a-hwn — 'Hen foi iawn, yn y Pethe drrros 'i ben a'i glustie, un o anfarrrwolion y ddaearrrr.'

Brensiach, roedd o'n sgwrsiwr difyr ond, yn wahanol i rai sgwrsiwrs mawr, roedd Bob Lloyd hefyd yn wrandäwr da. Roedd ganddo wir ddiddordeb yn yr hyn oedd gennych chi i'w ddweud yn ogystal â'i druth ei hun. Medrai wneud ichi deimlo eich bod chi'n rhywun ac mai chi, a neb arall, oedd yn cyfri ar y pryd. Os oedd gan rywun y gallu i ysbrydoli a gwneud ichi deimlo'n gawr, y fo oedd hwnnw, ac os oedd Bob Lloyd yn dweud y byddwn i'n fardd ryw ddiwrnod, doedd gen i ddim amheuaeth na fyddwn i'n fardd. Yn wir, gwnâi imi deimlo fy mod i eisoes yn fardd. Cymerwch, er enghraifft, eisteddfod Llandderfel lle byddai'n arwain bob blwyddyn. Ar ddechrau seremoni'r cadeirio galwai'r beirdd i'r llwyfan i gyfarch y bardd buddugol ac fe'm galwai innau — rhyw gòg deuddeg oed — yn eu plith. Roedd cael fy nghynnwys yn un o'r 'beirdd' yn gwneud imi deimlo cyn falched â phe bawn yn cael y gadair.

Ar un o'r troeon hynny yn Llandderfel eisteddai fy nhad y tu ôl i ryw ddwy wraig yn y gynulleidfa a phan oeddwn i ar fy ffordd i'r llwyfan i gyfarch trodd un at y llall a dweud, 'I be mae hwn yn mynd i fyny? Bob Lloyd sy'n gneud nhw i hwn!' Er mai celwydd oedd hynny, yr oedd, ar ryw ystyr, elfen o wir yn y geiriau. Bob Lloyd yn anad neb a'm hysgogodd i ddechrau cynganeddu, a hynny, yn bennaf, trwy ganmol i'r cymylau bob ymdrech gynnar o'm heiddo. Roedd ganddo'r ddawn ryfeddaf i roi hyder i rywun, a chan fod fy nhad eisoes wedi braenaru'r tir gyda'i ganu, mi ddysgais i'r cynganeddion yn weddol rwydd.

Naw oed oeddwn i pan ddechreuais ymhel â nhw. Mi wn hynny'n bendant oherwydd fy mod yn cofio fel y byddai Bob Lloyd yn anfon llinellau ataf yn yr ysbyty yn Lerpwl. Llinellau am rai o bobl yr ardal oedd y rheiny ac er fy mod yn dal i gofio rhai ohonynt gwell fyddai peidio â'u dyfynnu yma. Ond does dim o'i le ar ddyfynnu'r llinell gynganeddol gyntaf a luniais erioed, a honno — gredech chi? — yn Saesneg. Rwy'n cofio'r noson fel neithiwr. Dim ond fy mrawd a minnau oedd gartref ac roedd Bob Lloyd yn ein gwarchod. Am ryw reswm nid oedd yn ei hwyliau arferol y noson honno ac roeddwn innau'n ei blagio am dasg i'w chwblhau. Toc, fe gododd i fynd allan i'r lle chwech gan ddweud, braidd yn ddiamynedd, 'Gwna linell i'r Lucozade 'ne.' Bryd hynny roeddwn i'n gwtrin am y ddiod honno ac, yn ôl fy arfer, roedd gen i botel ar y bwrdd o'm blaen. Pan ddaeth Bobws yn ei ôl dywedais wrtho, *'Lucozade was made for me'*. Fe newidiodd drwyddo ac roedd ei lawenydd yn amlwg. Wel, go dda'rrr pegorrr. Dal ati, was!' A dal ati a wnes — ond nid yn Saesneg.

Soniais yn gynharach am Gwylfa Roberts yn trafod 'Ymadawiad Arthur' hefo ni yn yr ysgol ac yn dadansoddi'r cynganeddion, ond nid dyna'i diwedd hi. Yn aml iawn, fy ·ngwaith cartref i oedd llunio llinellau erbyn drannoeth fel bod y dosbarth i gyd yn cael cyfle i adnabod y gwahanol gynganeddion. Er nad oes gennyf bellach rithyn o gof am y llinellau hynny deallaf fod fy hen brifathro wedi eu cadw hyd heddiw.

O bryd i'w gilydd deuai Trefnydd Cerdd Meirionnydd, sef John Hughes, Dolgellau heibio'r ysgol ac roedd yn gas gennyf ei weld. Nid ei fai ef oedd hynny; y fi oedd yn gwbl angherddorol ac yn cael trafferth enbyd hefo'r sol-ffa. Er mawr ofid imi, ni allwn bryd hynny, ac ni allaf heddiw, ganu mewn tiwn. Daeth John Hughes i'r ysgol un tro a thra oedd yn cael cinio rhaid bod Gwylfa Roberts wedi dweud wrtho fy mod yn cynganeddu — ymgais i wneud iawn am fy anallu cerddorol efallai. Dyma John Hughes, a oedd ei hunan yn cynganeddu, yn fy ngalw ato ac yn gofyn imi pa gynghanedd oedd yn y llinell 'Dydd Gwener a dydd Sadwrn'. Atebais innau nad oedd ynddi gynghanedd o unrhyw fath. 'O, oes,' meddai, 'cynghanedd Lusg — Dydd Gwener *a d*ydd S*ad*wrn'. Wel choeliech chi byth mor filain oeddwn ei fod wedi fy nal, er nad oes ddichon i glust neb glywed yr odl heb ei gorbwysleisio fel hyn — Dydd Gwener AD-ydd SAD-wrn. Ond waeth befo, mi gefais lawer o hwyl hefo'r llinell wrth roi prawf ar bob copa walltog a'i ffansïai ei hun yn gynganeddwr.

Erbyn hyn roeddwn innau'n fy ffansïo fy hun yn dipyn o fardd ac yn actio'r part gan grwydro'n fyfyriol ar fy mhen fy hun a chyfri sillafau ar fy mysedd, yn enwedig os oedd rhywun yn sbïo. Roeddwn wedi ffoli'n lân ar farddoniaeth ac ar feirdd. Bu adeg pan oeddwn yn casglu lluniau pêl-droedwyr mewn pacedi sigaréts ond fe aeth y chwilen honno heibio. Lluniau beirdd oedd yn mynd â'm bryd bellach ac am nad oedd y rheiny i'w cael mewn pacedi sigaréts byddwn yn eu torri allan o bapurau a chylchgronau fel *Y Faner, Y Cymro,* hen rifynnau'r *Ford Gron, Tywysydd y Plant, Y Dysgedydd, Blodau'r Ffair* ac yn y blaen. Cyn hir roedd gen i gasgliad helaeth iawn o feirdd byw, beirdd marw, beirdd bach, beirdd mawr a hyd yn oed ambell fardd mynydd fel yr eliffant mynydd hwnnw y sonia Wil Sam amdano yn rhywle. Wedyn byddwn yn eu glynu ar wal fy llofft. Mewn difri, meddyliwch amdanaf yn deffro bob bore yn wyneb haul, llygad goleuni a gweld rhyw hyllbeth fel Iolo Morganwg yn rhythu arnaf.

Er y buasai'n fwy naturiol efallai pe bawn innau, fel rhai bechgyn eraill, yn ymddiddori mewn ffeithiau diddim megis pa dîm a enillodd Gwpan Lloegr yn y flwyddyn a'r flwyddyn, fy nifyrrwch i — a hwnnw yr un mor ddiddim decini — oedd gwybod pwy a enillodd y gadair genedlaethol fel a'r fel a phwy oedd Archdderwyddon y gorffennol. Am ryw reswm, doedd gen i ddim gymaint o ddiddordeb yn enillwyr y goron. Wrth edrych yn ôl, mae'n debyg bod rhyw odrwydd ynghlwm â'r chwilen honno ond, ar y pryd, roedd yn ymddangos yn beth cwbl naturiol i mi.

A'r un mor naturiol oedd rhoi tro tua'r mynydd ar y chweched o Ionawr 1956, y dydd y bu farw Robert Williams Parry. Synhwyrwn ym mêr fy esgyrn ifanc fod Cymru wedi colli rhywun go arbennig ac, yn wir, teimlwn fy mod innau wedi colli hen gydnabod nas gwelswn erioed. Er nad oedd gennyf na'r awen na'r eirfa i'w goffáu yn deilwng, roedd arnaf ryw awydd ysol i fynegi fy ngholled fy hun yn fy ffordd blentynnaidd fy hun:

> O, Brifardd Williams Parry,
> Gadewaist farddoniaeth a cherddi.
> I dywyll fedd yr aethost ti
> Yn gynnar iawn eleni.

Wrth benwar Ty'n Ffridd trewais ar Aeron, fy nghyfyrder, ac adroddais y pennill iddo. Yn y fan a'r lle, mi gefais feirniadaeth liwgar, a dweud y lleiaf. 'Cochyn,' meddai Aeron, 'mae o'n ddiawledig o dda'. Tueddwn i gytuno — ar y pryd. Flynyddoedd lawer yn ddiweddarach y sylweddolais fod y pennill hwnnw, i bob pwrpas, yn englyn ond yn englyn digynghanedd.

Deuddeg oed oeddwn i'n llunio fy englyn go iawn cyntaf ond, gwaetha'r modd, roedd y llinell gyntaf yn wallus. Rwy'n dal i'w gofio ond am nad wyf yn awyddus i neb arall ei gofio fe gaiff aros lle mae am byth. Deuddeg oed oeddwn i hefyd yn cael fy nghadeirio am y tro cyntaf ond brysiaf i ddweud mai yng Ngwersyll Llangrannog ymhlith cyfoedion y digwyddodd hynny. Ni chofiaf pa un o'r 'swogs' oedd yn beirniadu ond y dasg oedd llunio pennill am y gwersyll. Roedd hi'n wythnos neilltuol o oer a gwlyb ac mi luniais y cwpled hwn:

Er mor flin yw'r hin a hyll
Gwresog yw croeso'r gwersyll.

Wn i ddim ai o anwybodaeth ynteu o drugaredd yr anwybyddodd y beirniad y gwall yn yr ail linell. Ta waeth, cafwyd seremoni gadeirio eithaf amrwd ac er nad oedd na chadair na gwobr o fath yn y byd teimlwn fy mod un cam bychan yn nes at wireddu breuddwyd, sef efelychu un o'm harwyr, y bardd-amaethwr ifanc o Geredigion a enillai gadair yr Urdd y naill flwyddyn ar ôl y llall. Ie, Dic Jones, neu Richard Jones fel yr adwaenid ef bryd hynny.

Cofiaf fel yr aeth fy nhad hefo Caradog Puw, Cynythog, Llidiardau i Eisteddfod yr Urdd, Caernarfon yn 1956. Cawsant ddamwain ar Allt Seilo yn y dref ond nid hanes y ddamwain oedd uchaf yn fy meddwl i ond y ffaith i 'Nhad ddod â chopi o Gerdd y Gadair wedi'i lofnodi gan Richard Jones yn anrheg imi. Roeddwn i wedi gwirioni. Trist cofio, fodd bynnag, fod Caradog druan wedi cael damwain arall — angheuol y tro hwn — pan ymosododd y tarw arno ryw flwyddyn yn ddiweddarach.

A minnau oddeutu tair neu bedair ar ddeg oed ac yn prysur feistroli rheolau cynghanedd — neu o leiaf yn tybio fy mod — dechreuais amau nad oedd fy hen athro barddol, Bob Lloyd, yn gwbl saff o'i bethe bob amser. Gwyddwn ers tro ei fod yn pwyso'n drwm ar Ifan Rowlands, Llandrillo pan fyddai'n beirniadu englynion ac yn ansicr ynghylch cywirdeb rhyw linell neu'i gilydd. Duw a ŵyr, ni fynnwn ei frifo, ac felly, yn wrthgefn iddo, dechreuais fynd at Ifan Rowlands, neu Ifan Gist-faen fel yr adwaenid ef ym Mhenllyn ac Edeirnion. Heb os, roedd

Ifan yn awdurdod ar y cynganeddion ac yn medru dyfynnu *Cerdd Dafod* John Morris-Jones fel y byddai rhai'n dyfynnu'r Gyfrol Sanctaidd.

Ac, o sôn am ddyfynnu, mae un digwyddiad yn ymwneud ag Ifan sy'n rhaid ei grybwyll. Roedd ef a dau neu dri hynafgwr arall yn eistedd ar fainc ym mhentref Llandrillo un prynhawn tyner o wanwyn. Pwy ddaeth heibio ar droed ond Syr T. H. Parry-Williams gyda rhyw olwg-ar-goll arno. Ei fwriad oedd ymweld ag eglwys Llandderfel ond, rhywsut neu'i gilydd, fe'i cafodd ei hun yn Llandrillo. Tynnodd sgwrs â'r hynafgwyr ar y fainc gan ddweud, ymhen tipyn, 'Mae'n siŵr eich bod chi'n cael gaeafau gerwin iawn yn y broydd yma'. 'Yden,' meddai un o'r hynafgwyr, 'a lle'r fioled fel llawr y felin'. Roedd Parry-Williams wedi'i syfrdanu o glywed un o'r gwladwyr hyn yn ei ateb trwy ddyfynnu llinell o awdl 'Eryri', yr awdl a enillodd iddo'r gadair yn Eisteddfod Bangor 1915. Ifan Gist-faen — neb llai — oedd yr hynafgwr hyddysg hwnnw ac, i mi, dyna ogoniant y traddodiad barddol Cymraeg, sef bod prifardd bro ac un o brif feirdd y genedl, y gwerinwr a'r ysgolhaig yn medru rhannu'r 'hen ddeall' ar hap un prynhawn o wanwyn ym Meirionnydd.

Braint fawr i mi oedd cael manteisio ar wybodaeth Ifan. Ni allaf ddychmygu gwell ysgol farddol: Bob Lloyd hefo'i frwdfrydedd heintus a'i ganmoliaeth orawenus yn fy rhoi ar ben y ffordd ac Ifan wedyn yn fy nhywys heibio'r troadau twyllodrus ac, yn aml iawn, yn fy nhynnu o'r ffos. Roedd y ddau'n gwbl wahanol eu natur: roedd Bob Lloyd yn berson cyhoeddus, cyfarwydd â difyrru cynulleidfa tra oedd Ifan yn fwy encilgar, yn fwy myfyrgar ond eto, ar ei aelwyd ei hun, yn gwmnïwr diddan a doniol tu hwnt. Roedd ganddo'r chwerthiniad odiaf a glywais erioed, rhyw 'Ys-ys-ys-ys-ys' drwy'i ddannedd gan sgrytian fel car yn gwrthod tanio.

Yng Nghwm Celyn y dechreuodd ei daith. Yn hogyn deuddeg oed aeth i weini at ffermwr a oedd yn gynganeddwr rhugl ond a oedd hefyd yn un o'r rhywogaeth syrffedus honno sy'n teimlo rheidrwydd i gynganeddu'n ddi-baid. Aeth cynghanedd, cynghanedd a rhagor o gynghanedd bob dydd yn fwrn ar Ifan ac, yn wir, fe roes ei gas arni am gyfnod. Serch hynny, roedd yr had wedi syrthio mewn tir da er mai ymhen blynyddoedd y brigodd i'r wyneb. Roedd ei straeon am gymeriadau Cwm Celyn ei blentyndod yn ddigri tu hwnt. Dyna ichi hen lanciau Boch-y-rhaeadr. Dylwn egluro nad oedd mo'r fath beth â chreadur dof yn y lle hwnnw am mai prif ddifyrrwch y tri hen lanc oedd ymremian â'u hanifeiliaid a'u ffyrnigo i'r fath raddau nes bod croesi'r buarth lawn peryclach na mynd ar saffari. Gredech chi fod yno frithyll bychan mewn twb ac nad oedd fiw i neb roi pen bys o fewn ei gyrraedd? Os felly, hawdd y gellwch ddychmygu sut gymeriad oedd y bwch gafr.

Aeth Ifan draw yno un diwrnod a sylwi bod un o'r hen lanciau yn bur gloff. Pan ofynnodd beth oedd y rheswm am ei gloffni dyma'r ateb a gafodd: 'Wel, y Bili 'ma'n de. Roedd o a finne ar y buarth. "Be-e-e-e," bere fi. "Be-e-e-e," bere Bili. "Be-e-e-e," bere fi wedyn. "Be-e-e-e,' bere fynte. "Bé!" bere fi, "Bé!" bere Bili ac mi drawodd y diawl fi.'

Mae un stori arall yn ymwneud ag Ifan na allaf beidio â'i chynnwys oherwydd ei bod yn rhan o lên gwerin fy mabolaeth. Roedd Bob Lloyd ac yntau wedi pasa cysgu noson yng Ngherrigelltgwm, Ysbyty Ifan, cartref y bardd Thomas Jones a chefnder i fardd llawer mwy, sef T. Gwynn Jones. Gan felysed y seiat y noson honno doedd neb o'r cwmni yn osio mynd i'w wely ac yna, am bedwar o'r gloch y bore o flaen llygedyn o dân, cododd Tom 'Fodwen, Cwm Celyn ar ei draed i ganu'r 'Milwr Clwyfedig'. A chlwyfedig ar y naw oedd o hefyd, yn ôl y sôn. Tua phump o'r gloch, a'r milwr clwyfedig wedi hen drengi o'r diwedd, dyma Thomas Jones yn tywys Bob Lloyd a'r Gist i fyny'r grisiau i glwydo. Ar ôl dangos y gwely iddynt awgrymodd ei bod hi'n fraint i'r ddau gael cysgu yn y gwely neilltuol hwnnw ac aeth rhagddo i enwi'r mawrion a fu yn eu tro yn bwrw eu blinder ynddo. Yn wir, ddwy noswaith ynghynt, roedd neb llai na T. Gwynn Jones ei hun yn cysgu ynddo. Pa ryfedd felly i'r ddau fynd rhwng y cynfasau gan deimlo mai o flaen anrhydedd yr âi gostyngeiddrwydd. Serch hynny, roedd sylw cyntaf Ifan yn ymylu ar gabledd: 'Diawch, ddyn, chynhesodd Gwynn Jones mo'r gwely 'ma!' Ar hynny, wrth geisio tylino gwres i'w draed a'i goesau, cafodd bwl dirdynnol o glymau chwithig nes ei fod yn neidio ar ei ungoes hyd lawr y llofft tra'n melltithio'r Milwr Clwyfedig ar yr un gwynt â Gwynn Jones. Roedd Bob Lloyd yn chwerthin gymaint nes bod y gwely fel popty pan ddaeth Ifan yn ei ôl iddo. Cafodd y ddau ryw ddwyawr gwta o gwsg cyn ei throi hi am adref dros filltiroedd ac oriau lawer o weundir diffaith. Beth bynnag fu'r sgwrs rhyngddynt, mae gen i syniad go lew nad diffaith mo honno.

Ar ôl ymadael â'r Gist-faen, tyddyn yng nghesail mynydd Mynyllod, cartrefai Ifan ym mhentref Llandrillo ac yno yr awn pan fyddai gennyf ryw ymdrech farddol y carwn gael ei farn arni. Pedair ar ddeg oeddwn i pan fu farw George Maxwell, un o gydweithwyr fy nhad a chyfaill agos, fel y soniais eisoes. Iddo ef y lluniais y gerdd goffa gyntaf a luniais erioed. Mae'n debyg y gellid ei galw'n awdl ar binsh am ei bod ar fwy nag un o'r mesurau traddodiadol, sef, yn yr achos hwn, cywydd ac englyn. Mi'i dangosais i Ifan ac roedd yn hael ei ganmoliaeth i linellau fel y rhain:

O enau môr daw'n y man
Hen grëyr i Graig yr Arian:
Yr awron, er yr eiriol,
Ni ddaw ef i'w nef yn ôl.

Gwrando! Ar gae yr Hendwr,
Newydd y gân ddaw o'i gwr.
Ni ddaw'r llais trwy ddôr y llan,
Rhy gry' yw rhwymau'r graean.

Yn yr awdl gynnar honno roedd llawer iawn o bethau tila ar y naw ond, yn ei ddoethineb arferol, ni thrafferthodd Ifan grybwyll y rheiny dim ond dyrchafu'r ychydig gryfderau. Mi ddysgais lawer y noson honno.

Rhyw ddwy flynedd ynghynt roeddwn wedi dysgu gwers nas anghofiaf byth. Un nos Sul ar yr aelwyd gartref awgrymais fod fy mrawd a minnau'n cael cystadleuaeth sgrifennu penillion ar destun arbennig a'n tad i feirniadu. Gan ei fod ef yn hanner addoli'r Berwyn mi wyddwn y câi'r testun hwnnw dderbyniad gwresog. Felly fu. Dyma fynd ati, y ddau ohonom o bobtu'r bwrdd. Prin roedd Geraint wedi gorffen sgrifennu'r teitl nad oedd gen i bennill pedair llinell ar fy mhapur:

Dyma nhw'r hen lwybrau cynnar,
Igam ogam, ôl a blaen,
Gyda min y gornant lafar
A thros foel a ffridd a gwaun.

Ar ddiwedd yr amser penodedig roedd gen i bedwar neu bum pennill a dynnai ebychiadau o syndod ac edmygedd o enau'r beirniad. Y fi a enillodd ond mi wyddwn rywbeth nas gwyddai'r ddau arall: mi wyddwn mai Crwys a enillodd mewn gwirionedd. Trwy gydol yr amser roedd *Cerddi Crwys* ar fy nglin a minnau'n lloffa o'r gerdd 'Tro i Ferwyn' ar dudalennau 50-51. Rhyw ddireidi digon diniwed a'm cymhellodd i dwyllo a'r bwriad oedd cyfaddef cyn mynd i'm gwely ond fe aeth y clod i'm pen a phenderfynais ohirio tan drannoeth. Ond do, aeth drannoeth yn drennydd ac yn dradwy ac felly, o ddydd i ddydd, fe aeth yn anos cyfaddef. Cyrhaeddodd fy euogrwydd ei benllanw pan ddangosodd fy nhad y penillion i Ifan Gistfaen a hwnnw'n dweud, 'Dyw, ddyn, does ganddo fo ryw feddwl'. Bellach, roedd yr holl beth wedi mynd o'm gafael, wedi mynd y tu hwnt i ffiniau aelwyd a theulu. Aeth blwyddyn neu ragor heibio cyn y daeth y datguddiad anochel. Estynnodd Geraint *Cerddi Crwys* oddi ar y silff ac, ohono'i hun, agorodd y llyfr ar dudalennau 50-51. Daeth y cyfan i'r golwg ac, mewn un ystyr, roeddwn yn falch oherwydd mi gefais ddadlwytho baich fy euogrwydd. Ond, ar yr un pryd, mi wyddwn mai ffiwsen fer iawn oedd gan fy nhad ac roeddwn wedi ymbaratoi am andros o gweir. Y cyfan a gefais, fodd bynnag, oedd cythgiam o hensied ynghylch difrifoldeb llên-ladrad a'm siarsio i beidio â gwneud y ffasiwn beth byth eto. Rwy'n barnu ei fod yn amau mai rhyw ddireidi wedi mynd o chwith oedd wrth wraidd yr holl beth. Sut bynnag, roedd un cam arall i'w unioni cyn y gwelwn ddiwedd y bennod anffodus honno: roedd rhaid imi gyfaddef fy nhwyll wrth Ifan, a honno oedd y gosb wironeddol. Buasai'n well gen i fod wedi cael fy nyrnu'n ddulas na gorfod gwneud hynny. Aeth fy nhad â fi i Landrillo yn unswydd i syrthio ar fy mai ac roedd Ifan, fel erioed, yn raslon a doeth. Cyfeiriodd at sawl achos llawer iawn mwy difrifol cyn newid trywydd y sgwrs. Wrth ddod adref y noson honno teimlwn fod euogrwydd fel mynyddoedd byd wedi'u taflu oddi ar fy ngwar.

Oedd, roedd gen i feddwl mawr o Ifan ac, er gwaethaf fy nghwymp oddi wrth ras ar 'lwybrau cynnar', rwy'n barnu ei fod yntau, fel Bob Lloyd, yn gweld rhywfaint o addewid ynof. Yn 1960, yn bymtheg oed, mi ddeuthum gam yn nes at gyflawni disgwyliadau'r ddau. Y flwyddyn honno cefais beth llwyddiant yn rhai o eisteddfodau'r Llannau yn ogystal ag ennill ar englyn am y tro cyntaf mewn cystadleuaeth agored, a hynny yn Nhŷ Nant, pentref bychan disylw ar fin yr A5 rhwng Dinmael a Llangwm. Doedd hi ddim yn eisteddfod o fri, dim ond rhyw 'Gyfarfod Bach' agored i'r byd er na wyddai'r byd am fodolaeth Tŷ Nant na'i eisteddfod. Does gen i ddim cof am nifer y cystadleuwyr nac ansawdd y gystadleuaeth ond Tecwyn Ellis, cyn-athro arnaf yn Nhytandomen, oedd yn beirniadu. Y testun oedd 'Heddiw', a dyma'r englyn:

> Ennyd fer yw dy fawredd; — dy einioes
> Denau fel edafedd;
> Yfory â'i gyfaredd
> A esyd faen dros dy fedd.

Mae gen i ddau reswm da dros gofio'r noson honno oherwydd mai'r tro cyntaf imi ennill ar englyn oedd y tro cyntaf hefyd imi gael rhyw lun o gynghanedd â geneth.

Yr un flwyddyn enillais fy nghadair go iawn gyntaf, a hynny yn Eisteddfod y Plant, Penrhyndeudraeth. Cystadleuaeth i rai o dan bump ar hugain oed oedd hi, a'r tro hwnnw gofynnid am ddwy gerdd — 'Yr Atomfa' a 'Tryweryn'. Lluniais ddwy awdl fer a chan fy mod erbyn hynny yn weddol hyderus ynghylch cywirdeb fy llinellau ni ddangosais fy ymdrechion i Ifan ond rwy'n cofio eu hadrodd wrth Bob Lloyd ac yntau'n dweud, gyda'i orawen arferol, 'Wel gwrrranda'rrr pegorrr, rrrwyt ti'n saff ohoni!' Oedd, roedd o'n dechrau dathlu cyn fy mod wedi anfon fy nghynnig i mewn. Pan ddaeth llythyr i'm hysbysu fy mod wedi ennill roeddwn mewn cryn gyfyng-gyngor: roedd arnaf eisiau dweud y newydd da wrtho a'i wahodd i ddod hefo ni i'r eisteddfod ond, ar yr un pryd, ofnwn na fedrai gelu ei lawenydd ac y byddai'n sbladdro hyd y wlad. Un felly oedd o, un diniwed o ymddiriedus mewn pobl ac ni chroesai ei feddwl y gallasai'r rheiny ddweud wrth eraill nes byddai'r stori'n dew ym Mhenrhyndeudraeth ddyddiau lawer cyn yr eisteddfod. Felly, ar ôl cryn drafod ar yr aelwyd, penderfynwyd cadw'r gyfrinach rhagddo ac roedd gen i le i amau fy mod wedi'i frifo trwy wneud hynny.

James Arnold Jones, Borth-y-gest ar y pryd, oedd yn beirniadu y flwyddyn honno ac ef, fel y deellais wedyn, oedd yr enillydd yn eisteddfod gyntaf y gyfres yn 1928. Bu ei feirniadaeth garedig yn hwb mawr imi.

Cadair heb freichiau, cadair wrth fwrdd, yw'r gadair gyntaf honno ac arni hi yr eisteddaf yn sgrifennu'r geiriau hyn. Pan ddyrchafaf fy llygaid i'r pared gyferbyn gwelaf luniau Bob Lloyd ac Ifan Gist-faen yn edrych arnaf fel pe'n bwrw llinyn mesur dros bob gair.

10

Prin fod enw dlysach ar unrhyw gapel yng Nghymru na'r capel
bychan yr arferwn fynd iddo bechodau lawer yn ôl.
Rhydywernen. Nid rhyw enw dŵad fel Rama neu Rehoboth
ond enw'r ffermdy y codwyd y capel ar ei fuarth. Ym mhen
gorllewinol Cwm Main, 'y cwm cul fel cam ceiliog' sy'n
gorwedd rhwng Maerdy a Chefnddwysarn, y mae
Rhydywernen. Dyma hen ardal Nantleidiog, un o
gadarnleoedd y Crynwyr gynt ac, yn unol â'r patrwm ym
Meirionnydd, fe ddaeth wedyn yn un o gadarnleoedd yr
Annibynwyr. Yn ei lyfr *Cwm Eithin* cyfeiria Hugh Evans at
Gwm Main fel 'Cwm Annibynia am mai'r Annibynwyr piau
fo. Ni feiddiodd yr un enwad arall erioed roddi ei draed i lawr
yno . . . Dywedir y byddai'r hen wragedd a arferai hel eu bwyd
yn ei alw ef yn Gwm Dwy Dorth, oherwydd wrth fyned i fyny
un ochr, a dyfod yn ôl yr ochr arall, a galw ym mhob tyddyn,
ni fyddai ganddynt yn y cwd blawd ond digon i wneuthur dwy
dorth geirch.' Ie, Cwm Main ym mhob ystyr.

Dywed R. T. Jenkins yn *Hanes Cynulleidfa Hen Gapel
Llanuwchllyn*: 'Yma [Rhydywernen] cafwyd ewyllysiwr da i'r
achos, rhyw Hugh Jones; cododd ef dŷ cwrdd i'r Annibynwyr,
ar ei dyddyn ef ei hun, serch nad oedd ef yn aelod Ymneilltuol.
Hwn, y mae'n od cofio heddiw, oedd yr unig dŷ cwrdd
Annibynnol rhwng y Bala a Wrecsam am gryn amser, ac am
unwaith, y mae'r flwyddyn y codwyd ef yn wybyddus inni, sef
1775.'

Cyn hynny, arferai Hugh Jones, Rhydywernen roi benthyg

ei dŷ mawn ar gyfer cynnal gwasanaethau, ac felly, rhyw dyfu'n naturiol o'i ddaear ei hun fu hanes yr achos yn Rhydywernen, a hyd yn oed o fewn fy nghof i roedd yno adflas o symlrwydd cynnes cyfeillach y Crynwyr. Yn wir, awyrgylch aelwyd yn hytrach na chapel oedd yno ac roedd y ffaith bod y rhan fwyaf o'r selogion yn perthyn i'w gilydd yn cryfhau'r teimlad cartrefol hwnnw. Ar y mur rhyngom a'r fynwent roedd tabled i goffáu un o'n hynafiaid, sef y Parchedig John Griffiths, Cablyd a 'Anwyd Tachwedd 1805' ac a 'Ail Anwyd yn 1825.' Ie, geiriau a achosai gryn benbleth i mi yn blentyn. Druan o'i fam, meddyliwn. Ar waelod y dabled roedd dyfyniad o Epistol Paul at yr Hebreaid, sef 'Meddyliwch am eich blaenoriaid,' ac felly, dyma fi'n gwneud.

Ychydig iawn o gof sydd gen i am Dewyrth John, Ty'n Ffridd, brawd Nain Siop, yn y sêt fawr oherwydd bu'n rhaid torri un o'i goesau i ffwrdd o achos cig marw pan oeddwn i'n rhyw wyth oed. Felly, yn gaeth i'w gadair olwyn a'i wely y cofiaf ef yn bennaf. Fel ei daid, yr un a ailanwyd, John Griffiths oedd ei enw yntau. Nid ffermwr ydoedd wrth ei anian ond oherwydd ei fod wedi colli ei dad pan oedd yn ddeg oed bu'n rhaid iddo aberthu ei uchelgais i fod yn yrrwr trên a bwrw iddi i gynorthwyo'i fam i dendio'r fferm a chynnal pedair o chwiorydd iau. Na, dyn peiriannau oedd Dewyrth John ac ef oedd y cyntaf yn yr ardal i gael car ac, er fy mod yn siarad o'm twrn, mae'n bur debyg mai ef hefyd oedd y cyntaf i gael tractor. Fel y dywedodd Bob Lloyd yn ei ysgrif goffa iddo, 'Os methai ef â chael car i fynd, gobaith gwael oedd i'w olynydd'. Pa ryfedd fod Iwan, ei ŵyr, sy'n ffermio Ty'n Ffridd heddiw, yn gwybod cyfrinach pob peiriant er pan oedd yn ddim o beth? Roedd Ty'n Ffridd yn gwerthu llaeth ac ar foreau Sadwrn ac yn ystod gwyliau ysgol, Iwan, ar ei draed, oedd yn gorfod helcud llond crât o boteli i lawr i'r pentref. Ond, angen yw mam pob dyfais, meddai'r ddihareb, ac un bore daeth Iws i lawr yn ffogieth beic bach a seicar. Oedd, roedd wedi llwyddo i osod seicar o'i wneuthuriad ei hun wrth ystlys ei feic er mwyn hwyluso'r gwaith. Synnwn i damed nad oedd John Griffiths yn gwenu ym Mharadwys.

Blaenor arall y mae'n rhaid ei grybwyll oedd John Pryce Jones, Rhydywernen, neu John Preis, fel y cyfeiriem ato. Y fo oedd yr un a aeth i'r gwely anghywir yn y Parc. Yr oedd yn briod â Dodo Jin, chwaer Nain Siop, ac felly yn frawd yng nghyfraith i John Griffiths. Ond, os dyn peiriannau oedd hwnnw, dyn ceffyl a phladur, trol a char llusg oedd John Preis. Yn wir, roedd yn casáu peiriannau â chas perffaith ac ni châi tractor ddod ar gyfyl Rhydywernen. O na, troi a chynaeafu yn yr hen ddull, hyd yn oed os golygai hynny golli'r cynhaeaf. Ac eto, fe lwyddai i ddod i ben â hi'n hamddenol braf er bod Rhydywernen ar ôl pawb yn amlach na pheidio. Doedd heddiw ac yfory'n golygu dim ond roedd ddoe'n bopeth iddo.

Dyn cyhyrog, trwm ei gerddediad oedd John Preis, hynafgwr a gariai ei grefydd yn ysgafn ond yn ystyriol. Roedd gen i feddwl y byd ohono am sawl rheswm. Yn un peth, roedd yn gwmni diddan a doniol. Pan oeddwn yn y coleg anfonodd lythyr ataf, ac meddai, 'Meddwl llawer iawn amdanat, coelia fi. Mae'r lle wedi mynd, does yma ond tyrchod daear yn aros. Dwyf fi ddim yn meddwl y buasai'r Brenin Mawr wedi ei greu o gwbwl dim ond yn hytrach na'i adael yn dwll.' Roedd John Preis yn apelio ataf hefyd am ei fod yn fymryn o fachgen drwg yn y cysegr. Er ei fod yn flaenor, nid âi ar gyfyl y sêt fawr oddigerth i gymryd rhan mewn cwrdd gweddi. Na, eisteddai bob amser yn y sedd gefn wrth ymyl y drws ac roedd ganddo lond safn o reswm dros wneud hynny. Roedd yr hen greadur yn cnoi baco a'r felin yn malu'n brysur trwy gydol pob oedfa. O barch i'r sêt fawr, y pulpud a phwy bynnag a'i llenwai, roedd John Preis yn dewis eistedd yn sêt y pechaduriaid ac, wrth gwrs, roedd y weddi yn gyfle i wagu ac ail-lwytho. Roedd pawb yn deall a phawb yn derbyn gan mai John Preis ydoedd a'i fod, yn rhinwedd ei oedran fel henadur y bobl, yn haeddu'r hawl i fwynhau un o'i bleserau bydol hyd yn oed yn Nhŷ'r Arglwydd.

Dafydd Thomas, Llawr-y-cwm wedyn — Dei Foty i bawb ond postmyn Corwen. Roedd y Foty ymhell, bell yn y mynydd rhwng Cwm Main a Thŷ Nant ac yno y bu Dei a Bessie ei briod yn bustachu byw cyn ffeirio'r mynydd am lawr gwlad ar ôl i'r hen John Richards symud o Lawr-y-cwm i'r fynwent yn Rhydywernen. Dyn rhyfeddol oedd John Richards, athrylith o hen lanc a fedrai saith o ieithoedd ac yn ystod y rhyfel, arferai rhai carcharorion o'r Almaen a'r Eidal fynd ato i gael sgwrs yn eu mamiaith. Un bychan, eiddil, digon salw'r olwg ydoedd, nid annhebyg i Iolo Morganwg, neu o leiaf, nid annhebyg i bortread Ap Caledfryn o'r pero hwnnw. Yn ei flynyddoedd olaf aeth yn hollol ddall ond mynnai ddal ati i ryw lun o dendio Llawr-y-cwm dan gredu'n ddiffuant y byddai'r gwartheg yn siŵr o'i godi pe digwyddai faglu.

Un hollol wahanol, clamp o ddyn trwm ei gorffolaeth oedd Dei Foty ond, yn y sêt fawr, dyn fymryn yn ysgafnach na'i gyd-flaenoriaid. Roedd yn un o'r dynion mwyaf hoffus ar wyneb daear ac er na fu diod gadarn dros ei wefus erioed roedd yn f'atgoffa o ryw sgweier bochgoch, porthiannus wrth fwrdd y wledd. Mae'n debyg nad oedd yn ddyn cyhoeddus wrth natur, a doedd y daten boeth yn ei geg ddim yn gaffaeliad iddo ond, waeth befo, go brin fod neb erioed wedi mwynhau'r anrhydedd o fod yn flaenor i'r un graddau â Dei. Pan âi ar ei liniau mewn cwrdd gweddi fy nifyrrwch plentynnaidd i oedd cyfri sawl gwaith y dywedai 'O, Dad Nefol'.

Er ei fod wedi symud i Lawr-y-cwm roedd yn dal ei afael ar y Foty ac yn mynd i fyny yno'n feunyddiol. Un diwrnod yn nechrau'r chwedegau sylwodd fod dieithryn yn y sied wair a'i fod, yn amlwg, wedi cysgu dros nos yno. Pan aeth Dei ato, gofynnodd y dyn, yn Saesneg, a oedd ganddo wrthwynebiad iddo aros yno am rai nosweithiau ymhellach. Na, doedd dim gwrthwynebiad ar yr amod na fyddai'n cynnau tân. Popeth yn dda. Mewn gwirionedd, bu yno am bron i dair wythnos ac yna, un bore, roedd wedi hel ei bac a mynd ond nid heb adael llythyr hynod o gwrtais yn diolch i Dei am ei garedigrwydd. Ymhen rhai misoedd wedyn daeth y newydd fod yr heddwas Arthur Rowlands wedi cael ei saethu a'i ddallu ger Pont-ar-Ddyfi, a'r heddlu wedi restio gŵr o'r enw Robert Boynton. Roedd Dei'n amau bod yr enw hwnnw yn canu cloch ac fe aeth i chwilio am y llythyr a gawsai yn y Foty. Ie, Robert Boynton. Rwy'n deall ei fod wedi marw bellach ac mae Dei hefyd yng nghwmni ei Dad Nefol ers llawer blwyddyn.

Blaenor arall yn y cyfnod hwnnw oedd John William Griffiths, Ty'n Ffridd, un y cyfeiriais ato sawl tro eisoes. Ef hefyd oedd yn codi'r canu ac er nad oedd gen i yr un nodyn o ran ynddo byddai canu afieithus bob amser yn Rhydywernen. Ac efallai mai 'afieithus' yw'r gair gorau i ddisgrifio John William hefyd; cymeriad hwyliog, direidus ac yn chwerthwr heb ei ail serch iddo gael ambell gnoc go egr yn ystod ei fywyd. Roedd ef a minnau'n dipyn o fêts.

Fel ei dad o'i flaen, Rhyddfrydwr rhonc oedd John William ar un adeg, a chofiaf fy nhad yn dweud fel y byddai'n dod draw i'r Siop yn achlysurol i godi dadl — ac eithrio canu doedd dim yn well ganddo na dadl danbaid — ond, o dipyn i beth, fe âi'r ymweliadau hynny'n amlach. Ymhen tipyn, fe synhwyrodd fy nhad nad dod i ddadlau ag o yr oedd John William mewn gwirionedd ond dod i ddadlau â fo'i hunan, dadlau â'r fagwraeth Ryddfrydol-frwd a gawsai ym mro Tom Ellis. 'Mewn blys mynd trwy, ac ofn . . .' oedd ei gyfyng-gyngor yn y cyfnod hwnnw. Pan gymerodd y cam a chroesi at y Blaid fe ddaeth yn Bleidiwr ac yn genedlaetholwr yr un mor danbaid ag y bu o Ryddfrydwr cynt, er nad oedd ronyn o amheuaeth ynghylch ei wladgarwch bryd hynny chwaith.

Yng nghegin Ty'n Ffridd cawn fodd i fyw wrth weld John William yn dadlau ac yn dyrnu'r bwrdd nes byddai'r llestri'n neidio fel llyffantod. A hyd yn oed pan fyddai'n cytuno â safbwynt rhywun arall fe gâi'r bwrdd a'r llestri yr un driniaeth ddaeargrynfaol. Yna, wedi'r cynnwrf a'r cyffro, fe fyddai'n siglo chwerthin am ben ei frwdfrydedd eithafol ei hun. Erbyn hyn mae Iwan ei fab yn eistedd yng nghornel y sêt fawr lle bu ei gyndadau am ganrif a hanner o'i flaen.

Am ragor na thraean o'r can mlynedd a hanner hynny fe fu cysgod un gŵr neilltuol yn drwm ar yr achos yn Rhydwernen a'r ddwy chwaer-eglwys, Soar a Bethel. Y gŵr hwnnw oedd y Parchedig Henry Gwion Jones, hen lanc byrgoes, bolgrwn o waelodion Sir Aberteifi a fu'n weinidog yn y cylch am ddeugain mlynedd, o 1898 hyd ei ymddeoliad yn 1938. Ond hyd yn oed ar ôl ymddeol arhosodd yn ei fro fabwysiedig a thrigo yn nhŷ'r gweinidog, Arberth, Bethel lle gofalid amdano gan 'y ledi fach', chwedl yntau wrth gyfeirio at Miss Jones yr howsgiper. Roedd gan bawb barch mawr i Gwion er gwaetha'r ffaith y gallai fod braidd yn bigog. Ei ddull ef o fynegi anghymeradwyaeth neu ddiflastod oedd dweud 'Pw-pw' gan ddyblu a threblu'r 'Pw-pw' yn ôl graddau'r diflastod. Dyna ichi'r tro hwnnw ar lwyfan eisteddfod pan ddywedodd braidd yn rhy hyglyw, 'Pw-pw, pw-pw, dyma sioe!' Dro arall roedd wedi galw yn Nhy'n Ffridd fel y gwnâi'n aml am ei fod ef a

Dewyrth John yn dipyn o lawiau. Y noson honno, fel yr oedd Gwion yn troi am adref, roedd Dodo Crei a Defi Henry ei darpar ŵr yn llapswchian yng ngheg yr hofel ac fe'u clywsant yn croesi'r buarth dan wfftio'r fwydlen, 'Pw-pw, brechdan jam, brechdan jam, pw-pw!'

Roedd pawb yn derbyn fod rhyw fymryn o ogwydd yn ei echel ond does dim dwywaith nad oedd yn ŵr galluog dros ben, ac felly, naturiol oedd iddo ef a John Richards, Llawr-y-cwm ymwneud llawer â'i gilydd. Tystiai Gwion ei bod yn fraint iddo gael adnabod 'Joni Cwm' ac roedd ganddo hanesyn i brofi mor uchel oedd hwnnw yn ei olwg. Ac yntau'n weinidog ifanc, derbyniodd wahoddiad i bregethu ar ryw achlysur tra phwysig yng Nghapel Mawr y Tymbl, a hwnnw dan ei sang. Dyna lle'r oedd yn craffu ar y gynulleidfa ac yn dychmygu gweld pob math o academwyr a dysgedigion yn eiddgar ddisgwyl clywed pa ddoethineb oedd gan y crwt hwn ar eu cyfer. Roedd Gwion druan yn difaru iddo dderbyn y cyhoeddiad. Wedi'r cwbl, nid Rhydywernen oedd Capel Mawr y Tymbl. Yna meddyliodd am Joni Cwm ac os medrai bregethu i'r gŵr rhyfeddol hwnnw yng Nghwm Main, medrai bregethu i'r rhain yng Nghapel Mawr y Tymbl. Na, doedd yno neb a fedrai ddal cannwyll i Joni Cwm, a'r noson honno aeth y crwt-bregethwr rhagddo i'w ddysgu 'fel un ag awdurdod ganddo'.

Gŵr cynnil ei eiriau nes ymylu ar fod yn siort oedd Gwion ond yn aml iawn byddai môr o ystyr y tu ôl i'r ychydig eiriau hynny. Cofiaf fy nhad yn sôn amdano'i hun yn mynd ag ef yn y car i Aberystwyth ar ryw berwyl. Y noson cynt roedd wedi gwneud storm enbyd ac roedd amryw o goed wedi eu dymchwel hyd y wlad. 'Mae 'ne lawer o goed ar lawr, Mr Jones,' meddai 'Nhad, ac meddai yntau yn swta, ddamhegol, 'Mae mwy ar eu traed, bachan'.

Er pan oeddwn i'n eithaf ifanc roeddwn i'n mwynhau gwrando pregethau; mwynhau huodledd ysgubol ambell un, edmygu saernïaeth gelfydd un arall, a hyd yn oed, ie hyd yn oed yn cael rhyw bleser masochistaidd wrth wrando pregeth druenus o sâl am y rheswm syml fod diffyg dawn y pregethwr neu ryw odrwydd anffodus yn ei leferydd neu ei lais yn ddigon i gynnal fy niddordeb am ugain munud o'm hoes. Ond, o ran difyrrwch pur, doedd neb tebyg i'r hen J.C., sef y Parchedig

J. C. Jones, Rhyd-y-main. Roedd ef a Gwion yn ffrindiau mawr er eu bod mor annhebyg ag y gallai dau gyfaill fod. Eu diffyg taldra oedd yr unig debygrwydd amlwg rhyngddynt ond tra oedd Gwion yn llond ei groen roedd J.C. yn wydn ac esgyrnog. Yn breifat, roedd gan Gwion gryn dipyn o hiwmor ond yn gyhoeddus ymddangosai'n greadur sychlyd braidd. Nid felly J.C. Yn y pulpud, ar aelwyd neu stryd roedd ef bob amser yn fwrlwm o ddigrifwch a ffraethineb.

Serch eu bod mor wahanol, yr unig beth a beryglai eu cyfeillgarwch oedd baco. Roedd J.C. yn smygwr o argyhoeddiad ond ffieiddiai Gwion yr arferiad gyda'r un argyhoeddiad eithafol. Byddai J.C. yn hoff iawn o adrodd ei hanes yn curo ar ddrws Arberth a Gwion yn agor gan ddweud yn groesawus, 'Dere miwn, bachan'.

'Dim ond ar un amod,' meddai J.C.

'Pa amod yw honno?'

'Fy mod i'n cael smocio.'

'O wel,' meddai Gwion ar ôl petruso mymryn, 'os oes raid iti bechu, PECHA!'

Roedd J.C. yn gwbl wahanol i bob pregethwr arall a glywais i erioed. Mae'n wir nad oedd yn bregethwr mawr ac mae'n wir y gallasai ddod i ben â'i neges mewn deng munud oni bai am ei hoffter o ailadrodd brawddegau, yn enwedig llinellau clo ei straeon. Un o'r straeon hynny oedd yr un amdano'i hun ar y môr yn ystod y Rhyfel Mawr. Roedd ar ei fordaith gyntaf ac wedi cael cyngor i fwyta hynny a fedrai o orennau i'w arbed rhag salwch môr ond, orennau neu beidio, roedd yn sâl swp ac yn chwydu'r cargo dros erchwyn y llong. Daeth y Capten heibio a gofyn: *'What's up with you, Jones?'* ac yntau'n ateb, *'It's all up, sir.'* Duw a ŵyr beth oedd a wnelo'r stori honno â'r bregeth ond fe'i cofiaf yn ei dweud lawer tro ym mhulpud Rhydywernen.

Stori arall a glywais ganddo fwy nag unwaith oedd yr un amdano'n cerdded i'r capel yn Ninas Mawddwy pan oedd yn weinidog yno. Roedd hi'n fore Sul braf ac wrth fynd heibio i ardd rhyw dŷ sylwodd fod y perchennog yn plannu tatws. Gofynnodd hwnnw, gyda pheth euogrwydd, 'Ydech chi'n meddwl y tyfan nhw, Mr Jones?' a'r ateb a gafodd oedd, 'Mi dyfan *nhw* ond thyfi *di* ddim!'

Roedd ganddo rigwm Saesneg, sef rhyw fath o gyfarwyddyd i bregethwyr, ac o bryd i'w gilydd fe'i hadroddai ar ganol pregeth:

'Begin low,
Proceed slow,
Rise higher,
Strike fire,
Sit down in the storm!'

Oedd, roedd J.C. yn gymeriad a hanner ac ni cheisiai fod yn neb na dim ond ef ei hunan. Doedd yr un owns o rodres yn ei ymarweddiad mewn pulpud rhagor unman arall. Ar ôl dweud un o'i lu ffraethebau byddai'n siglo chwerthin, yn trawo'i wefus isaf â'i law gan roi rhyw gnec o besychiad cyn ailadrodd yr ergyd.

O bryd i'w gilydd byddai'n cysgu yn Nhy'n Ffridd ac er i'r seiat barhau tan berfeddion nos fe godai J.C. hefo'r wawr drannoeth, sefyll ar ben y staer a gweiddi dros y tŷ, 'Codwch, y diawled!' Yna byddai'n ychwanegu,

'Mae'r gwartheg fry yn entrych nen
A'r haul ar ei din yn y domen!'

Un arall y byddwn i'n mwynhau ei glywed yn pregethu oedd yr hen 'Gomiwnydd miniog,' chwedl Williams Parry, sef yr annwyl T. E. Nicholas neu Niclas y Glais. Byddai'n dod yn 'y donci bach' i bregethu'n eithaf rheolaidd yn y cylch ac yn dod atom i'r Siop rhwng oedfaon. Yn wir, fe alwai heibio ar ambell brynhawn Sadwrn os byddai'r Sarnau ar ei lwybr i'w gyhoeddiad drannoeth.

Roedd Niclas yn apelio ataf fi am sawl rheswm. Yn un peth, roedd mor wahanol ei olwg i bob pregethwr arall. Rwy'n cofio'r tro cyntaf y gwelais ef, a hynny ar brynhawn Sul o haf yn Rhydywernen. Cerddodd i mewn i'r capel, yn llewys ei grys, heb dei am ei wddw, ei gap dan ei gesail a dim ond sandalau am ei draed noeth. Synhwyrwn yn syth fod hwn yn greadur go anghyffredin ac ni allwn beidio â sylwi maes o law fod ganddo neges wahanol i'r rhelyw. Tra soniai'r lleill yn felys, felys am Deyrnas Nefoedd, roedd hwn yn ei dweud hi'n hallt am y Deyrnas Unedig ac Ymerodraeth Prydain Fawr. Tra oedd y lleill yn sôn am ryw 'Ganaan fry' roedd hwn yn sôn am Cenia, a thra sonient hwy am delynau'n crogi ar yr helyg fe soniai ef am y blacs yn crogi ar y coed. Na, doedd o ddim yn syndod i mi fod hwn wedi bod yng ngharchar.

Roedd Niclas hefyd yn fardd ac, wrth gwrs, roedd hynny'n bluen ychwanegol iddo yn fy ngolwg i. Ar y pryd, doedd gen i ddim digon o grebwyll beirniadol i sylweddoli ei fod yn tueddu i ystyried y mater yn bwysicach na'r modd ond, waeth ichi befo, ni ellir diystyru dwyster deifiol ei gerddi gorau. Bu'n garedig iawn wrthyf fi ac ni choeliaf iddo alw acw erioed heb ddod â llyfr neu ddau o'i lyfrgell helaeth yn anrheg imi. Byddai hefyd yn ymddiddori'n fawr yn fy ymdrechion barddol ac yn fy nghymell i'w hanfon ato. Mae ei lythyrau gen i hyd heddiw wedi eu cadw'n ofalus ymhlith fy nhrysorau pennaf. Mi wn ei bod yn anodd i mi fod yn gwbl ddiduedd ond rwy'n credu na chafodd yr hen Gomiwnydd annwyl mo'i lawn haeddiant gan y Gymru lenyddol er bod Thomas Parry wedi gweld yn dda i gynnwys un o'i sonedau ym *Mlodeugerdd Rhydychen,* sef yr un 'I Aderyn y To', soned a sgrifennodd yn y carchar. 'Cymer y bara,' meddai wrth y mwyaf gwerinol o'r adar . . . 'Offrwm o galon nad oes arni glo.' Ac yn fy mhrofiad i, calon felly'n union oedd calon Niclas y Glais.

Rywdro tua chanol y pumdegau ymunodd Soar, Bethel a Rhydywernen â Chorwen a Thre'r-ddôl i alw gweinidog ac fe sefydlwyd y diweddar Owen Emlyn Jones, brodor o Foelfre, Môn. Heb os, dyna un o'r pregethwyr gorau a glywais i erioed, nid yn unig o ran cynnwys ei bregethau ond o ran dawn traddodi hefyd. Roedd yn bictiwr o ddyn yn y pulpud, yn pregethu gyda rhyw arddeliad anghyffredin, a phob pregeth wedi'i gweithio'n gelfydd, glòs. Roeddwn i'n edmygydd mawr o'r dyn hwnnw, a phan ddechreuodd gynnal seiat ar noson waith mi fyddwn i'n cerdded yno dros y caeau ac yn mwynhau'r trin a'r trafod. Yn wir, mae gen i ryw syniad yn fy mhen hyd heddiw fod Emlyn Jones yn gobeithio'n ddistaw bach yr awn i'r weinidogaeth ond doedd dim peryg i hynny ddigwydd. Mae'n wir bod Geraint fy mrawd wedi rhoi'i fryd ar y 'barchus, arswydus swydd' am gyfnod, ond wedyn, fel y soniais eisoes, roedd o wedi cael trochfa yn nŵr yr Iorddonen.

Soniais am gerdded dros y caeau i'r capel. Wel, roedd

gennym ddewis, sef un ai mynd yn y car ar hyd Ffordd y Gro o Gefnddwysarn — rhyw dair milltir o daith mewn cylch — neu ynteu ddilyn y llwybr ar draws caeau Ty'n Ffridd, Bryniau Gwynion a Rhydywernen, sef rhyw filltir go lew o gerdded. Dim ond ar dywydd mawr neu nosweithiau tywyllaf y gaeaf yr aem yn y car ac eithrio, wrth gwrs, ambell fore Sul pan fyddai mwy o frys nag arfer. Rwy'n cofio un bore Sul felly, a ninnau'n dynesu at y Drofa Goch wrth odre Moel Crynierth. Cafodd fy nhad gip ar gorun rhywun yn dod i'n cyfarfod ar gefn beic bach ac fe stopiodd y car. Ar hynny, daeth Ieu Ty'n Coed fel cath i gythrel rownd y tro, a chan nad oedd ganddo lwchyn o frêc doedd dim amdani ond gwrthdrawiad. Glaniodd Ieu ar fonet y car â'i drwyn yn erbyn y ffenest, a'r cyfan a ddywedodd, dan wenu a chodi'i gap, oedd 'Bore da!'

Ond, fel yr awgrymais, ar draws y caeau yr aem gan amlaf. Cerdded i fyny'r allt o'r pentref, mynd dros y gamfa i Ffridd Goch, canlyn y llwybr cul nes cyrraedd croesffordd Rhydelis a Chablyd, mynd drwy'r llidiard a'n hwynebai a dilyn y ffordd galed i fuarth Bryniau Gwynion ac i lawr dros Faelor Ddu, croesi'r nant a chyrraedd y gwastad a arweiniai at y *V-gate* lle byddem wedyn o fewn dau led cae i'r buarth a'r capel yn Rhydywernen.

John Rowlands (Penrallt gynt), ei briod ac Edward y mab oedd yn byw ym Mryniau Gwynion, neu'r Bryniau fel y'i galwem. Cymeriadau nobl os bu rhai erioed. Rwy'n cofio John Rowlands yn dawnsio step y glocsen ac Edward yn cyfeilio iddo gyda'i organ geg. John Rowlands oedd yr unig un yn y cylch a fedrai'r gamp honno. Er na thywyllai'r capel ers blynyddoedd lawer, gofalai'n ddi-ffael fod y buarth wedi'i sgubo'n lân ar gyfer y pererinion.

Ond Mrs Rowlands a'm swynai i. Fel rhyw gyw-arlunydd, roedd gen i ddiddordeb mewn wynebau ac roedd gan yr hen wreigan fechan hon un o'r wynebau mwyaf diddorol a welais i erioed. Er ei bod mewn oedran teg bryd hynny roedd ei gwallt cyn dlued â'i gwisg ac wedi'i dynnu'n gocyn ar ei gwar. Ond yr wyneb . . . wel, roedd popeth yn yr wyneb hwnnw. Fel rhisgl hen bren, roedd traul y tymhorau ynddo; wyneb wedi'i wydnu gan yr elfennau, ac eto, wyneb a amlygai ryw nodd mewnol, rhyw anwyldeb, direidi a swildod, nes bod wyneb geneth yn brigo drwy wedd hen wreigan. Wrth edrych yn ôl heddiw, gallaf ddychmygu ei gweld, nid ar riniog Bryniau Gwynion, ond yn nrws rhyw fwthyn gwyngalchog ar un o ynysoedd Gwlad Groeg. Ond wyddai hi ddim oll am ryw lefydd felly. Y Berwyn oedd gorwel ei byd hi, ac unwaith yn unig y croesodd hwnnw, sef y tro yr aeth fy nhad â hi a'i phriod yn y car dros Derfyn-y-ddwysir i olwg Sir Drefaldwyn. Roedd y ddau wedi byw pob dydd o'u bywyd priodasol yng ngolwg y Berwyn heb unwaith ei groesi. Heddiw, pan glywaf bobl yn sôn yn ddidaro am bicio dros yr Alpau a rhyw fân fynyddoedd felly, meddyliaf am y ddau annwyl hyn yn croesi'r Berwyn am yr unig dro yn eu hanes. Rhaid bod honno'n dipyn o daith.

Tipyn o daith hefyd oedd yr un y bu'n rhaid i mi ei hwynebu un diwrnod pan oeddwn rywle tua deg oed. Daeth galwad ffôn i'r Siop i ddweud bod perthynas i deulu Bryniau — Mrs Williams, Brynpader — wedi marw. Am na allai Mam adael ei Phost, gofynnodd i mi fynd â'r neges draw. Cychwynnais ar wib ond erbyn cyrraedd camfa Tŷ Hen roeddwn wedi arafu'n sylweddol, nid yn gymaint o ddiffyg gwynt ond o ddiffyg geiriau. Beth ar y ddaear oeddwn i'n mynd i'w ddweud? Wedi'r cwbl, nid mynd yno i ddweud bod Mrs Williams, Brynpader yn cofio atyn nhw roeddwn i ond mynd i ddweud ei bod hi wedi marw. 'Wedi marw.' Roedd hynny'n swnio'n oeraidd o galed. Rhaid bod rhyw ffordd fwy telynegol-garedig o dorri'r garw. Clywswn sôn am bobl yn 'ymadael â'r fuchedd hon' ond iaith capel oedd peth felly, nid iaith carreg drws. Yn sicr, nid iaith plentyn. A minnau bellach led cae o'r buarth, roeddwn mewn gwewyr meddwl dychrynllyd ac yn melltithio Mam am beidio â rhoi'r neges ar bapur fel y gallwn ei drosglwyddo heb wybod, neu o leiaf heb gymryd arnaf fy mod yn gwybod, beth oedd ei gynnwys. Y funud nesaf roeddwn ar y rhiniog wyneb yn wyneb â Mrs Rowlands. Duw a ŵyr o ble y daeth fy nghymorth, ond fe'm clywais fy hun yn dweud yn bwyllog, 'Mae Mam wedi 'ngyrru fi draw i ddeud fod Mrs Williams, Brynpader wedi'n gadel ni.' Er mawr ryddhad imi, roedd cysgod gwên ar wyneb Mrs Rowlands. Mae hi a'i phriod, yn ogystal ag Edward y mab, wedi'n 'gadel ni' ers llawer blwyddyn bellach ond mae'n dda gen i ddweud fod Jane y ferch, sy'n briod â Dafydd Tyddyn Tyfod, yn fyw ac yn iach ac wedi etifeddu'r anwyldeb bonheddig a nodweddai ei rhieni. Yn y prynhawniau roedd gennym Ysgol Sul yn Rhydywernen. Pedwar dosbarth oedd yno, sef y plant lleiaf (babanod yn y ffydd), plant canolig (oedran cynradd), plant hŷn (oedran uwchradd) a'r bobl mewn oed. Mam oedd athrawes y plant lleiaf ac mae gen i ryw frith gof amdanaf fy hun dan ei gofal. Stori a llun oedd y patrwm arferol, fel ym mhobman arall decini. Yncl Ifor, gŵr Dodo Megan, merch John Preis a Dodo Jin, a ofalai am y dosbarth canolig, a 'Nhad gyda'r plant hŷn.

Arferai fy nhad fynd â'i ddosbarth ar drip blynyddol yn y car ac mi fûm innau hefo nhw ryw unwaith neu ddwy. Rwy'n cofio un o'r tripiau hynny am reswm cwbl ansabothol. Roeddem wedi croesi'r Berwyn, wedi sefyll yn sobreiddiol wrth fedd Ann Griffiths, yn ôl y sôn, ac erbyn hyn roeddem yng nghyffiniau'r Trallwng. Fel yr aem heibio i arwyddbost Llanymynech, dywedodd fy nhad heb ddisgwyl unrhyw ymateb, am wn i, 'Lle annymunol yw Llanymynech'. Ar hynny, cafodd Iwan Ty'n Ffridd dwtsh o rywbeth nid annhebyg i'r clwy cynganeddol, ac meddai, ar amrantiad, 'Lle iawn i ollwng rhech'. Wel sôn am chwerthin! Dyna'r unig gof gwirioneddol sydd gen i am y trip bythgofiadwy hwnnw.

Ymhen rhyw flwyddyn neu ddwy ar ôl i mi ymuno â dosbarth fy nhad fe roddodd ef y gorau i fod yn athro ac fe ddaeth Gwynfryn Edwards — Gwynfryn Sgubor Fawr — i gymryd ei le. Gweithio i'r Comisiwn Coedwigaeth yr oedd Gwynfryn ac er nad oedd yn un o'r rhai amlycaf ym mywyd cyhoeddus y cylch yr oedd yn beniog ac yn athro Ysgol Sul rhagorol. Yn sosialydd o'r iawn ryw, ymddiddorai'n fawr mewn materion cyfoes ac roedd ei sosialaeth a'i grefydd yn efeilliaid annatod. Mi gefais lawer o bleser a budd yn ei ddosbarth.

Gan fy mod newydd grybwyll Gwynfryn, efallai y maddeuwch un stori rhwng cromfachau fel petai, stori nad oes a wnelo hi ddim oll ag Ysgol Sul na chapel. Yn Rhyduchaf y bu gwasanaeth priodas Gwynfryn a'i briod ac roedd y neithior yn yr ysgol leol. Y noson cynt roedd gwragedd yr ardal wedi bod yn cario bwyd ac wedi hulio'r byrddau mewn da bryd. Ond, yn ystod y nos, aeth rhai o lanciau'r fro i mewn i'r ysgol a chael eu gwala a'u gweddill o'r wledd briodas, gan gynnwys y gacen. Roedd hwn yn fater i'r heddlu ac fe ddaeth sarjiant o'r Bala i wneud ymholiadau yn Rhyduchaf a Maes-y-waun. Un o'r llefydd cyntaf iddo fynd iddynt oedd fferm Ceunant Isaf lle digwyddai'r mab fod wrthi'n ffensio'n brysur. Daeth y sarjiant o'r tu ôl iddo ac fe gododd bolyn ffens oddi ar lawr gan ei ddal uwch ei ben fel pe bai ar fin hollti'r troseddwr tybiedig â chleddyf. Ac meddai, gyda holl awdurdod ac urddas y Gyfraith, 'Cacha'r diawl bach, imi gael gweld oes 'ne gyrens ynddo fo!'

John William Ty'n Ffridd, tad bardd Llanymynech, oedd yng ngofal y dosbarth hynaf ac roedd yno, ar y gorau, ryw ddwsin o aelodau. Yn eu mysg roedd Yncl Dafi a oedd yn ymhel ag ysbrydegaeth ac yn credu mewn soseri hedegog a phethau ffenomenaidd o'r fath. Waeth beth fyddai'r pwnc dan sylw fe lwyddai Dafi'n ddi-ffael i lusgo'r pethau arallfydol hyn i mewn i'r drafodaeth. Ar ôl iddo orffen dweud ei ddweud, yr unig sylw a wnâi John William oedd, 'Felly mae'i dallt hi,' a mynd ymlaen fel pe na bai Dafi wedi agor ei geg. Roedd hon yn gêm wythnosol gan Dafi.

Ychydig seddau oddi wrth y dosbarth hynaf roedd Yncl Ifor yn cynnal ei ddosbarth yntau. Dim ond dau oedd yn y dosbarth hwnnw, sef William a John Ifor, ei feibion ef ei hun. Un pnawn Sul disgynnodd gosteg sydyn dros ddosbarth yr oedolion a chlywsom Ifor yn gofyn cwestiwn o gryn bwysigrwydd ysgrythurol, sef 'Be ydi camel?' Dim ateb. Yna, wedi eiliadau o ddisgwyl, dyma ofyn unwaith eto, ac yn amlwg ddiamynedd y tro hwn. 'WEL, BE YDI CAMEL?' Ac meddai Wil, yr un mor uchel ei bitsh, 'Wel diaw, arhosa imi gael meddwl, wa!'

Roedd Yncl Ifor wedi colli ei fodiau. Collodd un bawd yn yr injan falu gwellt, os cofiaf yn iawn, pan oedd yn llanc ac yna, ymhen blynyddoedd, wrth lifio coed ar y buarth fe aeth y bawd arall i ddifodiant. Y canlyniad oedd fod ei ddwy law mor gymesur debyg i'w gilydd nes y gallech dyngu iddo gael ei eni'n ddifodiau. Er iddo oresgyn ei anffawd — a'i anfawd — a llwyddo i gyflawni ei orchwylion gystal, a gwell na llawer un, roedd ambell dasg fwy tringar na'i gilydd yn peri trafferth iddo. Fe fu ar un cyfnod yn arolygwr yr Ysgol Sul a phan ddôi'r adeg i ethol swyddogion ac athrawon newydd, sef ailethol yr hen rai gan amlaf, fe fyddem yn bwrw pleidlais ar bapur. Ein difyrrwch diafolaidd ni'r rhai ifanc oedd plygu'r papurau pleidleisio mor fychan ag y medrem er mwyn gweld Ifor yn bustachu i'w hagor. Mae'n debyg mai'r bwriad oedd ceisio codi ei wrychyn coch yn y sêt fawr ond ni lwyddwyd erioed i wneud hynny. Y cyfan a wnâi oedd ein hatgoffa'n garedig nad oedd ganddo fodiau, fel pe na bai hynny wedi croesi'n meddyliau ni. Rwy'n digwydd sgrifennu'r geiriau hyn ar nos Sul eithriadol o stormus. Mae'r gwynt yn hyrddio yn erbyn y ffenest a'r golau'n bygwth diffodd bob hyn a hyn. Wn i ddim a oes oedfa yn Rhydywernen heno ar y ffasiwn dywydd ond, oedfa neu ddim, mi wn fy mod i yno ac, o dipyn i beth, mae'r capel bach yn llenwi. Mae John Preis yn troi'r golau'n uwch wrth ymyl y cloc ac yn mynd i'w sedd wrth y drws i lwytho'r felin. Daw Dodo Megan i'w sedd hithau wrth yr organ fel y gwnaeth ganwaith o'r blaen. Ifor a'r meibion, William a John, y tu ôl iddi. Mae John William a 'Nhad yn y sêt fawr a dacw Dei Foty'n cyrraedd ac yn cerdded gyda chryn bwrpas i ymuno â nhw. Daw Bessie ei briod drwy'r drws arall a llithro'n swil i'w sedd. Mrs Williams Coedybedo a Wil, Dodo Banc, teulu Delfryn, plant Ty'n Ffridd, teulu Wenallt . . . mae hi'n prysur lenwi. Mae hyd yn oed Meri Wini'r Hendre'n bresennol ac, os felly, rhaid ei bod yn Sul y Gweinidog. Ac ar y gair, daw Emlyn Jones i mewn a Thudur y mab wrth ei gwt. Mae'r mwrddrwg hwnnw'n mynd ar ei union i sêt y pechaduriaid gyferbyn â John Preis. Daw'r gweinidog i lawr yr eil tua'r pulpud ac, er gwaetha'r ddrycin y tu allan, does yr un blewyn o'i le yn ei wallt na'i wisg. Os yw'r ffenestri'n sgrytian a'r gwynt yn dolefain trwy Gwm Main buan iawn y boddir pob sŵn gan orfoledd y canu a grymuster y bregeth. Bydd y muriau — a Dodo Megan — yn dagreuo yng nghynhesrwydd y gyfeillach.

Felly hefyd un mab afradlon sydd heno'n amau fod John Preis, o'r diwedd, wedi llwyddo i droi'r cloc yn ôl.

II

Ym Medi 1956 fe'm cefais fy hun ymhlith rhyw ddeugain o
fechgyn eraill yn cychwyn ein gyrfa yn hen ysgol enwog
Tydandomen neu'r *Bala Boys' Grammar School*, fel yr
adwaenid hi'n swyddogol. Ar ôl bod drwy hidlen y *Scholarship*,
y ni, decini, oedd hufen ysgolheictod Penllyn ac Edeirnion y
flwyddyn honno. Roedd yno fechgyn o Garrog a Glyndyfrdwy
yn nwyrain eithaf y dalgylch a bechgyn o Gwm Cynllwyd a
Phennantlliw yn y gorllewin. Rhwng y ddau begwn hyn roedd
bechgyn o drefi Corwen a'r Bala, bechgyn nad oeddynt cweit
o'r un cefndir diwylliannol ac, yn enwedig yn achos rhai
Corwen, bechgyn braidd yn gyndyn eu Cymraeg. Sut bynnag
am hynny, un dosbarth oeddem ni — *Form One* — un criw
yn yr un cwch a phob un yn rhwyfo yn ôl ei allu a'i nerth er
na wyddai i ble.

Yr hyn a'm trawodd fwyaf yn ystod fy nyddiau cyntaf yn
Nhytandomen oedd Seisnigrwydd y gwersi a holl weinyddiaeth
yr ysgol. Mi wn mai hen stori yw hon ac mai dyna brofiad pawb
o'm cenhedlaeth i ond fe'i nodaf unwaith eto oherwydd nad
yw'n hawdd i genhedlaeth fy mhlant i fy hun amgyffred yr
ysgytwad a olygai hynny i blentyn a oedd, i bob pwrpas, wedi
derbyn ei holl addysg gynradd drwy gyfrwng y Gymraeg. Ar
amrantiad, roedd disgwyl iddo roddi heibio pethau
bachgennaidd. Bellach, roedd ar drothwy'r byd mawr, byd lle
nad oedd y Gymraeg ond pwnc, a hyd yn oed fel pwnc, yn
llai defnyddiol na Lladin, gellid tybio. Ond dyna'r drefn ac

fe fyddai'n rhaid aros degawd neu ddau cyn y gwelid herio'r drefn ynfyd honno o ddifri.

Ac eithrio dau neu dri, Cymry Cymraeg oedd yr athrawon ac, er gwaethaf Seisnigrwydd yr addysg, yn Gymraeg y byddai'r athrawon cyfiaith yn eich cyfarch y tu allan i'r dosbarth, ac o fewn y dosbarth hefyd pan siaradent â chi'n bersonol.

Yn ystod y saith mlynedd y bûm yno bu cryn lawer o fynd a dod ymysg y staff ac ofer yw ceisio enwi pob un ohonynt. Bu newid ym mhob pwnc ac eithrio tri ond, er gwell neu er gwaeth, bu'r prifathro H. J. Pughe (Harri i ni) yn ddigyfnewid.

Tecwyn Ellis, mab Cae Crydd, Cwm Cletwr oedd yn dysgu Lladin, Cymraeg, Cerddoriaeth ac Ysgrythur, ac ef, efallai, oedd y lletaf ei ddysg ohonynt i gyd. Hawdd y gallasai droi ei law at amryw o bynciau eraill pe bai angen. Pan oeddwn i ar fy ail flwyddyn, mi dybiaf, fe'i penodwyd yn Ddirprwy Gyfarwyddwr Addysg Meirionnydd ac wedyn yn Gyfarwyddwr Addysg cyntaf yr Wynedd newydd yn 1974.

Nid anghofiaf byth mo'r nos Sul honno y daeth Tecwyn Ellis atom i'r Siop am swper ar ôl bod yn pregethu yn Rhydywernen. Gan fod fy nhad ac yntau wedi'u magu yn yr un ardal — er nad yn yr un genhedlaeth — roedd gan y ddau lawer o atgofion ar gyd fel mai naturiol oedd iddynt ddechrau sôn am hyn ac arall ym mro'u magwraeth. Roeddwn innau'n glustiau i gyd ac yn mwynhau na fu rotsiwn beth. Ond fe aeth yn horlics ulw pan soniodd fy athro Lladin am blant y fan-a'r-fan yn chwarae gwedd o geffylau gyda sêt y tŷ bach (sêt ddau dwll) am eu gyddfau. Does gen i ddim affliw o gof am bennau'r bregeth y noson honno ond rwy'n cofio'r ddeuben arall hyd heddiw.

Trefor Edwards, Llanuwchllyn (y Parc bellach) oedd ein hathro Cymraeg yn y flwyddyn gyntaf. Roedd ef, fel Tecwyn Ellis, yn un o gyn-ddisgyblion yr ysgol ac yn adnabyddus iawn fel datgeiniad a llefarwr llên. Fe'i cofiaf hyd heddiw yn darllen rhan o *Wythnos yng Nghymru Fydd*, Islwyn Ffowc Elis mewn Noson Lawen yn ystod Prifwyl Llangefni, 1957. Gan mai newydd ymddangos yr oedd y llyfr rhybuddiol hwnnw, roedd hanes y cyfarfyddiad â hen wraig y Bala yn ddieithr i'r rhan fwyaf o'r dorf yn Neuadd y Dref, Llangefni y noson honno. Gwefreiddiwyd pob copa walltog gan gyflwyniad Trefor.

James Nicholas, a ddaeth wedyn yn brifardd ac yn

archdderwydd, oedd yr athro Mathemateg, Geometreg ac Algebreg, hynny yw, Maths, Jiometri ac Aljibra. Pan oeddwn ar ddiwedd fy nhrydedd flwyddyn fe'i penodwyd yn brifathro Ysgol y Preseli yn ei sir enedigol ac wedi hynny yn Arolygydd Ysgolion. Doeddwn i ddim yn un o'i ddisgyblion disgleiriaf ac roedd y chwe marc o gant a gefais ganddo mewn un arholiad Geometreg yn tueddu i gadarnhau hynny. Eto i gyd, roeddem yn deall ein gilydd mewn meysydd eraill. Roedd ef bryd hynny'n ennill cadeiriau'r eisteddfodau taleithiol ac yn prysur hogi arfau am y Genedlaethol: roeddwn innau'n hogi fy arfau i geisio efelychu Dic Jones ac yn byw barddoniaeth ar draul popeth arall. Daethom wyneb yn wyneb ar y coridor un diwrnod, ac meddai wrthyf, 'Gerallt, bachan, mae 'da fi linell sy'n cynnwys y pedair cynghanedd — Anwen, Dwynwen a Dennis,' ac yn ei flaen ag ef gan fy ngadael yn syfrdan. Doeddwn i erioed o'r blaen wedi clywed llinell yn cyfuno'r Lusg, y Sain, y Draws a'r Groes, ac afraid dweud mai efelychu'r orchest honno oedd ar fy meddwl am weddill y dydd hwnnw a'r nos hefyd. Drannoeth roedd gen i linell — Einion, Manon a Mona — ac roeddwn yn ysu am y cyfle i'w dweud wrtho. Petasai gen i arholiad Geometreg y diwrnod hwnnw buaswn wedi cael o leiaf 96 o farciau!

Efallai fy mod yn siarad o'm twrn, ond ymddengys i mi na ellir cael pedair cynghanedd yn yr un llinell heb ddefnyddio enwau priod ond, hyd yn oed gydag enwau priod, ni lwyddais i ailadrodd yr orchest honno. Gorchest ddibwrpas oedd hi, mae'n wir, fel llawer o orchestion cerdd dafod ond, dibwrpas neu beidio, roedd hi'n orchest ddifyr tu hwnt ar y pryd ac yn llawer iawn difyrrach na gwaith cartref mewn unrhyw bwnc.

Ac o sôn am waith cartref, roedd fy hen athro Cemeg, Glyn Roberts o Fôn, yn f'atgoffa'n ddiweddar am waith cartref go anarferol a gyflwynais iddo un tro. Ar ôl bod yn trafod crisialau hefo ni gofynnodd inni sgrifennu'r hyn a wyddem amdanynt erbyn drannoeth. Er mawr syndod iddo, englyn a gafodd gen i. Bellach, mae'n gofidio na ddaliodd ei afael ynddo. Dydw i ddim.

Yr athro Bioleg oedd John Saer, deheuwr a dreuliodd ei holl yrfa yn Nhytandomen oddigerth ei gyfnod yn y lluoedd arfog yn ystod y rhyfel. Yn wir, bu'n dysgu dau neu dri o'r rhai a oedd bellach yn gyd-athrawon ag ef. Heb os, ganddo ef yr oedd y ddisgyblaeth orau ohonynt i gyd. Y dyddiau hynny fe gaech lechwedd pen gan ambell un am ddim mwy na chysidro gwenu, neu — gwaeth os rhywbeth — fe gaech eich hel allan i'r coridor lle byddech chi'n gweddïo ar y Cyfarwyddwr Addysg a'i Dad yn y Nefoedd na ddôi Harri heibio a'ch dal ar yr union ddiwrnod y cwympodd Mynegai'r FT. Ni allaf gofio John Saer yn rhoi bonclust i neb nac yn gyrru neb o'r dosbarth. Doedd dim rhaid iddo. Roedd un edrychiad neu un cam i'ch cyfeiriad yn hen ddigon, a hynny oherwydd awdurdod ei bersonoliaeth yn ogystal â'r ffaith ei fod yno er dyddiau Cesar. Na, ni feiddiai'r mwyaf didoriad o'n mysg fynd yn hy ar John Saer er ei fod yn gymeriad hynaws tu hwnt. Ef oedd y dirprwy brifathro ac nid oedd yn syndod mai ef a benodwyd yn brifathro cyntaf Ysgol y Berwyn pan gyfunwyd ysgol y merched a'r bechgyn yn 1964, flwyddyn ar ôl i mi ymadael â'r Bala.

Un arall a dreuliodd y rhan helaethaf o'i yrfa yn y Bala oedd yr athro Ffiseg, Roderick. Hyd heddiw, wn i ddim beth oedd ei enw cyntaf ond 'Boliog' oedd ein glasenw arno, ac nid heb beth cyfiawnhad. Deheuwr oedd yntau ond, yn wahanol i Saer, yr oedd braidd yn chwithig ei Gymraeg. Creadur hoffus a chynnes ei bersonoliaeth oedd Roderick ac, os rhywbeth, yn barotach na'r rhan fwyaf o'r athrawon i ddatgelu ei hiwmor. Rwy'n cofio Eirwyn Pentre, Bryn Tyddyn'ronnen a minnau'n sefyll yn y ffordd y tu allan i'r ysgol yn ystod un awr ginio pan ddaeth un o wragedd cefn y dref heibio gan wthio coits fach yn orlawn o ryw goediach. 'Dyw, Astons!' meddwn innau, braidd yn rhy uchel. Cymysg oedd yr ymateb: dau draean fy nghynulleidfa yn chwerthin a'r traean arall yn addo riportio fy *cheek* i'r titsiar cyntaf a welai. Roderick oedd hwnnw, ac efallai mai da hynny. Daeth ataf ac, ar ôl fy nghynghori'n garedig mai gwell fuasai peidio â gwneud sylwadau o'r fath am aelodau o'r cyhoedd, methodd ag ymatal rhag chwerthin. I ffwrdd â fo dan sibrwd 'Astons!' a'i fol yn siglo fel jeli.

Erbyn meddwl, y fo ac Edwards yr athro Hanes (Speic) oedd yr unig athrawon a lasenwyd gennym. Roedd Speic yn bicell o ddyn main, eithriadol o dal, ac mae'n debyg mai oherwydd hynny y cafodd yr enw. Y fo oedd yn gyfrifol am ddau dîm pêl-droed yr ysgol, y *Senior XI* a'r *Junior XI*. Roedd Geraint fy mrawd, a oedd yn chwaraewr talentog iawn fel ymosodwr ac amddiffynnwr, yn aelod gwerthfawr o'r tîm hynaf ac, er mawr foddhad i mi, enillais innau fy lle yn y tîm iau. Y fi oedd *outside right* y *Bala Boys' Junior XI.* Roedd amryw o chwaraewyr da yn y tîm hwnnw, rhai fel Trevor Williams (Corwen) yn y gôl, Brian Phillips (y Bala) yng nghanol y cae, Rhys Jones (Llanuwchllyn) yn y cefn, Arwel Lloyd Jones (Llanuwchllyn) a Bryan Roberts (y Bala) yn y llinell flaen a Stan Hudson (Tre'r-ddôl) ar yr asgell chwith.

Dau gymhwyster yn unig oedd gen i fel asgellwr, sef cyflymder a'r gallu i groesi'r bêl yn weddol gywir i'r cwrt cosbi, ond roedd gen i hefyd ddau ddiffyg sylfaenol. Yn gyntaf, doeddwn i ddim yn medru driblo mwy na thrên ac, yn ail, roeddwn i'n colli fy ngwynt ar ôl rhyw ddeugain llath. Mae'n wir fy mod, i ryw raddau, yn llwyddo i wneud iawn am y diffyg cyntaf trwy gyfrwystra a chyflymder ac, os cawn i droedfedd o fantais, doeddwn i ddim yn un hawdd fy nal. Ond, gwaetha'r modd, roedd yr ail ddiffyg yn llawer mwy difrifol ac yn cyfyngu ar fy nghyfraniad i'r gêm. Ar ôl pob rhediad doeddwn i'n dda i ddim wedyn am hydoedd tra byddwn yn ymladd am fy ngwynt ac yn gwichian dros y cae. Rhyw wich gwynfanus nid annhebyg i sŵn pren yn gwegian mewn hen long hwyliau oedd y sŵn truenus hwnnw ac roedd yn peri annifyrrwch enbyd imi ym mhob gêm. 'Congenital laryngeal stridor' oedd y term meddygol, mae'n debyg, ac rwy'n colli fy ngwynt wrth geisio'i ddweud. Roedd fy nghyd-chwaraewyr yn hen gyfarwydd â'r 'sŵn' ac yn ei anwybyddu, a'm hanwybyddu innau hefyd am ryw bum munud go dda oherwydd eu bod yn gwybod o'r gorau nad oedd arnaf eisiau gweld y bêl nes cael fy ngwynt ataf. Sut bynnag, roedd rhai o chwaraewyr yr ysgolion eraill yn sbio'n hurt ac, yn amlwg, yn credu mai sanatoriwm oedd fy lle. Ond, er mor ysbeidiol oedd fy nghyfraniad, llwyddwn i sgorio ambell gôl ac roedd clywed y prifathro'n cyhoeddi yn yr *assembly* fore Llun fod y *Junior XI* wedi trechu'r fan-a'r-fan *'with goals scored by A. Jones, B. Roberts and G. L. Owen'* yn felyster i'm clust.

Bellach, mae'r cof am y gemau hynny wedi hen, hen bylu, a dim ond ambell atgof neilltuol sy'n aros. Fel y gêm honno yn Nhywyn neu, a bod yn fanwl, fel ychydig eiliadau o'r gêm honno. Wedi bod dan bwysau am hir a phob un ohonom yn ôl yn ein hanner ein hunain, enillodd Brei Phillips y bêl ar fin y cwrt ac fe roddodd fangor iddi i lawr yr asgell dde. Wel dyna hwi! Doedd dim golwg o amddiffynnwr yn unman, dim ond tir agored yn ymestyn o'm blaen. Gwaetha'r modd, doedd dim golwg o Arwel na Brei Robs chwaith ac roeddwn innau'n prysur golli fy ngwynt ac yn arafu'n gyflym. Er nad oeddwn ond rhyw ddwylath go dda o'r llinell ystlys ac yn bell drybeilig o'r gôl, doedd dim amdani ond ei chynnig hi cyn diffygio'n llwyr. Cyn gynted ag y gadawodd y bêl honno fy esgid mi wyddwn ym mêr fy esgyrn ei bod ar ei ffordd i gefn y rhwyd. Fe'i gwyliais yn mynd, mynd a mynd ac yna, fel petai ganddi ei hewyllys ei hun, yn gwyro'n gyfrwys dan y trawst. Ffliwcen? Na, does mo'r fath beth â ffliwcen pan yw dyn yn ei oed a'i amser yn cofio campau llencyndod!

'Watch the winger!' oedd y gri wedyn, a dyna a wnaed, a hynny'n dra effeithiol. Does gen i ddim cof am weddill y gêm na'r canlyniad chwaith ond mae'r 'un foment lachar' honno dros ddeugain mlynedd yn ôl mor glir â ddoe yn fy mhen. I bob pwrpas, y gôl honno oedd diwedd fy ngyrfa fel pêl-droediwr. Er imi chwarae sawl gêm wedyn, bychan iawn oedd fy nghyfraniad ac un diwrnod dywedais wrth Speic nad oeddwn yn dymuno chwarae eto i dîm yr ysgol. 'Don't talk rubbish, boy,' oedd ei ymateb. 'You come from a footballing family.' Dywedais wrtho fy mod wedi colli pob diddordeb mewn pêl-droed ond celwydd noeth oedd hynny. Y gwir reswm oedd fy mod yn cael poenau dirdynnol yn y parthau deheuol, fel 'tae, a minnau'n rhy swil i grybwyll y peth, hyd yn oed wrth fy rhieni. Felly, doedd dim i'w wneud ond dioddef yn ddistaw gan obeithio y diflannai'r boen drwy ei hanwybyddu. Ond doedd dim modd ei hanwybyddu. Wrth chwarae pêl-droed, a minnau'n rhedeg nerth fy nhraed, mi gawn boen fel trywaniad cyllell nes fy ngorfodi i sefyll a chicio'r bêl i rywle-rywle neu, fel y dywedai hen lanc o Felin-y-wig ar nos Sadyrnau pan ofynnid iddo i ble'r oedd o'n mynd, 'Rhyl, Rhewl, rhywle i'r diawl!' Felly'r oedd hi yn fy hanes innau, cic i rywle i'r diawl.

Yn ddwy ar bymtheg oed, a'r boen bellach yn gwbl, gwbl annioddefol, mi es at Dr Maurice ac fe drefnodd imi weld arbenigwr yn Lerpwl. Darganfuwyd fod gen i dorllengig o'm genedigaeth ac, fel y prifiwn, roedd i'r nam hwnnw effeithiau cynyddol boenus — am resymau rhy amlwg i'w crybwyll, siawns.

Yn ysbyty Broadgreen, Lerpwl yn Nhachwedd 1961 y cefais y llawdriniaeth y dylaswn fod wedi'i chael flynyddoedd lawer ynghynt. Fy mai i fy hun oedd hynny. Sut bynnag, wedi'r swildod a'r cyfringarwch am gyhyd o amser, profiad rhyfedd oedd cael nyrsys ifanc nad oeddynt fawr hŷn na minnau yn trin fy ngwrywdod mor ddidaro â phe baent yn torri brechdan.

Er gwaetha'r hen air 'Hardd ar fab yw bod yn hy,' un digon swil fûm i erioed hefo merched ond, swil neu beidio, roedd yno un nyrs na allwn ymatal rhag fflyrtian â hi, er mai eithaf carbwl oedd f'ymdrechion. Gwyddeles o Galway oedd hi — Kay Patricia Walsh — ac un o'r genethod prydferthaf a welais erioed. Ymhen rhai blynyddoedd byddwn yn chwilio amdani yng Ngorllewin Iwerddon ac yn holi ym mhob siop a thafarn lle gwelwn yr enw Walsh, ac roedd digonedd o'r rheiny! Welais i byth mohoni wedyn, ac eto, fe'i gwelais ganwaith.

Ond rhaid mynd yn ôl i flynyddoedd gwaelod yr ysgol. Y drefn yn Nhytandomen bryd hynny oedd bod y chwech neu saith disgybl isaf eu marciau ar ddiwedd y flwyddyn gyntaf yn cael eu cloi mewn dosbarth a elwid *Three B* yn hytrach na chanlyn y gweddill i *Form Two*. Defnyddiaf y gair 'cloi' yn gwbl ystyriol oherwydd nad oedd neb yn dianc o 3B. Unwaith y byddech chi yno, yno y byddech chi am weddill eich dyddiau ysgol ac am wn i na fyddai gennych well siawns o ddianc o Alcatraz nag o'r carchar cythreulig hwn. Ac fel pob carchar, roedd 3B yn fagwrfa i rapsgaliwns. Dyna oedd agwedd yr ysgol tuag atynt: rapsgaliwns i'w cloi o gyrraedd cymdeithas. Pa ryfedd eu bod yn chwerwi, yn casáu'r ysgol ac, i bob pwrpas, yn arddel yr arwyddair '3B yn erbyn y Byd'? Pa ryfedd chwaith fod y rhelyw ohonom, neu o leiaf y rhai ieuengaf, yn eu hosgoi fel gwŷr â chleddau? Wedi'r cwbl, doedden nhw ddim yn ymladd â'r un arfau â ni. Ac eto, o bellter diogel wrth reswm, ni allem lai nag edmygu eu beiddgarwch ar brydiau. Er enghraifft, y nhw oedd yn trin gardd yr ysgol ac yn yr ardd honno roedd mesurydd glaw wedi'i leoli i ryw bwrpas addysgol. Credwch neu beidio, ar sawl prynhawngwaith o haf hirfelyn tesog fe syrthiodd naw modfedd o law yng ngardd Tytandomen.

Ond o ddifri calon, mae'r ffaith fod rhai o'r bechgyn hyn wedi dod yn eu blaenau ar ôl gadael yr ysgol yn profi ynfydrwydd ac anghyfiawnder y drefn ddieflig honno. Mi wn am un bachgen a ddaeth wedyn yn athro Cymraeg mewn ysgol uwchradd ac un arall a enillodd gadair y Genedlaethol serch iddynt dreulio tair neu bedair blynedd yn niffeithwch 3B. Roedd yr holl drefn yn seiliedig ar bwnio gwybodaeth i bennau plant yn hytrach na meithrin a thynnu gwybodaeth o'u pennau ac o'u profiad yn eu cynefin a'u cymdeithas. Disgwylid inni gofio ffeithiau tra buddiol megis *'New England produces about half of the boots and shoes of the USA'* neu *'The Southern parts* (o ble, Duw a ŵyr) *have more than 10" of rainfall'*. Wel yn y wir, pwy feddyliai fod neb yn cael modfedd yn fwy o law mewn blwyddyn nag a gâi gardd Tytandomen mewn un prynhawn?

Yr hyn sy'n syfrdanol drist yw'r ffaith mai diffyg lle oedd wrth wraidd yr *apartheid* addysgol hwn. Ystafell ddosbarth fechan oedd 3B, fel *Form Two,* ac felly, mater o gyfri pennau a desgiau oedd yn penderfynu tynged plant — a thrwy hynny, dynged pobl maes o law — yn Ysgol Ramadeg y Bechgyn bryd hynny.

Ar ddiwedd fy mlwyddyn gyntaf, cymysg oedd fy nghanlyniadau: cryf mewn Saesneg, Cymraeg — nage, maddeuwch i mi — *English Language, Welsh Language, Scripture, History, Arithmetic, Physics, Biology, Woodwork* ac *Art* ond gwan mewn *Latin, Geography, Algebra* a *Music,* a'r gweddill yn eithaf boddhaol. Roedd y pum disgybl uchaf eu marciau yn cael eu hanrhydeddu yng Nghyfarfod Gwobrwyo'r ysgol, a chan mai fi oedd y pumed mi gefais lyfr i gydnabod fy llwyddiant. O leiaf, roeddwn wedi llwyddo i osgoi 3B.

I bob pwrpas, i lawr yr allt addysgol yr euthum wedyn yn raddol, raddol o flwyddyn i flwyddyn ac fel yr âi barddoniaeth â'm bryd fwyfwy edwinai fy niddordeb mewn gwaith ysgol. Drwyddi draw, ni chefais ryw lawer o foddhad na budd yn Nhytandomen ond teg yw dweud bod hynny'n gymaint adlewyrchiad arnaf fi fy hun ag ar yr ysgol. Creadur breuddwydiol oeddwn i ac yn dueddol i gau fy nghlustiau a llithro'n dawel i'm byd fy hunan. Doedd yn ddim gen i gynganeddu yn fy mhen ar ganol gwers. Digwyddodd hynny mewn un arholiad hefyd, sef arholiad Lladin Lefel O. Ar ôl rhyw ugain munud roedd fy nhipyn Lladin i wedi'i ddisbyddu'n llwyr a threuliais weddill yr amser yn llunio cywydd i Waldo. Pam Waldo? Wel, yn bedair ar ddeg oed mi gefais y fraint o'i gyfarfod am y tro cyntaf pan aeth fy mrawd a minnau i Ysgol Haf Coleg Harlech yn 1959. Waldo oedd ein tiwtor ar y cwrs barddoniaeth.

Wythnos ddifyr oedd honno. Roedd rhyw ddwsin, os hynny, yn y dosbarth ac yn ein plith roedd Emyr Llew, Aled Gwyn, T. Gwynn Jones (Caerdydd bryd hynny) a hyd yn oed Bob Owen Croesor. Gogwydd ymarferol yn bennaf oedd i'r sesiynau hynny, ac un diwrnod gofynnodd Waldo i'r dosbarth awgrymu testun englyn i'w weithio ar y cyd. Bu distawrwydd llethol am beth amser, ac yna, mi gynigiais i Bob Owen yn destun, gan ychwanegu, yn fy annoethineb ifanc, fod gen i eisoes un llinell, sef 'Hen foi stêl hefo'i fwstás'. Roedd Bob Owen yn gandryll o'i go' ac yn gweiddi nerth esgyrn ei ben mai rhyw ddiawliaid ifanc fel fi a'm siort oedd yn stêl! Os oedd y Barwn Owen yn hen ddiawl yn ei olwg, felly hefyd un o'i ddisgynyddion y diwrnod hwnnw. Llwyddodd Waldo i dawelu'r dyfroedd trwy awgrymu Tryweryn yn destun, sef y pwnc mwyaf cynhyrfus yng Nghymru bryd hynny, a phwnc y byddai un aelod o'r dosbarth, maes o law, yn gwneud rhywbeth amgenach na llunio englyn amdano. Mae gen i frith gof am yr englyn ond yr unig linell a gofiaf yn gwbl glir yw'r llinell olaf, 'Anweledig waelodion' — a hynny, yn ddiau, am mai fy llinell i oedd hi a'r ffaith bod Waldo yn ei chanmol. A Bob Owen hefyd, chwarae teg. Doedd y 'diawliaid ifanc' ddim cynddrwg â hynny wedi'r cwbl!

Cawsom ymryson y beirdd un noson, a thestun yr englyn cywaith y bu T. Gwynn Jones a minnau'n chwysu chwartiau uwch ei ben oedd 'Rhyfelgyrch Gwŷr Harlech' — testun anodd ar y naw. Rwy'n siŵr y byddai Gwynn yn fwy na pharod i gytuno nad oedd ein henglyn yn berl ond, o leiaf, fe gawsom linell glo a blesiodd Waldo — 'Yn heini dorf clywch hwy'n dod!' Gyda chlod ac anogaeth un o'n beirdd mwyaf yn atsain yn fy mhen chwyddedig mi euthum adref o Harlech yn Fendigeidfran o fardd!

Wedi hynny bu Waldo a minnau'n llythyru'n achlysurol ac roedd yn ddigon caredig i roi ei farn ar rai o'm hymdrechion barddol o bryd i'w gilydd. Gwelodd, er enghraifft, y rhan fwyaf o gynnwys fy nghyfrol gyntaf, *Ugain Oed a'i Ganiadau*, ac oni bai am ei gyngor aeddfed ef, fe fyddai'r casgliad cynamserol hwnnw yn achos mwy fyth o embaras i mi heddiw. Roedd yn amlwg ei fod yn f'ystyried yn well bardd yn y mesurau caeth nag yn y mesurau rhydd ac yr oedd, fel y gŵyr pawb bellach, yn llygad ei le. Roedd yn fanwl, fanwl ei sylwadau o safbwynt cywirdeb iaith yn ogystal â chywirdeb cywair a theimlad. Trafodai gywirdeb cynghanedd hefyd yr un mor drylwyr. Soniodd mewn un llythyr — yn sgîl rhyw linell gyffelyb o'm heiddo i — am ei gyfyng-gyngor ynghylch un llinell yn ei gywydd coffa i'w gyfaill y Prifardd Llwyd Williams. 'Cyfyd brig haf dy bregeth' oedd y llinell honno, a phroblem Waldo oedd fod yr 'g' a'r 'h' yn 'brig haf' yn caledu i ateb yr 'c' yn 'Cyfyd' ond ar yr un pryd roedd yr 'g' yn 'brig' yn ateb yr 'g' yn 'bregeth'. Ofnai ei fod yn manteisio o bobtu ond, yn y diwedd, roedd synnwyr cyffredin yn drech na rheol. Ac felly y dylai fod. Er nad ydynt mor niferus ag y dymunwn — roedd yn ddiarhebol o hir yn ateb llythyr — ystyriaf lythyrau Waldo yn drysorau prin, ac yn enwedig yr un sy'n diweddu â'r cwpled a luniodd yn arbennig i'm cyfarch,

> Rhaid i'r Brython farddoni,
> A'i bêr dôn a barhei di.

Maddeuer imi am neidio rhai blynyddoedd, ond wna i byth anghofio Bore Calan 1963, a minnau erbyn hynny'n ddeunaw oed a'm cartref yng Nghaernarfon. Tua deg o'r gloch y bore hwnnw daeth rhywun at ddrws Glasgoed, Rhosbodrual, a phan euthum i'w agor dyna lle safai Waldo yn wên o glust i glust. Roedd ar ei ffordd i ymweld â Dilys ei chwaer ym Mangor ac wedi lletya'r noson cynt yng Nghaernarfon. Cafodd ail frecwast gan fy mam er na ddeallodd hi ryw lawer o'r hyn a ddywedodd yn ystod y ddwyawr neu dair y bu ar ein haelwyd. Er tegwch â Mam, doedd Waldo ddim yn un o'r rhai hawsaf i'w ddeall, nid yn unig oherwydd ei dafodiaith ond hefyd oherwydd ei duedd i siarad drwy'i wên. Sut bynnag, fe'i danfonais i Fangor yn y car ac yntau'n parablu'n ddifyr am hyn ac arall. Yn y man, gofynnodd i ba goleg yr amcanwn fynd yr hydref dilynol. Coleg y Brifysgol, Bangor oedd fy newis cyntaf ac Aberystwyth, ei hen goleg ef, yn ail. Yn sgîl hynny soniodd am fyfyrwraig o'r enw Kate Lucas a gydoesai ag ef yn Aber, merch yr oedd y bechgyn i gyd yn ei llygadu'n eiddgar, ac adroddodd yr englyn hwn:

> Kate Lucas is quite lucky; — the fellows,
>   They follow her daily,
> Enormous as an army.
> Like as a flood, Lucas, flee!

Braint yn wir oedd cael adnabod Waldo ac rwy'n drwm yn ei ddyled, dyled sy'n dal i grafu fy nghydwybod am nad euthum i edrych amdano yn ei gystudd olaf. Mae'r euogrwydd hwnnw wedi fy nghanlyn fel cysgod hyd y dydd hwn.

Mae llu o hanesion difyr amdano ar gof ac ar glawr ond fy ffefryn i yw'r un am y Parchedig Brifardd Simon B. Jones yn mynd i'w weld yn y carchar yn Abertawe. Roedd Waldo yno am ei fod yn gwrthwynebu gorfodaeth filwrol ac yn gwrthod talu treth incwm. 'Wel, Waldo bach, beth wyt ti'n 'neud fan hyn?' gofynnodd S.B., ac meddai Waldo, 'Beth wyt ti'n 'neud tu fas?'

Ond yn ysgol y Bala yr oeddwn i'n de. Ar ddechrau fy nhrydedd flwyddyn yn y sefydliad gwrywaidd-gyfyng hwnnw fe ddaeth yna, credwch neu beidio, athrawes i ddysgu Cymraeg inni, sef Mrs Jane Pughe, priod y prifathro. Y hi, fel y soniais yn gynharach, oedd y wraig olygus a arolygai'r *Scholarship* yn y Sarnau dair blynedd ynghynt. Roedd gen i feddwl y byd ohoni ac rwy'n barnu'n ddistaw bach fy mod innau hefyd yn ei llyfrau hithau. Mi gefais lawer o bleser yn ei gwersi ac roedd ei chariad amlwg at lenyddiaeth, ac yn enwedig barddoniaeth, yn ein closio fwyfwy. Rwy'n credu mai gwyddonol, fel y dywedid, yn hytrach na chelfyddydol oedd tueddfryd ei gŵr, H. J. Pughe, ond, serch hynny, fe'm synnodd yn arw un tro pan ddyfynnodd yr epigram hwn o waith T. Gwynn Jones i brofi rhyw bwynt neilltuol. 'Yn donnau, yndê, Gerallt,

> Yn donnau y daw dynion,
> A llawer dull ar y don.'

Er nad oeddem yn gweld lygad yn llygad bob amser, doeddwn i ddim yn drwglecio'r hen Harri, hyd yn oed yn ei hwyliau drwg. Yn ei hwyliau gorau, roeddwn i'n hoff iawn ohono. Fel yr awgrymais eisoes, mae lle i amau mai'r farchnad stoc a reolai'r hwyliau cyfnewidiol hynny.

Un o'm pleserau pennaf i o'r pedwerydd dosbarth ymlaen oedd ei ddynwared yn arthio ar fy nghyd-ddisgyblion. Yn ystod yr awr ginio y digwyddai hynny gan amlaf oherwydd bod Harri'n mynd adref i ginio ac, yn ddiarwybod iddo'i hun, yn gadael cyfraith a threfn yn fy nwylo i. Rwy'n cofio un awr ginio neilltuol pryd y sylwais fod rhyw hanner dwsin o fechgyn wedi mynd i mewn i un o'r tyneli a âi dan y ffordd a than selerydd y tai gyferbyn â'r ysgol. Mi sefais yn y ffordd uwchlaw'r fynedfa i'r twnnel arbennig hwnnw a phan ddaeth y pen cyntaf allan i'r awyr agored mi waeddais gydag awdurdod prifathrawiaethol, *'Get out of there, b-o-o-o-y!'* Dyna lle'r oedden nhw, un wrth gynffon y llall, yn bolltio fel cwningod. Yr olaf i gyrraedd golau dydd oedd bachgen o'r Parc, un bychan iawn o gorffolaeth, a phenderfynais roi bloedd bersonol arno ef. Gwaeddais nerth esgyrn pen, *'Eirwyn Jones, get out of there b-o-o-o-y!'* ac fe gafodd gymaint o fraw nes iddo droi'n ôl a diflannu i'r twnnel. Synnwn i ddim nad yw'n dal yno.

Os nad oedd y prifathro'n ymwybodol o'r hyrddiau dynwaredol hyn, nid felly'r staff. Dywedodd Eirwyn Pentre wrthyf ei fod mewn gwers Fioleg hefo Mr Saer un diwrnod pan glywyd bloedd o'r coridor y tu allan i'r dosbarth, a'r athro'n dweud dan wenu, *'It's either the Headmaster or Gerallt Lloyd Owen!'*

Os oedd gen i ddigon o Saesneg i ddynwared fy mhrifathro nid felly'r oedd hi un pnawn Sadwrn yn 1959, a minnau, yn bedair ar ddeg oed, yn bodio fy ffordd i gyfarfod dadorchuddio cofgolofn Bob Tai'rfelin. Ar ôl cerdded canllath neu ddau i gyfeiriad Cefnddwysarn fe'm gwahoddwyd i gar rhyw Samariad o Sais. Yn y man, gofynnodd ai mynd i'r Bala i weld gêm bêl-droed roeddwn i. Nage, meddwn innau, pryd y dylaswn fod wedi dweud Ie oherwydd, dros fy nghrogi, ni allwn gofio beth oedd 'dadorchuddio' na hyd yn oed 'cofgolofn' yn Saesneg. Gan fy mod wedi dechrau ateb trwy ddweud *'I'm going to . . .'* roedd y dyn yn disgwyl clywed gweddill y frawddeg ond, yn sicr ddigon, doedd o ddim yn disgwyl clywed hyn: *'I'm going to undress a bust'.* Wedi wobliad neu ddau, dywedodd, *'In that case, I wouldn't mind coming with you.'*

Yn y pumed dosbarth fe gawsom athrawes Gymraeg newydd. Geneth dlos o Ddyffryn Ceiriog oedd Miss Olive Jones ac, fel y gellid disgwyl decini, roedd ei phresenoldeb yn peri cryn gyffro yn y rhengoedd. O edrych yn ôl, rhaid ei fod yn brofiad go frawychus i athrawes ifanc ei chael ei hun ynghanol cannoedd o fechgyn nad oeddynt, a dweud y lleiaf, yn gwbl ddihalog eu dychymyg. Heb sôn am ei chyd-athrawon. Yr oedd hi, fodd bynnag, yn ymddangos yn hunanfeddiannol ac roedd hi hefyd yn athrawes dda. Gyda'i harweiniad a'i chefnogaeth hi mi gefais well hwyl yn fy Nghymraeg Lefel O nag a gefais yn fy Lladin!

Bryd hynny roedd Dewi Emrys yn eilun mawr i mi ac roeddwn yn gwybod rhannau helaeth o *Cerddi'r Bwthyn* ar fy nghof. Bellach, rwyf wedi hen newid fy marn ynghylch ei statws fel bardd ond, ar y pryd, roedd ei natur fohemaidd, ei dlodi a hyd yn oed ei lymeitian a'i fercheta honedig yn lliwio fy marn am eu bod efallai, yn fy nhyb anaeddfed i, yn amodau creadigrwydd. Oedd, roedd cerddi Dewi Emrys, y bardd-bechadur a oedd ymhell o fod yn Ddewi Ddyfrwr, yn apelio'n fawr ataf. Felly, pan ddaeth 'Fy Hoff Lyfr' (neu rywbeth felly) yn destun traethawd yn yr arholiad Lefel O, roedd *Cerddi'r Bwthyn* ar flaenau fy mysedd.

Mewn gwirionedd, nid dyna'r tro olaf i farddoniaeth fod yn gymorth hawdd ei gael mewn cyfyngder arholiadol. Un o'r pynciau a fethais oedd Daearyddiaeth ond, mi gefais ail gyfle yn Nhachwedd. Er nad oedd fy ngwybodaeth na'm diddordeb yn y pwnc ronyn yn fwy nag oedd y Mai blaenorol, yr oeddwn yn y cyfamser wedi dod ar draws gwaith bardd o'r enw Norman Nicholson a ganai am dirwedd noeth a chreigiog ei gynefin yn Northymbria. Pan ddaeth cwestiwn ar nodweddion daearegol y parthau hynny o'm blaen yn yr arholiad fe ddaeth Norman i'r adwy ac fe'i dyfynnais yn hael. Rwy'n argyhoeddedig mai iddo fo mae'r diolch fod *Geography* wedi'i ychwanegu at restr llwyddiannau prin fy Lefel O. Mi euthum i'r chweched dosbarth i astudio — os dyna'r gair — Hanes, Celf a Chymraeg.

12

Rhyw gist de o stafell foel oedd stafell y chweched yn Nhytandomen; mor gyfyng fel na fedrem i gyd fod ynddi yr un pryd. Roedd rhaid i'r gorlif fynd i'r llyfrgell gyferbyn, ac er nad oedd honno ryw lawer iawn mwy o faint, o leiaf roedd ynddi awyrgylch ac arogl ysgolheictod, yn enwedig pan fyddai'n wag. Lleolwyd stafell y chweched rhwng ffau'r prifathro a'r stafell athrawon ac, yn naturiol, pan fyddai criw ohonom wedi ymgynnull ynddi yn ystod gwersi rhydd byddai yno hen drin a thrafod, er y byddai malu awyr yn nes ati efallai. Nid peth anarferol chwaith oedd i ambell reg neu stori anweddus gochi'r aer prin a anadlem. Daethom i ddeall bod Harri'n dueddol o stelcian a chlustfeinio y tu allan i'r drws ac felly bu'n rhaid meddwl am gynllun i'n rhybuddio o'i bresenoldeb. Fe aed ati i greu dyfais gyffelyb i gloch drws. Gosodwyd botwm bychan o dan y leino y tu allan fel bod cloch yn canu mewn cwpwrdd y tu mewn bob tro y safai rhywun ar y leino. Wrth reswm, roeddem wedi ymorol nad oedd y botwm ar lwybr yr athrawon wrth i'r rheiny fynd yn ôl a blaen i'w stafell. Fe weithiodd y ddyfais honno'n ardderchog. 'Hei, lads, glywes i uffen o stori dda neithiwr . . . (y gloch yn canu) . . . '1517: Martin Luther begins the Reformation with his 95 Theses.' Do, fe gawsom rwydd hynt i drafod ac i ddweud beth a fynnem — tra parhâi'r batri.

Maurice James, brodor o'r Bala ac un o gyfeillion pennaf D. Tecwyn Lloyd, oedd yr athro Saesneg ers rhyw flwyddyn neu ddwy. Y fo a olynodd y 'Davies English' di-serch a chiaidd ei fonclust y bu'n dda gennym oll weld ei gefn. Mor wahanol oedd Maurice. Dyn bychan, bychan ydoedd, a'i lygaid fwy neu lai tua'r un lefel â botwm bol Speic; un bywiog, byrlymus gyda rhyw sbonc ac asbri yn ei gerddediad a'i bersonoliaeth. Roedd yn smociwr di-baid ac yn ymwelydd rheolaidd â'r Ship yn ystod ei awr ginio, ac unrhyw awr rydd arall o ran hynny. Ta waeth, roedd gennym un ac oll feddwl y byd o Maurice James.

Oherwydd fy mod yn ymddiddori mewn barddoniaeth dywedodd wrthyf fod croeso imi fynychu ei wersi Saesneg yn y chweched, ac felly fu. Os nad oedd un o'm gwersi eraill yn digwydd gwrthdaro, arferwn fynd i'r gwersi Saesneg yn y llyfrgell. Yn y gwersi hynny y deuthum ar draws barddoniaeth T. S. Eliot am y tro cyntaf ac rwy'n cofio ffoli ar 'The Hollow Men'. Roedd James yn athro gwych, a dyna lle byddai'n llafarganu trwy'r niwl nicotinaidd a'i hamgylchai'n wastadol:

> The eyes are not here
> There are no eyes here
> In this valley of dying stars
> In this hollow valley
> This broken jaw of our lost kingdoms.

Ar ôl gorffen darllen a stympio'i sigarét, cymerai lymaid o de cyn dued â gofer mawnog o'r fflasg fythol-bresennol ar y bwrdd o'i flaen. Roedd Maurice yn hoff iawn o'i de. Bu farw'n ifanc ac yn hen lanc i'r diwedd. A rŵan, rwy'n meddwl y taniaf innau sigarét, eto fyth, a thywallt paned o de, eto fyth, er coffa amdano.

Un o fanteision astudio Cymraeg yn y chweched oedd cael mynd i ysgol y genethod i wneud hynny. Miss E. Whittington Hughes oedd prifathro'r ysgol honno; hen ferch anferchetaidd ei hystum a'i hymarweddiad. Roedd ganddi din fel Volvo, ac mae disgrifiad Tecwyn Lloyd o'i rhagflaenydd, Miss Dorothy Jones, a'r 'osgo wrywaidd-filwrol, y dillad brethyn trwm a'r esgidiau brôg sylweddol ac anfenywaidd gyda'r traed-troi-allan a'u llanwai' yn ddarlun perffaith ohoni hithau. Wn i ddim beth a gynrychiolai'r 'E' yn ei henw ond, o'm profiad i a sawl un arall, hawdd iawn y gallasai olygu 'Efnisien'. O'r dechrau, mi gefais yr argraff ei bod yn f'ystyried yn fygythiad i ddiweirdeb darpar leianod Penllyn ac Edeirnion — yn *pubic enemy number one*.

Cofiaf ein cyfarfyddiad cyntaf fel ddoe. Gyferbyn â'r drws i ysgol y genethod roedd llun ar y wal, a dyna lle'r oeddwn yn edmygus gribo fy mwng yng ngwydr y llun pan ddaeth Whit ar fy ngwarthaf gan ddyfynnu Tennyson: *'In the spring a young man's fancy lightly turns to thoughts of love'.* Rhyw wenu'n chwithig tra'n lled-edmygu ei ffraethineb a wnes i'r tro hwnnw ond, gwae fi, roedd gwaeth i ddyfod.

Am ryw reswm, roedd ei llach ar y disgyblion hynny, boed ferched neu fechgyn, a ymddiddorai yn y Pethe, ac yn enwedig y rhai oedd yn cerdded steddfodau. Pwy ŵyr pam. Efallai mai siomiant serch oedd wrth wraidd ei surni. Efallai bod rhyw gyd-fyfyriwr, rhyw ddarpar lenor neu egin ddatgeiniad wedi troi ei gefn ar y ferch hon o Eifionydd nes chwerwi ei chalon a chwerwi ei chariad tuag at ddiwylliant ei gwlad. Wn i ddim, ond clywais un o'i chyfoedion yn y coleg yn dweud ei bod hi, bryd hynny, yn eneth hwyliog, ysgafn ei natur. Anodd, a dweud y lleiaf, oedd cysoni'r dystiolaeth honno â'r ddelwedd arthaidd, ymosodol a'i nodweddai wedyn. Ac eto, rhaid cofio bod ganddi ei gofid gartref ar ei haelwyd ei hun. Nid bychan o dreth ar gorff nac ysbryd oedd gwarchod brawd iau hefo nam meddwl difrifol, a gwneud hynny yr un pryd â chyflawni ei dyletswyddau fel pennaeth ysgol ramadeg.

Yr athrawes Gymraeg oedd Miss Alwena Owen, merch ifanc â'i gwreiddiau yn Nhre-garth a Blaenau Ffestiniog. Dim ond dau fachgen oedd yn gwneud Cymraeg yn y chweched, sef fy nghyfaill Wil Lloyd o Felin-y-wig (William Lloyd Davies, prifathro Ysgol y Garnedd, Bangor yn ddiweddarach) a minnau. Genethod, heb os nac oni bai, oedd y gweddill. Sut bynnag, pan oedd Wil a minnau ar ein hail flwyddyn yn y chweched, roedd dau neu dri arall — Eirwyn Pentre yn un — ar eu blwyddyn gyntaf ac wedi ymuno â ni. Pan fyddai Miss Owen yn dysgu criw'r flwyddyn gyntaf byddai Wil a minnau'n ymneilltuo i gefn y dosbarth ac yn bwrw 'mlaen â'n hastudiaethau, sef rhyw fudr-ddarllen *Drych y Prif Oesoedd* a chil-lygadu'r prif goesau yr un pryd.

Un diwrnod, a hithau'n tynnu at amser cinio, roeddwn i'n lled-orwedd yng nghefn y stafell ac yn cnoi llond ceg o frechdan tra'n cogio treulio'r hen Theophilus pan agorodd y drws fel petai corwynt wedi cael craff arno. Daeth *'Hurricane Hughes'* i mewn a chyn cynnig gair o eglurhad am ei hymweliad stormus nac unrhyw fath o ymddiheuriad i Miss Owen am darfu ar ei gwers, syrthiodd ei llygaid arnaf fi yn cnoi yn y cefn. Fe'm gorchmynnodd i adael y stafell — a'r ysgol — a thaflu'r *chewing gum* i'r fasged sbwriel wrth y drws lle safai hi. Doedd hynny ddim yn hawdd. Fedrwn i ddim chwydu hanner fy nghinio o dan ei thrwyn ac felly bu'n rhaid imi gael gafael ar ddarn bychan o grystyn o'm ceg a'i daflu i'r fasged. Roeddwn i'n argyhoeddedig fy mod yn mynd i gael bonclust ffarwel ganddi yng ngŵydd llond stafell o enethod. Byddai hynny'n brifo. Mi gerddais yn ochelgar-urddasol heibio iddi ond y cwbl a gefais oedd bonclust lafar yn fy ngwahardd o'i hysgol am rai wythnosau. Ar ddiwedd cyfnod y gwaharddiad roeddwn i fynd i'w gweld hi yn ei stafell. Felly fu. Pan ddaeth fy mhenyd i ben mi euthum i guro ar ei drws. Wedi hensied go huawdl am rai munudau, fe'm martsiodd i'r stafell y cefais fy martsio ohoni rai wythnosau ynghynt.

Hyd y gwelwn i, doedd dim wedi newid yno ac eithrio'r ffaith nad oedd fy *chewing gum* tybiedig yn y fasged sbwriel. Serch hynny, roedd un newid mawr i fod: o hyn allan, roedd rhaid imi eistedd yn y blaen, yn union o dan drwyn Miss Owen am weddill fy nyddiau ysgol. Dallt? Ac allan â hi gyda chlep ar y drws. Aeth un anadl hir o ryddhad drwy'r stafell ac roedd y croeso'n ôl mor wresog â phe bawn wedi bod drwy ddau Ryfel Byd. Ar ôl rhyw wythnos o fod big-ym-mhig â'n gilydd, aeth yr agosrwydd yn embaras i'r athrawes a'i disgybl ac fe'm hanfonwyd yn ôl i'r cefn at Theophilus. O hynny allan, ym mhob gwers Gymraeg, roedd arnaf ofn i'r hen Whit ddod i mewn ar ei hyll a'm dal yn eistedd yn y 'caffi'. Ddigwyddodd hynny ddim ond, yn fuan iawn, roeddwn mewn helynt eto — yn Ysgol y Bechgyn y tro hwn.

Pan ymddangosai Emyr Llew gerbron ynadon y Bala ar gyhuddiad o achosi ffrwydrad yn Nhryweryn aeth Wil Lloyd a minnau i'r llys gan aberthu dwy wers Hanes ddiddorol iawn ar *'The Reformation in Europe'*. Erbyn hynny roedd Speic wedi ymadael â'r Bala ac yn ei le daethai dyn o'r enw Phillips, brodor o Rosllannerchrugog, os cofiaf yn iawn. Wn i ddim pwy fu'n prepian — os rhywun — ond fe ddaeth Phillips i wybod ymhle'r oedd Wil a minnau y bore hanesyddol hwnnw a chyn pen dim roedd y prifathro'n gwybod hefyd. Y canlyniad oedd ambwsh wrth i'r ddau ohonom ddychwelyd i'r ysgol.

Ar ôl ein sicrhau *'that Plaid has nothing to do with this,'* fe'n gwaharddodd o'r ysgol hyd nes y byddem yn fodlon mynd ato i edifarhau a gofyn am faddeuant. Daliodd Wil a minnau ein tir am ryw dair wythnos, a hynny efallai oherwydd styfnigrwydd ynghyd â rhywfaint o hunanfodlonrwydd ein bod, yn ein ffordd ddiniwed ein hunain, yn ferthyron yr achos. Sut bynnag, roedd ein dyfodol yn y fantol ac, ar ôl pwyso a mesur popeth, dyna benderfynu dychwelyd. Un bore, rhoesom gnoc petrus ar ddrws Harri a chael gwahoddiad hynaws i'w agor. Dyna lle'r oedd yn darllen y *Financial Times* ac mewn hwyliau da, hwyliau da iawn. Doedd Emyr Llew na Thryweryn na'r Blaid na Hanes Ewrop yn cyfri dim y bore proffidiol hwnnw. A dweud y gwir, fe gawsom yr argraff na wyddai am beth yr oeddem yn ymddiheuro.

Erbyn deall, roedd dau fachgen o'r dosbarth Saesneg hefyd wedi mynd i'r llys y diwrnod hwnnw ond bod Maurice James wedi anfon sgowt i'w rhybuddio bod y prifathro'n paratoi ambwsh. Yn amlwg, roedd cydymdeimlad yr athro Saesneg â'r bechgyn.

Ond wrth gwrs yr oedd yna fywyd y tu allan i'r ysgol. Yn Nhachwedd 1961 cefais drwydded yrru dros dro a olygai gyfreithloni'r hyn yr oeddwn eisoes wedi bod yn ei wneud ers blwyddyn neu ddwy. Nid ar fy mhen fy hun, mae'n wir, ac nid ar y priffyrdd, ond ar ambell ffordd gefn a 'Nhad wrth fy ochr a'i law dde'n hofran uwchben yr hambrec.

Erbyn bod yn ddwy ar bymtheg oed, roeddwn i'n hen law ar yrru car ac yn gwbl hyderus — rhy hyderus — pan euthum i sefyll fy mhrawf yn y Bala. Sais — beth arall? — oedd y testar ond, bid a fo am hynny, roedd popeth yn mynd fel wats. Mi lwyddais i wneud y stop brys a'r tro triphwynt yn dra llwyddiannus, ond yna, mi faeddais fy mretyn yn o arw. Cefais orchymyn i roi arwydd â'm llaw fy mod yn troi i'r dde, ac felly, gyda'r llaw dde allan drwy'r ffenest, mi newidiais gêr hefo'r llaw chwith, a hynny'n esmwyth ryfeddol. Ar ddiwedd y prawf, gofynnwyd imi, *'Should you at any time, Mr Owen, take both hands off the steering wheel?'* Wel am ddiawl o gwestiwn gwirion, meddwn wrthyf fy hun, ac atebais, *'Of course not!'* Pan glywais y cwestiwn nesaf — *'Then why did you?'* — mi wyddwn y byddai'r ddwy 'L' ar y car am rai misoedd wedyn.

Sais eto, ond un cleniach, oedd y testar ar fy ail gynnig. Mi basiais. Ar ôl tynnu'r ddwy 'L' gyda chryn falchder, dyma fynd i lawr y stryd a pharcio'r Wolseley â'i drwyn at y pafin o flaen Siop Watkins. Tra oeddwn i'n trio'r test roedd fy nhad wedi mynd i'r banc ar ryw berwyl neu'i gilydd, a dyna lle'r oeddwn yn eistedd yn y car i'w ddisgwyl ac yn edrych ymlaen at gael ei hysbysu fy mod wedi pasio. Wedyn, fe fyddai ef yn mynd ymlaen i Ddolgellau a minnau'n dychwelyd i'r ysgol. Ar hynny, dyma lori wartheg yn bacio'n araf i'm cyfeiriad a dyn o'r Parc yn cyfarwyddo'r gyrrwr. Hyd yn oed ar gam-ongl, roedd fy llygad i'n dweud bod y lori'n ei gwneud hi'n syth, os yn araf, am din yr Wolseley. Ond siawns nad oedd y dyn o'r Parc yn gwybod pryd i weiddi 'We!' Wedi'r gwrthdrawiad, mi eisteddais am rai eiliadau mewn anghrediniaeth syfrdan. Aeth y lori wartheg tua'r farchnad ac aeth y dyn o'r Parc i'r Parc, am wn i. Bum munud ar ôl ennill fy nhrwydded yrru lawn bu'n rhaid imi fynd i hysbysu fy nhad fod ei gar ychydig yn wahanol i'r hyn oedd lai nag awr ynghynt.

Pan euthum yn ôl i'r ysgol ac adrodd yr hanes wrth y bechgyn roedd pob un yn gwbl unfarn ei bod hi'n siŵr o fod yn record: pasio prawf gyrru a chael damwain o fewn pum munud.

Yn 1960 cafodd fy nhad ddyrchafiad a olygai fod ei swyddfa bellach yng Nghaernarfon ac yntau'n lletya yn y dref yn ystod yr wythnos. Roedd Geraint yn y coleg yng Nghaerdydd ac felly dim ond fy mam a minnau oedd gartref yn y Siop.

Un noson ym Mai 1962 roedd y ddau ohonom wedi picio at Anti Gwladys a'r teulu i drafod y newid arfaethedig, sef bod Mam yn mynd i fyw i Gaernarfon ac Anti Gwladys yn dod i gadw'r Siop a'm bwydo innau nes byddwn wedi gorffen fy ysgol. Rwy'n barnu ei bod hi'n tynnu am ddeg o'r gloch pan ddaeth Mam a minnau adref. Cyn gynted ag yr aethom i'r tŷ daeth cnoc ar y drws ac mi euthum innau i'w agor. Dyna lle'r oedd gŵr ifanc tal a chwbl ddieithr yn sefyll rhyngof a'r tywyllwch. Roedd golwg lechwraidd arno ond gan ei fod wedi fy nghyfarch yn Gymraeg ac wrth fy enw fe'i gwahoddais i mewn. Dywedodd mai ei enw oedd J. Cyril Hughes a'i fod wedi dod o Aberystwyth. Eglurodd mai'r rheswm am ei ymweliad hwyrol oedd fy hysbysu fy mod wedi ennill cadair yr Urdd yn Rhuthun y flwyddyn honno. Dyna'r eglurhad am ei ymddygiad amheus: roedd arno ofn i rywun ei weld ac efallai ei adnabod a rhoi dau a dau hefo'i gilydd. Sut bynnag, roedd y creadur druan wedi gorfod swatio yn ei gar am allan o hydion cyn gweld arwydd o fywyd yn y Siop. Heb os, dyna un o nosweithiau mwyaf cyffrous fy mywyd. Aeth J. Cyril Hughes yn ôl i Aberystwyth ac mi es innau i'm gwely rywdro cyn toriad gwawr ond go brin fy mod wedi cysgu winc.

Beirniad cystadleuaeth y gadair y flwyddyn honno oedd James Nicholas, fy hen athro yn Nhytandomen, ac fe fu'n llawer mwy hael ei ganmoliaeth nag y bu â'i farciau Geometreg rai blynyddoedd ynghynt! Yn naturiol, bu'n rhaid imi ofyn caniatâd y prifathro i golli diwrnod o ysgol er mwyn mynd i'r eisteddfod ac roedd yntau, chwarae teg, cyn falched â phetai Mynegai'r FT wedi esgyn i'r lleuad.

Mi euthum i'r eisteddfod mewn siwt newydd addas i'r achlysur ac addas i bob oedfa ac angladd am lawer blwyddyn. Roedd beirdd ifanc y chwedegau yn bobl siwtiau! Cyn gynted ag y cyrhaeddais y maes yn Rhuthun daeth Glesni Tyddyn'ronnen a Marilyn Green o Lanuwchllyn ataf a dechrau fy herian fy mod yn grand ryfeddol yn fy siwt. Eu rheswm nhw dros golli ysgol oedd eu bod yn canu mewn parti cerdd dant ond beth tybed oedd fy esgus i. Roeddwn i'n cael y gadair, medden nhw, ac roedd y ddwy fel pe'n awyddus i bob copa walltog wybod hynny. Roedd gen i feddwl y byd ohonyn nhw ac yn falch o'u gweld bob amser, ond nid ar y diwrnod hwnnw!

Yr unig gwmwl uwchben yr achlysur oedd y ffaith nad oedd Bob Lloyd wedi cael byw i rannu'r llawenydd ag un o'i hen blant. Roedd wedi'i gladdu yng Nghefnddwysarn chwe mis ynghynt ac union chwe blynedd ar ôl ei arwr mawr. Os nad oedd cynghanedd yn yr englyn a luniais i gofio Williams Parry bryd hynny, yr oedd cynghanedd yn yr englynion a luniais i gofio Bob Lloyd, ac iddo ef, yn anad neb, yr oedd y diolch am hynny.

Rhoes ennill cadair yr Urdd gryn dipyn o hyder imi ond, ar yr un pryd, doeddwn i ddim wedi anghofio'r ffaith mai colli yn Llangwm flwyddyn ynghynt fu hanes yr awdl a enillodd yn Rhuthun. Trwy gyd-ddigwyddiad ffodus, yr un oedd y testun, sef Cerdd Foliant i Feddyg. Sut bynnag, roedd ennill cydnabyddiaeth 'genedlaethol' yn hwb garw, yn ormod o hwb efallai, oherwydd ar ôl hynny roeddwn i'n barddoni fel fflamie ac yn esgeuluso fy ngwaith ysgol. Byddwn ar fy nhraed tan dri a phedwar y bore a hyd yn oed drwy'r nos hefyd yn rhy aml o'r hanner.

Byddwn hefyd yn mynd lawer iawn i Dŷ'r Ysgol at Elfyn a Nansi Pritchard, pâr ifanc a ddaethai i'r Sarnau yn 1962 pan benodwyd Elfyn yn brifathro'r ysgol ar ymadawiad Gwylfa Roberts i'r Bala. Cefais ddau enaid hoff cytûn yn Elfyn a Nansi ac fe fuont yn ddiarhebol o garedig a goddefgar tuag ataf. Wrth edrych yn ôl, rwy'n cywilyddio o feddwl fel y byddwn yn galw heibio bob awr o'r nos ac yn ymdroi tan berfeddion. Yn wir, mae'n syndod i'r ddau gael cyfle i genhedlu'r merched, Sioned a Gwenan.

Fel y soniais, fy mwriad oedd mynd i Fangor i astudio Cymraeg ac, yn amodol ar lwyddiant Lefel A, mi gefais fy nerbyn yno ac yn Aberystwyth. Yn Aberystwyth, cyfweliad gyda'r Athro Thomas Jones yn unig a gefais ond, ym Mangor, mi dybiwn i fod holl staff Adran y Gymraeg yn bresennol. Yr Athro J. E. Caerwyn Williams oedd yn y gadair ac yno hefyd roedd John Gwilym Jones, Enid Pierce Roberts, Brinley Rees yn ogystal â'r darlithydd ifanc Bedwyr Lewis Jones. Dau beth yn unig a gofiaf am y cyfweliad hwnnw, sef cwestiwn yn Saesneg ar ysgrifau O. M. Edwards, a minnau'n methu'n deg â chofio beth oedd 'arddull' yn yr iaith fain. Er mawr embaras imi, bu'n rhaid i'r Athro fy mhromtio. Yna, John Gwilym, os cofiaf yn iawn, yn gofyn pwy oedd fy hoff fardd a minnau'n ateb yn gwbl ddibetrus, Dewi Emrys. Pan fynegwyd syndod fy mod yn ei ystyried yn well bardd na Robert Williams Parry, mi geisiais ddadlau, fel y gwnâi Dewi Emrys ei hunan, nad oedd y fath beth â 'bardd da' neu 'fardd gwael'. Un ai roedd rhywun yn fardd neu doedd o ddim! Mi wyddwn o'r gorau fy mod wedi cael fy nhynnu o'm dyfnder ond, chwarae teg iddo, bu'r Athro yn ddigon graslon i ddweud, 'Wel, diddorol iawn yn wir, ond rwy'n siŵr y cytunwch chi fod gwahaniaeth rhwng clochydd a chlochydd.' Wel oedd siŵr, ond dyna fo, roeddwn i'n ifanc ac yn wirion.

Serch hynny, doeddwn i ddim mor wirion o ifanc na

wyddwn fy mod yn mynd i fethu Hanes mewn modd arwrol. Doeddwn i'n cael dim blas ar y pwnc nac yn gweld bod yr hyn a astudiem yn berthnasol iawn i'm bywyd i.

O ran Celf, fe'm cysurwn fy hun y medrwn ddod drwyddi ar gyfri fy ngwaith ymarferol (er prinned hwnnw) fel nad oedd angen rhoi llawer o sylw i Hanes Celfyddyd. Camgymeriad o'r mwyaf. Dim ond fy nghyfaill Arthur Morus a minnau oedd yn gwneud Celf yn y chweched ac rwy'n siŵr y cytunai Arthur nad oedd yr ysgol yn cymryd y pwnc o ddifri nac erioed wedi gwneud hynny. Ond wedyn, mae'n debyg fod hynny'n wir am y rhan fwyaf o ysgolion gramadeg yr adeg honno. Ni fedraf gofio cael unrhyw hyfforddiant nac arweiniad o fath yn y byd trwy gydol fy mlynyddoedd yn Nhytandomen. Rhywbeth i'n cadw'n ddiddig, i'n cadw rhag gwneud drygau am awr neu ddwy oedd *Art* ac, yn amlach na pheidio, goruchwylio ac ymorol nad oeddem yn gadael llanast ar ein holau oedd swyddogaeth yr athro. Oedd, roedd Celf, fel Gwaith Coed, yn bwnc israddol.

Roedd Arthur wedi penderfynu mynd ymlaen i astudio mewn coleg celf, a dyna a wnaeth, yng Nghaer-wysg. Roeddwn innau'n rhyw fudr-chwarae â'r syniad er nad oeddwn hanner mor hyderus ag Arthur. Sut bynnag, fe wnaed y penderfyniad yn fy lle. Fel yn achos Hanes, mi fethais *Art* ond, o leiaf, dyfarnwyd imi radd Lefel O yn y pwnc am yr ail waith.

Cymraeg? Wel, roeddwn i'n ddigon ffôl o hunandybus i gredu y gallwn ddod i ben â'r pwnc hwnnw heb hyd yn oed ddarllen y llyfrau gosod o glawr i glawr. Tybiwn y byddai fy nhipyn gwybodaeth lenyddol gyffredinol yn ddigon i'm cario ond na, doedd gen i mo'r manylder gwybodaeth i ateb unrhyw gwestiwn ar ei ben, dim ond rhyw falu awyr lled-ddeallus ar y cyrion. A doedd Dewi Emrys o ddim cymorth imi'r tro hwn. Er i mi lwyddo i basio, cael a chael oedd hi a bu'n rhaid dweud ta-ta wrth y Brifysgol. Ond roedd un drws yn agored i minnau, fel cannoedd o'm blaen ac ar fy ôl: roedd Y Coleg Normal yn fwy na pharod i'm derbyn.

13

Yn ystod haf 1963, rhwng gorffen ysgol a dechrau coleg, mi gefais fy swydd gyflogedig gyntaf, sef trefnydd Plaid Cymru ym Meirionnydd. Erbyn meddwl, efallai mai Penllyn ac Edeirnion oedd fy nhiriogaeth oherwydd does gen i ddim cof imi fynd ymhellach i'r gorllewin na Llanuwchllyn. Ta waeth, rwy'n gwbl sicr mai pumpunt yr wythnos oedd fy nghyflog ac roedd hynny'n dra derbyniol gan lefnyn deunaw oed yr adeg honno. Roeddwn i'n lletya yn Nhy'n Ffridd ac yn cael benthyg car Iwan — Awstin A35 — ar gyfer fy ngwaith, beth bynnag yn hollol oedd y gwaith hwnnw. Rhaid cyfaddef fy mod i braidd yn ansicr ynghylch yr union ddyletswyddau y disgwylid imi eu cyflawni. Serch hynny, doeddwn i ddim yn hollol ddi-glem: mi wyddwn fod Etholiad Cyffredinol ar y gorwel ac mi wyddwn mai Elystan Morgan oedd ymgeisydd y Blaid ym Meirionnydd.

Mi ddechreuais arni, ac un o'r pethau cyntaf a wnes oedd mynd i'r Bala i rannu taflenni o ddrws i ddrws neu, a defnyddio ymadrodd anffodus canfaswyr heddiw, 'gwneud drop'. Cyn dechrau ar y gorchwyl hwnnw, fodd bynnag, digwyddais daro ar Glesni Tyddyn'ronnen a Marilyn Green a chynnig eu hebrwng adref i Lanuwchllyn. Yn Heol Pen-sarn, fel roeddem ni'n gadael y dref, dyma'r ddwy yn fy herio i fynd at ddrws Miss Whittington Hughes i genhadu dros Gymru. Yn llanc i gyd, mi dderbyniais yr her gan wybod nad oedd ganddi bellach unrhyw awdurdod i'm ceryddu na'm cosbi. Cyn gynted ag yr agorodd y drws fe'i caeodd yn glep gan ruo, 'Does gen i ddim diddordeb mewn politics!' Nid dyna'r dechreuad mwyaf addawol i'r cyw drefnydd ond dyna fy atgof olaf am Miss Whittington Hughes. Heddwch i'w llwch, ble bynnag y mae hwnnw.

Un o gymeriadau anwylaf a mwyaf lliwgar tre'r Bala bryd hynny oedd gwraig fechan sipsïaidd yr olwg o'r enw Sali Weston, er mai Edwards oedd ei snâm ar lyfrau'r Eglwys — nid bod llawer o ots gan Sali am yr Eglwys na'i llyfrau. Eto i gyd, pan fyddai tîm yr Eglwys yn chwarae yn y *Bragdy Cup*, a Cecil ei mab yn y tîm hwnnw, fe allasech dyngu ei bod yn Ucheleglwyswraig o ran ei chefnogaeth os nad ei haraith. Yn amlach na dim, roedd ei sylwebaeth ansabothol hi'n ddifyrrach na'r gêm ei hun. Sut bynnag, anghofia i byth un o'r troeon hynny y bûm yn tywys Elystan Morgan o dŷ i dŷ yn y Bala. Ym Mro Eryl, un o'r stadau tai cyngor, daethom at ddrws Sali, a hwnnw'n llydan agored. Roedd y staer gyferbyn â'r drws ac, ar ôl canu'r gloch, gallem weld ei thraed yn ymddangos ar ben y staer a hithau'n gweld ein traed ninnau ar y rhiniog. Rhoddodd floedd ar Shirley'r ferch, 'Hei, Shirl, ma'r blydi Indians 'ne wedi dod nôl. Mae 'ne ddau o'r diawled!' Erbyn deall, roedd rhyw Indiaid newydd fod o gwmpas yn gwerthu dillad, fel y bydden nhw bryd hynny. Daeth Sali i'r drws a chan ei bod yn lled-adnabod fy ngwep i, o'r cae ffwtbol decini, a'r ffaith bod Elystan a minnau'n ddidwrban, fe sylweddolodd ei chamgymeriad ac fe aeth mor sidêt â'r fam frenhines. Wn i ddim a gafodd Elystan ei phleidlais — os cafodd rhywun hi — ond o leiaf fe gafodd well croeso nag a gefais i gan Whittington Hughes.

Roedd Sali'n gymeriad ar y naw ac yn hoffus tu hwnt. Un tro fe anfonodd nodyn at Meirion Jones, prifathro'r Ysgol Goch, i egluro absenoldeb un o'i phlant. *'Both ends going,'* meddai. Y tro olaf y gwelais hi oedd yng nghartref Bron-y-graig yn y Bala a hithau'n hen wreigan eiddil ond mor annwyl ag erioed. Ac oedd, fel erioed, roedd y blethen yn dal yn ei gwallt. Clywais stori dda amdani ym Mron-y-graig. Aeth rhyw weinidog yno i gynnal oedfa gyda'r hen bobl a digwyddai ei wraig fod yn eistedd wrth ochr Sali. Gyda bod y gŵr parchedig wedi dechrau'r gwasanaeth trodd Sali at y wraig ddiarth a dweud, 'Gobeithio na fydd y diawl yma ddim yn hir!' Roedd hi'n werth y byd ac, i mi, mae'r Bala heb Sali fel y Bala heb Tom Ellis.

Haf i'w gofio oedd yr haf hwnnw yn Nhy'n Ffridd. Ni chredaf imi gael mwy o sbort yn unman erioed ac wrth gwrs roedd John William wyllt ei dymer yn cyfrannu'n helaeth at yr hwyl. Byddem ar ein traed tan berfeddion, yn enwedig Iwan a minnau, ac rwy'n ofni bod y Blaid yn dioddef drannoeth. Ond, fel pob haf erioed, fe ddaeth i ben, a minnau nid yn unig yn ffarwelio â Thy'n Ffridd ond â'r Sarnau hefyd. Yng Nghaernarfon y byddai'r cartref bellach ac, yn naturiol, roedd hynny'n golygu cryn newid i mi.

Roedd Capel Salem yr Annibynwyr fel Abaty Westminster o'i gymharu â Rhydywernen ac mae'n rhaid imi gyfaddef na theimlwn yn gwbl gartrefol yno. Nid bod dim o'i le ar Salem na'i selogion; yn wir, roedd pawb yn sobr o glên a chroesawus ac roedd yno lawer o ferched ifanc na fedrwn i, gwaetha'r modd, werthfawrogi eu duwioldeb i'r graddau y dymunwn am fod ein sedd ni am y cefngor â'r diaconiaid. Oddigerth hynny doedd dim o'i le ar Salem: y fi, mae'n debyg, oedd yn misio dygymod â'r cyferbyniad. Ni allwn ddychmygu Prif Gwnstabl na Phrifathro Ysgol Ramadeg yn eistedd yn sêt fawr Rhydywernen ac, yn siŵr i chi, ni allwn ddychmygu un o ddiaconiaid Salem yn cnoi baco yn sêt y pechaduriaid. Oedd, roedd symud o gapel bychan yng Nghwm Main i gapel mawr yng Nghaernarfon yn dipyn o newid i mi.

Ac wrth gwrs doedd gen i ddim cydnabod yno. Serch hynny, buan iawn y daeth Sara Bowen (Griffith) i'r adwy a'm tynnu i mewn i gylch newydd o ffrindiau, cylch yn cynnwys Huw ei brawd, Dafydd Wigley, Myrfyn Owen (olynydd Peter Scott yn bennaeth y *Wildfowl Trust* yn Slimbridge bellach), Dewi Edwards (tad Dr Sara a gollodd ei choesau trwy lid yr ymennydd), Siân Hefin Griffith, Moira Phillips ac eraill.

Hyd yn oed bryd hynny roedd Dafydd Wigley dros ei ben a'i glustiau mewn gwleidyddiaeth ac fe berswadiodd Sara Bowen, Myrfyn a minnau i fynd gydag o i Fae Colwyn i werthu'r *Welsh Nation,* misolyn Saesneg y Blaid, o ddrws i ddrws. Dewisodd Fae Colwyn, mae'n debyg, oherwydd iddo fod yn ddisgybl yn Ysgol Rydal yn y dref honno ac mai yno, i bob pwrpas, y daeth o'n genedlaetholwr o Gymro. Sut bynnag, y diwrnod hwnnw ym Mae Colwyn digwyddodd rhywbeth eithaf doniol er nad felly y gwelwn i'r profiad ar y pryd. Curais ddrws un tŷ neilltuol ac fe'i hagorwyd gan arth o ddyn blewog mewn fest rwyd a chanddo fwyell yn ei law. Dyna'r unig dro yn fy mywyd imi gefnu ar y Blaid. Gofynnais iddo, 'Could you tell me the time, please?'

Rhywbeth arall nad anghofiaf mohono oedd yr hyn a ddigwyddodd ar y Maes yng Nghaernarfon un nos Sadwrn. Roedd criw ohonom, gan gynnwys Dafydd, yn sefyll ger cofgolofn Lloyd George ac yn gwrando ar Goronwy Roberts AS yn annerch torf helaeth o bobl. Dyna lle'r oedd yn rhaffu'r hen ystrydebau arferol yn ei ddull cyfoglyd-deimladol pan waeddodd Wigley ar uchaf ei lais — ac mae hynny'n uchel iawn — 'Paid â malu cachu!' Wna i ddim mynd ar fy llw ond rwyf braidd yn siŵr fod Lloyd George wedi symud. Ar hynny, trodd rhyw wraig a safai o'n blaenau gan ddweud yn findlws, 'Oh, hello, David. Roeddwn i'n meddwl 'mod i'n nabod y llais.' Prin y meddyliwn i na neb arall o'r criw y byddai Arfon gyfan — nage, Cymru gyfan — yn nabod y llais hwnnw ymhen ychydig flynyddoedd.

Er bod fy nghartref yng Nghaernarfon ac er bod myfyrwyr o Gaernarfon a'r cyffiniau yn gorfod teithio'n feunyddiol i Fangor, mi fûm i'n ffodus i gael lle yn hostel y George oherwydd mai'r Sarnau oedd fy nghyfeiriad ar lyfrau'r coleg. Fel yr awgrymais eisoes, methiant a'm harweiniodd i'r Coleg Normal ac mi es yno i ganlyn y llif yn hytrach nag o unrhyw argyhoeddiad mai dysgu plant oedd fy mhriod alwedigaeth. Na, mynd i ganlyn tri o'm cyfoedion yn Nhytandomen — Wil Lloyd o Felin-y-wig, Edward Eithinfynydd a Rhys Bro Aran o Lanuwchllyn.

Roedd disgyblaeth lem yn y Normal bryd hynny a phob math o reolau caeth na fuasai myfyrwyr heddiw yn eu goddef am eiliad. Er enghraifft, doedd yr un bachgen i fod yng nghyffiniau neuaddau'r merched ar ôl deg o'r gloch y nos ac roedd rhaid iddo fod yn ôl yn ei neuadd ei hun erbyn hanner awr wedi deg. Gan fod neuaddau'r merched i gyd o gwmpas yr Hen Goleg ym Mangor Uchaf roedd yr hanner awr o wahaniaeth yn rhoi cyfle i'r bechgyn gerdded yn ôl i'r George. Un noson, yn ystod fy wythnosau cyntaf yno, digwyddodd rhywbeth a allasai fod wedi adlewyrchu'n wael ar hynny o enw da a feddwn. Ar y pryd roeddwn yn mynd allan gydag Eurwen Evans o Lanfachreth, Meirionnydd, geneth hyfryd a fu farw'n ddisymwth ar ei blwyddyn olaf yn y coleg. Roeddwn i newydd fod yn ei danfon adref i Neuadd Eryri pan welais dair o wardeiniaid neuaddau'r merched yn dod i'm cyfeiriad. Gan ei bod wedi troi deg o'r gloch a minnau'n troedio tir gwaharddedig, penderfynais swatio dan lwyn rododendron ar fin y llwybr. Dyna lle'r oeddwn ar fy nghwrcwd a'm cefn tuag atynt pan sylweddolais fy mod wedi gwneud peth ffôl. Beth petaen nhw'n fy ngweld ac yn camddehongli'r sefyllfa? Sut y medrwn eu darbwyllo nad oeddwn ar berwyl amheus? Roedd y munudau hynny fel tragwyddoldeb ond, diolch byth, aeth y tair heibio imi o fewn ychydig droedfeddi. Addunedais yn y fan a'r lle na wnawn beth mor wirion eto pe cawn fy hun yn yr un sefyllfa.

Oedd, roedd rheolau'r Normal yn llawer mwy caeth na rhai'r Brifysgol, hyd yn oed bryd hynny. Roedd colli darlith yn drosedd difrifol: roedd colli dwy yn achos crogi ond, wrth gwrs, roedd rhai darlithwyr mwy hyblyg na'i gilydd. Efallai nad hyblyg yw'r gair gorau i ddisgrifio Emyr Hywel Owen, dirprwy bennaeth yr Adran Addysg ac un a oedd, dybiwn i, yn ei chael yn anodd dygymod â'r ffaith mai dirprwy ydoedd. Wedi'r cwbl, roedd y dyn yn MA ddwy waith ac fe ddigwyddodd grybwyll hynny wrth ei gyflwyno'i hun inni ar ddechrau ein gyrfa golegol. Am ryw reswm, roedd myfyrwyr yr ail a'r drydedd flwyddyn yn ei alw'n Hipo ac felly, o barch i draddodiad, dyna'r enw a fabwysiadwyd gennym ninnau.

Doedd Hipo a minnau ddim yn ffrindiau mynwesol; roedd ei natur chwyddedig yn peri i mi fod eisiau rhoi pin ynddo. Roedd hyd yn oed ei ieithwedd yn chwyddedig. Pan oeddwn ar fy ymarfer dysgu cyntaf yn ysgol Gerlan, Bethesda ac yn sefyll y tu allan i'r ysgol un diwedd pnawn, daeth heibio yn ei gar — yng Ngerlan roedd o'n byw — ac meddai gan gyfeirio at y mynyddoedd o'n cwmpas, 'Welsoch chi erioed y fath aruthredd o binaclau?' Roedd hi'n anodd peidio â gwenu.

Yn ystod fy nyddiau cyntaf yn y coleg daeth ataf a dweud, 'Roeddech chi'n olaf i frecwast y bore 'ma ac yn olaf namyn un ddoe. Mae 'na bobol yn eich gwylio chi.' Rhoddodd bwyslais bygythiol ar y 'chi' nes gwneud imi deimlo'n bur anghyffyrddus. Ymhen blynyddoedd lawer ar ôl gadael y coleg fe ddywedodd un darlithydd wrthyf fod gan Mr Emyr Hywel Owen ddant imi. Un tro cefais bleser annuwiol o roi pin yn ei swigen. Ef oedd yn gyfrifol am drefnu lleoliadau ymarfer dysgu'r bechgyn ac mae'n rhaid cydnabod bod ganddo gof eithriadol: cofiai ymhle roedd pob myfyriwr wedi'i leoli ac ymhle y lleolwyd ef y flwyddyn cynt a hyd yn oed y flwyddyn cyn hynny. Sut bynnag, roedd Mair Owen o Ben-y-groes a minnau wedi llwyddo i gyrraedd rownd gynderfynol Ymryson Areithio'r Colegau ac roedd hynny'n golygu mynd i hen stiwdio'r BBC yn Park Place, Caerdydd. Roedd y ddau ohonom ynghyd â llond siarabáng o gefnogwyr wedi bod i lawr yno unwaith eisoes ond, ychydig funudau cyn dechrau recordio, sylweddolwyd ein bod ni a thîm Coleg Diwinyddol Aberystwyth wedi cael pynciau gwahanol i'w trafod. Roedd Ifan O. Williams y cynhyrchydd wedi cynhyrfu'n arw ac yn wir bu farw'n ddisymwth drannoeth. Felly roedd gofyn i Mair a minnau ddychwelyd i Gaerdydd ond, y tro hwn, heb gefnogaeth ein cyd-fyfyrwyr gan ei bod erbyn hynny yn gyfnod ymarfer dysgu. Euthum at Emyr Owen a dweud wrtho y carwn gael deuddydd yn rhydd o'm hymarfer dysgu cyntaf er mwyn mynd i Gaerdydd i gynrychioli'r coleg. Fel un a dybiai mai ganddo fo roedd y cerdyn gorau, dywedodd gyda gwên orchfygol y buasai'n rhoi ystyriaeth i'm cais. Ond roedd gen i gerdyn wrth gefn ac fe'i chwaraeais tra oedd yntau'n dal i wenu. 'Rydw i eisoes wedi cael caniatâd y Prifathro ond, o ran cwrteisi, roeddwn i'n meddwl y dylwn i sôn wrthoch chithe.' Roedd yn amlwg wrth ei wep fod y lempen honno'n brifo.

Yr ail dro, aeth Mair a minnau i Gaerdydd ar y trên ac, ar ôl bod yn y pictiwrs yn ystod y pnawn, aethom i'r stiwdio. Criw o fyfyrwyr Caerllion oedd ein ffug-gefnogwyr ni a, rhywsut neu'i gilydd, fe lwyddodd y ddau ohonom i drechu'r darpar weinidogion. Yn eironig braidd, tîm Coleg Caerllion oedd ein gwrthwynebwyr yn yr ornest derfynol ond i Fangor y daeth Brysgyll *Y Cymro*.

Roedd un o'm cyfeillion coleg, sef Wil Owen, Teledu Seiont bellach, yn f'atgoffa'n ddiweddar am ferch o Goleg y Santes

Fair yn cystadlu yn yr Ymryson Areithio ym Mangor. Sôn am Rwsia oedd hi ac meddai, 'Fyddech chi ddim yn cael Ymryson Areithio yn Rwsia'. Ar hynny daeth llais o'r gynulleidfa'n dweud, 'Does 'na ddim Sam Jones yn Rwsia!'

Cymraeg, Celfyddyd a Chrefft a Drama oedd fy mhrif bynciau yn y coleg ond, wrth reswm, roedd yn ofynnol gwneud rhyw hanner dwsin o bynciau atodol hefyd. Er mai Dewi Machreth Ellis oedd pennaeth Adran y Gymraeg, yn rhyfedd iawn ni chefais gymaint ag un ddarlith ganddo erioed ond byddem ill dau'n cael sgwrs o bryd i'w gilydd. Roedd o'n ŵr bonheddig, tal — hardd yn wir — heb ynddo rithyn o'r rhodres a nodweddai'r cyfaill blaenorol.

Miss Menai Williams, Miss Beti Wyn Williams a Miss Lilian Hughes oedd yn darlithio Cymraeg i mi, heb anghofio John Lasarus Williams a oedd yn dechrau yno yr un pryd â minnau. Roedd John L, fel y'i galwem, yn ddigon ymroddedig a gwylaidd hefyd i ofyn i mi ar y stryd ym Mangor Uchaf a oeddwn i'n cael unrhyw fudd o'i ddarlithoedd. Roedd o'n gwestiwn annisgwyl, a hyd yn oed petai'r gwrthwyneb yn wir, mae'n debyg mai'r un fyddai'r ateb ond, diolch i'r drefn, gallwn ateb yn gadarnhaol a hynny'n gwbl ddiffuant. Dyna'r gwir, a dyna'r gwir yn achos y lleill hefyd. Serch hynny, roeddwn i'n ei edmygu am ofyn peth felly i lefnyn o fyfyriwr ar ei flwyddyn gyntaf.

Douglas Williams oedd pennaeth yr Adran Gelfyddyd a Chrefft, un y byddaf yn meddwl amdano bob tro y caf achos i estyn *Cerddi Cynan* oddi ar y silff am mai ef a ddyluniodd y siaced lwch yn ogystal â darlunio nifer o lyfrau plant fel *Teulu'r Cwpwrdd Cornel* a *Gwilym a Beni Bach*. Hen foi clên ac arlunydd campus. Odano (peidiwch â chamddeall) roedd Miss Richmond, pladres o Saesnes a'i choesau'n gyfrodedd o wythiennau geni, er mai hen ferch o argyhoeddiad oedd hi, yn ôl pob golwg. Crefftau oedd ei maes hi ond, o edrych yn ôl, yr atgof cyffredinol sydd gen i o'm tair blynedd hefo hi yw *papier mâché* diddiwedd.

Edwin Williams a Huw Lloyd Edwards oedd yn yr Adran Ddrama, dau y mae gen i'r parch mwyaf iddynt hyd heddiw. Edwin Williams oedd pennaeth yr adran, gŵr bonheddig, gŵr yr oedd y merched yn ffoli arno. Er nad am yr un rhesymau'n union, roedd gennym ninnau'r bechgyn feddwl mawr ohono. A hefyd o Huw Lloyd Edwards. Roedd o'n fwy o gymêr ond, gyda'i gilydd, roedd y ddau'n dîm perffaith — y naill yn actor a'r llall yn ddramodydd. Doedd Huw Lloyd ddim yn gryf ei iechyd a byddai'n ymladd am ei wynt wrth ddarlithio ac, fel y gwyddom, bu farw'n rhy gynnar o'r hanner. Ef, i bob pwrpas, a'm perswadiodd i aros yn y coleg pan gefais gyfnod anniddig iawn yn ystod fy ail flwyddyn. Mae'n debyg mai'r prif beth a sbardunodd yr anniddigrwydd hwnnw oedd y ffaith imi gael ymarfer dysgu trychinebus yng Nghefncoedycymer ger Merthyr y flwyddyn honno. Yno hefo mi, a'r ddau ohonom yn cydletya yn nhŷ'r prifathro ym Mhenderyn, roedd Trefor Owen o Lanberis ond fe lwyddodd o lle methais i.

Croker, pennaeth Adran y Saesneg yn y Normal, oedd ein tiwtor ac un anghynnes ar y naw oedd o hefyd. Roedd o'n ddiarhebol o anghwrtais hefo'r ddau ohonom. Ni ellid dychmygu person mwy gwahanol i Edwin Williams, fy nhiwtor y flwyddyn cynt. Yn unol â'r drefn, roedd gofyn i ni baratoi ein gwersi'n drylwyr a'u cofnodi yn ein llyfrau ac, un bore, fe drodd Croker baned o de am ben llyfr Trefor ac ni thrafferthodd ymddiheuro hyd yn oed, dim ond dweud, '*Wipe that!*'

Nid bychan o dasg oedd paratoi gwersi bob nos a'u sgrifennu yn ein llyfrau. Fwy nag unwaith mi ildiais i'r demtasiwn o'i mentro hi heb baratoadau digonol ac, wrth gwrs, byddai Croker yn saff o alw heibio ar yr adegau hynny. Daeth i mewn ar ei hyll un diwrnod pan oeddwn newydd ddechrau gwers Ddaearyddiaeth a oedd, diolch byth, wedi ei chynllunio'n ofalus a'i chofnodi yn fy llyfr. Gydag ebwch a olygai '*Good afternoon*' decini, cipiodd fy llyfr ac eisteddodd yng nghefn y dosbarth a dyna lle bu yn sgrifennu nodiadau. Rhywdro yn ystod y wers fe gododd un bachgen ei law i ofyn cwestiwn ynghylch aredig, cwestiwn deallus a oedd yn fy marn i yn ddigon perthnasol fel ag i haeddu sylw ac ateb cwrtais. Er mawr syndod imi, roedd Croker wedi sgrifennu yn fy llyfr, '*Your digression on the subject of ploughing and furrows was not part of your planned lesson*'. Fedrwn i ddim coelio'r peth. Hynny yw, roedd o'n disgwyl imi ddweud wrth y bachgen hwnnw nad oeddwn yn mynd i ateb ei gwestiwn am nad oedd yn rhan o'r wers a baratoais y noson cynt. Fel petai addysg wedi'i sgriptio air am air.

Doedd o ddim yn syndod imi ddeall fy mod wedi methu'r ymarfer dysgu hwnnw ac er fy mod yn barod iawn i gydnabod mai fy niffygion i fy hun oedd y prif reswm am hynny, doedd agwedd ac ymddygiad anfelys Croker ddim wedi bod o unrhyw gymorth imi. Roedd o'n fy ngwneud yn fwy nerfus nag y byddwn ar y gorau mewn amgylchiadau o'r fath. Sut bynnag, fe sigwyd fy hyder yn fy nyfodol fel athro a chan nad oeddwn wedi mynd i'r Normal gydag unrhyw argyhoeddiad yn y lle cyntaf, dechreuais anniddigo a meddwl o ddifri am roi'r gorau i'm cwrs ar ddiwedd fy ail flwyddyn. Roeddwn i hefyd, fel erioed, mewn rhyw drafferthion carwriaethol. Wn i ddim faint a wyddai Emyr Hywel Owen MA MA am y rheiny ond, fel un ag awdurdod ganddo, dywedodd wrthyf yn gwbl annisgwyl un diwrnod, 'Nid y chi ydi'r cyntaf ac nid y chi fydd yr olaf i fynd yn fat drws o dan draed merched. Byddwch yn ofalus.' Roedd o'n rêl siofinydd.

Ond, a dychwelyd at fy mhriod lwybr, roedd yn amlwg fod Huw Lloyd Edwards wedi synhwyro fy anniddigrwydd ac fe'm galwodd ato ar ddiwedd darlith a gofyn imi a oedd rhywbeth yn fy mhoeni. Yn groes i'm natur gyfrinachgar arferol, mi ddywedais y cyfan — neu'r rhan fwyaf o'r cyfan — wrth Huw Lloyd. Yn wahanol i mi, os oedd ei ben creadigol yn y cymylau roedd ei draed serch hynny yn soled ar y ddaear. 'Gwrandwch,' meddai, 'sticiwch hi am flwyddyn arall ac wedyn mi gewch ddarn o bapur yn profi eich bod chi'n athro trwyddedig. Ar ôl hynny mi gewch neud be fynnoch chi ond fedr neb fynd â'r darn papur 'na oddi arnoch chi. Peidiwch â gadael i ryw hen falchder tu chwyneb allan ddod rhyngoch chi a'ch dyfodol.' Derbyniais ei gyngor ac ni bu'n edifar gennyf.

Trwy gydol fy nghyfnod yn y coleg bûm yn cymryd rhan yn y dramâu blynyddol a lwyfennid yn Neuadd John Phillips ac efallai mai hynny a roddodd y pleser mwyaf imi tra bûm yn y Normal. Roedd llawer o hwyl i'w gael hefo'r criw drama. Yn fy mlwyddyn olaf fe gyflwynem *Y Gŵr o Gath-Heffer* gan Huw Lloyd Edwards ei hun, a minnau'n actio'r prif ran, y proffwyd Jona. Rhaid cyfaddef imi fwynhau'r profiad hwnnw, y profiad o berfformio a chael rhyw ymdeimlad o rym a oedd yn dra meddwol ei effaith arnaf. Y blas meddwol hwnnw decini a barodd imi dybio y carwn fynd yn actor, a phan gyhoeddodd Cwmni Theatr Cymru ei fod yn cynnal praw-wrandawiadau ym Mangor mi euthum i a Myfyr o Ddeiniolen draw i fentro'n siawns. Dewisais ddarllen rhan o *Blodeuwedd* lle'r oeddwn i'n Llew Llaw Gyffes a Lisabeth Miles, un o actoresau gwreiddiol y cwmni, yn darllen rhan Blodeuwedd. Os cofiaf yn iawn, dau yn unig oedd yn gwrando, sef Wilbert Lloyd Roberts a George P. Owen. Ar ôl bod wrthi am dipyn digwyddais godi fy ngolygon a gweld bod George P. Owen yn siglo chwerthin ond yn ddistaw, chwarae teg iddo fo. Efallai ei fod newydd gofio rhyw jôc a glywsai'n gynharach neu efallai nad oeddwn wedi sylweddoli mai comedi oedd *Blodeuwedd*. Wn i ddim, ond ar ddiwedd y gwrandawiad dywedodd Wilbert, yn ddiplomataidd iawn, fod fy llais braidd yn henaidd i gyfateb i'm hoedran ac nad oedd yn gweddu i'r cynyrchiadau nesaf oedd ganddynt mewn golwg. A dyna'r llen yn disgyn ar fy ngyrfa fel actor.

Nid felly y bu hi yn hanes un o'r criw, sef Gareth Lewis o'r Felinheli. Fel actor, roedd ef ben ac ysgwydd uwchlaw'r gweddill ohonom ac fe fu wrth gwrs yn chwarae rhan Meic Pierce yn *Pobol y Cwm* am flynyddoedd lawer. Yn fy marn i, roedd yn actor rhy dda i fod yn cadw caffi yng Nghwmderi.

Ac o sôn am gaffi, un sefydliad a fu'n ail gartref i mi trwy gydol fy nyddiau coleg oedd Caffi Hymffs ym Mangor Uchaf. Roedd yn gyrchfan poblogaidd iawn gan fyfyrwyr y Normal ac yn ganolbwynt cymdeithasol yn ystod y dydd; roedd drysau eraill yn agored inni fin nos. Rhwng 1963 a 1966 mi yfais i blanhigfa o de yn Hymffs ac felly doedd ryfedd bod Mrs Jones y perchennog bob amser yn glên.

Yno, ar adegau tawel, y sgrifennais i amryw o'm traethodau, a Selina'r weinyddes ifanc yn cario paneidiau imi ar gan milltir yr awr fel petai'r lle'n orlawn. Roedd Selina'n gwneud popeth ar gan milltir yr awr. Yn Hymffs hefyd mi luniais sawl englyn pryd y dylaswn fod yn gwneud pethau amgenach. Cofiaf lunio englynion Saesneg i ddiolch i Wil Lloyd am fenthyg punt pan oedd hi'n feinach nag arfer arnaf:

William, you filled my wallet and a pound
    You put in my pocket.
    A poor student poet
    Owes the dough and pays the debt.

I sat in Hymffs, yet I knew not a soul
    Who brought signs of rescue;
    A villain of no value,
    Of no fags, not even few.

When I failed to pay my fee, yes, I cast
    This question to many:
    To a bard could there yet be
    Any man who'll give money?

This faintish, foolish failure sought a friend
    Of the best free nature,
    And a quick thought did occur:
    I'll approach the lay-preacher.

In a crisis so crucial I was down
    In a state of burial,
    Yet your pound, my true pal,
    Rescued this poor rascal.

Ers blynyddoedd cyn mynd i'r coleg roedd gen i ddau beth a oedd fel pe'n rhan o'm gwneuthuriad, sef bag-dal-popeth dros f'ysgwydd a hen gôt ddyffl lliw camel. Bu'r bag hwnnw gen i am flynyddoedd wedyn ar ôl gadael y coleg ond fe'm gwahanwyd i a'r gôt ddyffl trwy ddamwain — yn llythrennol felly.

Un bore roeddwn i a Carys Tudor Jones o Sir y Fflint yn sefyll gerllaw'r George i ddisgwyl bws. Daeth car o gyfeiriad Pont Menai ac fel roedd yn mynd heibio inni rhoddodd y gyrrwr arwydd ei fod yn troi i'r chwith i lawr tua'r George. Y tu ôl iddo roedd fan go helaeth yn trafaelio ar gryn gyflymder ac, am eiliad, trodd y gyrrwr ei ben i sbio arnom ni — wel, ar Carys beth bynnag — ac yna pan sylweddolodd fod y car o'i flaen wedi arafu fe geisiodd ei osgoi, ond yn ofer. Fe'i clipiodd nes saethu ar draws y ffordd yn benben â char arall.

Y peth cyntaf a glywsom oedd plentyn yn crio a gwraig yn sgrechian, *'Where's my child? Where's my child?'* Rhedodd Carys i alw'r ambiwlans a'r heddlu a rhedais innau i wneud beth bynnag a fedrwn. Roedd geneth fach tua phumlwydd oed wedi cael ei thaflu trwy ffenest flaen y car ac yn hongian gerfydd ei dillad rhwng y ddau gerbyd. Yn naturiol, roedd hi wedi'i hanafu'n ddychrynllyd. Mi lwyddais i'w rhyddhau a'i chario o'r neilltu drwy fwlch yn y gwrych a'i gosod i orwedd ar y glaswellt gan daenu fy nghôt ddyffl odani a throsti. Daeth yr ambiwlans a'r heddlu mewn byr amser a bu'n rhaid i Carys a minnau, fel llygad-dystion, wneud datganiad ac yna, maes o law, ymddangos mewn achos llys ym Mangor. Doedd hynny ddim yn brofiad dymunol o bell ffordd ac mae'n wir dweud ei fod wedi pwyso'n drwm ar fy meddwl am wythnosau. Doeddwn i erioed wedi ymddangos mewn llys barn o'r blaen ac roeddwn i'n crynu fel deilen tra ceisiai cyfreithiwr y diffynnydd (gyrrwr y fan) fy nhynnu'n g'reiau.

Er gwaethaf fy nhystiolaeth grynedig fe enillwyd yr achos ac ar ddiwedd y gweithrediadau daeth rhieni'r eneth fach ataf i ddiolch imi am gymryd gofal ohoni. Ymhlith llawer o anafiadau eraill, roedd hi wedi torri ei choesau'n shitrws a bu'n rhaid iddi ailddysgu cerdded. Ond mewn gwirionedd, roedd y beth fach yn ffodus eithriadol ei bod yn fyw. Sut bynnag, wedi'r ddamwain honno roedd cymaint o waed hyd yr hen gôt fel y bu'n rhaid cael gwared â hi. Teimlwn fel petawn yn noethlymun groen am fisoedd lawer.

Ychydig wythnosau cyn yr Etholiad Cyffredinol yn 1964 daeth Alwyn Jones o Dre-garth ataf yn Hymffs a dweud y carai gael sgwrs gyfrinachol â mi. Roedden ni'n adnabod ein gilydd yn weddol dda. Fe fu Alwyn yn blismon am gyfnod ond erbyn hyn roedd yn gwerthu ac yn trwsio setiau teledu ym Mangor Uchaf. Bryd hynny, wrth gwrs, doedd Plaid Cymru ddim yn cael gwneud darllediadau gwleidyddol — nid rhai cyfreithlon o leiaf. Roedd 'Y Ceiliog', sef trosglwyddydd cyfrinachol y Blaid, yn llwyddo i dorri ar draws rhaglenni teledu ond un noson fe fu trychineb pan dorrwyd ar draws gêm bêl-droed. Roedd hynny'n anfaddeuol a bu'n rhaid rhoi taw ar glochdar yr hen geiliog. Sut bynnag, roedd gan Alwyn ac un neu ddau Bleidiwr arall a oedd yn deall technoleg darlledu gynllun herfeiddiol iawn i oresgyn y gwaharddiad hwn. Eglurodd wrthyf, ac oedd, roedd o *yn* gynllun beiddgar tu hwnt, peryglus hyd yn oed. Gofynnodd imi a fyddwn i'n fodlon ymuno â nhw ac, os felly, a fedrwn i gael un arall i ddod gyda mi. Medrwn siawns. Trefnwyd i gyfarfod eto yn Hymffs ymhen rhai dyddiau.

Roedd amryw o'm cyfeillion coleg y gallaswn fod wedi gofyn iddynt ond, ar ôl pwyso a mesur popeth, gofynnais i Celt Roberts o Benrhyndeudraeth. Gwyddwn na fyddai'n debygol o wrthod ond gwyddwn hefyd, pe bai'n gwrthod, y byddai'n saff o gau ei geg. Roedd Celt yn gêm amdani. Yn yr ail gyfarfyddiad yn Hymffs roedd pedwar ohonom, sef Alwyn, Celt a minnau yn ogystal ag Ifan Parry, athro yn Ysgol Dyffryn Nantlle ac athrylith ym maes electroneg.

Y bwriad oedd herwgipio cwch *Radio Caroline* a oedd yn darlledu'n anghyfreithlon oddi ar arfordir Ynys Manaw, caethiwo'r criw bychan (dau, os cofiaf yn iawn) ac yna dechrau darlledu yn enw Plaid Cymru. Decmyn oedd Celt a minnau, dau bâr o ddwylo i helpu i oresgyn y cwch ac i wneud hyn ac arall tra gofalai Ifan ac Ellis, partner busnes Alwyn, am y pethau technegol. Roedd Celt a minnau'n edrych ymlaen at yr 'antur enbyd' hon, ac eto, gwyddem y byddai'n ddrwg arnom nid yn unig o du'r Gyfraith ond o du'r coleg hefyd. Felly, dyma fynd at un o'r darlithwyr, un y gallem ymddiried yn llwyr ynddo ac un a fyddai'n cydymdeimlo â'n hachos. Pwy ond Dafydd Orwig? Ei farn ef oedd mai colli darlithoedd yn unig fyddai ein trosedd o safbwynt y coleg, a chyda hynny o rybudd fe ddymunodd yn dda inni. Yna, ychydig ddyddiau cyn ymadael â glannau'r Fenai dlawd, fe suddwyd ein gobeithion pan gafwyd barn gyfreithiol ar oblygiadau'r fenter. Yng ngolwg y Gyfraith, byddem yn euog o *'piracy on the high seas'* ac yn debygol o gael blynyddoedd o garchar. Wel, roedd coleg hyd yn oed yn well na hynny.

Eto i gyd, roedd Celt a minnau'n dra siomedig gan ein bod ill dau wedi ymbaratoi'n feddyliol ar gyfer yr antur ac felly, fel iawn am hynny decini, dyma droi'n golygon at antur arall yn nes adref ac ar dir sych y tro hwn. Trwy gydol ein dyddiau coleg bu cwmni Pochin yn codi adeiladau newydd ar Safle'r Fenai ac roedd ambell un o'r gweithwyr yn ddilornus iawn ohonom ni'r myfyrwyr ac yn ein hystyried yn dipyn o fabis swci.

Wel, un noson yn ystafell Wil Lloyd a Walt (Walter Glyn Davies, un o golofnau Llais y Bobl ym Môn bellach) dyma gael cyfarfod i drafod ein gwrthymosodiad. Ers dyddiau lawer roedd rhai o weithwyr Pochin wedi bod wrthi'n ddygn hefo rhofiau yn agor ffos ddofn gerllaw'r George ac roedden ni wedi sylwi eu bod yn gadael eu harfau ar waelod y ffos wrth noswylio. Wel, mewn difri . . . ar gampws coleg! Penderfyniad unfrydol y gweithgor o fabis swci oedd mynd ati i gau'r ffos honno gyda'r arfau a ddefnyddiwyd i'w hagor yn y lle cyntaf. Felly, yn oriau mân y bore aeth rhyw hanner dwsin ohonom allan i ddadwneud dyddiau lawer o lafur gweithwyr Pochin. Oriau yn ddiweddarach, aethom i'n gwlâu yn hapus-luddedig. Wel sôn am helynt drannoeth. Gallasech dyngu bod rhywrai wedi cau Twnnel Mersi. Galwyd yr holl fyfyrwyr gwrywaidd i gwrdd â'r Dirprwy Brifathro Gordon Evans ond, wrth gwrs, fel yn ngeiriau'r gân, doedd 'neb yn gwybod dim yng ngolau dydd' ac roedd pob copa walltog yn wfftio'r fath fandaliaeth. Do, fe gaewyd y ffos ac fe gaewyd cegau hogiau Pochin hefyd. Yn y fargen, fe gafodd Celt a minnau wared â rhywfaint o'n rhwystredigaeth fel darpar fôr-ladron.

Roedd rhyw naw neu ddeg ohonom yn cymdeithasu llawer â'n gilydd ac yn cael myrdd o hwyl —Wil Lloyd, Walt, Wil Owen, Trefor Owen (neu 'Mills' am mai Bertram oedd ei enw canol), Edward Morris Jones, Celt a sawl un arall heb anghofio Arwel Roberts o Glynnog, mab y Mans ac un propor ym mhopeth bob amser.

Rwy'n cofio gêm rygbi yn ystod sesiwn Addysg Gorfforol dan oruchwyliaeth Jim Davies. Am y tro cyntaf yn ystod y gêm roedd y bêl gan Arwel nad oedd, mwy na minnau, wedi ei eni i chwarae rygbi. Dyma fo'n mynd ar wib am dipyn cyn sylweddoli nad ei wrthwynebwyr yn unig oedd yn ei ymlid ond hanner ei dîm ei hunan yn ogystal. Mewn un ymgais anobeithiol i achub ei groen fe daflodd y bêl i rywle-rywle ond doedd gan neb ddiddordeb ynddi. Arwel oedd y bêl bellach. Fe'i taclwyd gan ryw ddwsin o chwaraewyr ar yr un pryd ac fe ddiflannodd dan fynydd o gyrff. Roedd Jim Davies yn chwerthin ei hochr hi ac felly Arwel hefyd, chwarae teg, pan daeth i'r golwg o'r diwedd yn gwbl ddianaf, diolch byth.

Dro arall, yn syth ar ôl sesiwn Ymarfer Corff yn y gymnasiwm roedd gennym ddarlith Addysg Iechyd. Pawb yn newid ar wib ac yn rhuthro i'r ddarlith. Pawb ond Arwel. Roedd Jim Davies wedi bod wrthi'n traethu am ugain munud go dda pan ddaeth Arwel i mewn gan ymddiheuro ei fod yn hwyr. 'Roedd rhywun wedi pwytho fy nhrôns i,' meddai, ac roedd gan bawb syniad go lew pwy oedd y 'rhywun' hwnnw. Cymeriad hoffus iawn oedd Arwel ac yn barod iawn i chwerthin am ei ben ei hun. Aeth yntau, fel llawer un arall, yn athro i Loegr gan briodi ac ymsefydlu yno. Felly'r oedd hi bryd hynny, gwaetha'r modd. Fel ein dŵr, roedd dinasoedd Lloegr yn llyncu'n hathrawon hefyd. Hyd y gwn i, dim ond un o'm cyfeillion coleg a ddychwelodd i Gymru ar ôl bod yn Lloegr, sef Wil Owen a dreuliodd rai blynyddoedd yn Birmingham lle dywedwyd wrtho gan brifathro'r ysgol, '*I don't care what you say to them as long as you don't call them bastards because that's what most of them are*'. Daeth Wil yn ôl i weithio ar *Y Cymro* ac wedi hynny gyda Radio Cymru ym Mangor cyn troi ei olygon at S4C gyda Theledu Seiont yng Nghaernarfon.

Roedd y criw'n deyrngar iawn i'w gilydd fel y profais i un noson pan euthum â merch o Fôn i'r pictiwrs er bod ganddi gariad gartref yn Amlwch. Fel roedden ni'n cerdded adref trwy Goed Menai pwy ddaeth i'n cyfarfod â'i wynt yn ei ddwrn ond Myfyr o Ddeiniolen. Fe'm rhybuddiodd fod criw o lafnau Amlwch wedi cyrraedd ar foto-beics ac yn edrych ymlaen at fy nghyfarfod. 'Ond paid â phoeni,' meddai Myfyr, 'mae Walt wedi hel yr hogia at ei gilydd rhag ofn y bydd 'na gwffas'. Fel y cerddem i lawr heibio'r George gwelem yr SAS yn sefyllian yma ac acw yn y cysgodion — Walt, Wil Lloyd, Wil Owen, Celt, John McBryde a 'Mills'. Synnwn i ddim nad oedd rhagor ac mae'n amlwg mai dyna farn bois Amlwch hefyd oherwydd ni fu unrhyw wrthdaro. A dweud y gwir, welais i monyn nhw, dim ond clywed sŵn eu moto-beics yn chwyrnellu tua'r bont. Roedd hi'n braf gwybod bod gen i ffrindiau a oedd yn fwy na pharod i achub fy nghroen mewn sefyllfa o'r fath. Ond, ffrindiau neu beidio, fûm i ddim yn y pictiwrs wedyn nac yn unman arall hefo'r eneth dlos honno. Roedd rheswm ar bopeth.

Rhaid crybwyll un berthynas garwriaethol arall oherwydd

bod tro annisgwyl yn ei chynffon. Yn ystod fy ail flwyddyn yn y coleg roedd un o ferched y swyddfa yn yr Hen Goleg wedi denu fy llygad. Alwena Jones oedd ei henw, merch o Ddeiniolen. Ambell dro, pan fyddai criw ohonom wedi ymgasglu yng nghyntedd 'Top Col', cerddai'r ferch ifanc hon heibio inni a dringo'r grisiau i ystafell y Prifathro. Roedd ein llygaid ni wedi cyfarfod fwy nag unwaith ond ni fu mwy na rhyw wên fach gloff rhyngom. Roeddwn i'n ei ffansïo na fu rotsiwn beth ac un diwrnod mi lwyddais i fagu digon o blwc i dynnu sgwrs â hi. Dyna ddechrau perthynas a barhaodd am rai wythnosau ond a derfynwyd yn ddisymwth pan ddaeth awdurdodau'r coleg i wybod amdani. Cafodd Alwena rybudd go bendant i beidio â chanlyn myfyriwr os oedd yn dymuno cadw ei swydd yn y coleg. Doedd hynny ddim yn afresymol mewn gwirionedd; wedi'r cyfan, roedd hi'n gweld ac yn teipio papurau arholiadau a rhai dogfennau cyfrinachol eraill.

Yn ogystal â'i ffansïo, roeddwn i'n edmygu'r ferch hon o Ddeiniolen am sawl rheswm. Merch John a Jane Jones, 3 Stryd Newydd oedd hi, ac oherwydd llwch ar ei ysgyfaint roedd ei thad wedi gorfod rhoi'r gorau i'w waith yn Chwarel Dinorwig pan oedd hi'n dair ar ddeg oed ac, er gwaetha'r ffaith ei bod yn ferch alluog a chanddi ddeuddeg Lefel O, dewisodd beidio â mynd i'r chweched dosbarth yn Ysgol Brynrefail nac i goleg er mwyn mynd allan i ennill cyflog.

Roedd ei thad yn un o golofnau'r Blaid Lafur yn Neiniolen ac, fel y rhan fwyaf o bobl ardaloedd y chwareli bryd hynny, yn dra difrïol o'r 'Blaid Bach' ond roedd Alwena'n ddigon dewr ac annibynnol ei barn i ddilyn ei llwybr ei hun. Un noson yn ystod ymgyrch Etholiad Cyffredinol 1964 roedd hi'n rhannu taflenni'r Blaid o ddrws i ddrws a'i thad yn ei gwylio oddi ar garreg drws y cartref. Ychydig ddrysau yn is i lawr y stryd fe luchiwyd taflen 'y Blaid Bach uffar' yn ôl i'w hwyneb a'i rhegi oddi yno i Dimbyctŵ. Yn naturiol, roedd ei thad yn cael ei rwygo rhwng teyrngarwch gwleidyddol a theyrngarwch teuluol. Pwy a ŵyr, ond efallai bod y digwyddiad hwnnw wedi plannu ynddo hedyn amheuaeth nes peri iddo, ddeng mlynedd yn ddiweddarach, bleidleisio i Dafydd Wigley a'r 'Blaid Bach'. Wn i ddim am hynny ond mi wn na lwyr anghofiais i ei ferch er na freuddwydiais y byddwn yn ei chyfarfod eto ymhen blynyddoedd ac yn ailgynnau tân ar hen aelwyd fel petai. Rydym bellach yn briod ers saith mlynedd ar hugain.

Byddai fy atgofion am ddyddiau coleg ymhell o fod yn gyflawn heb imi sôn am gyfeillgarwch arbennig a ddatblygodd rhyngof i a myfyriwr ddwy flynedd yn hŷn na mi. Daeth John Roberts o Rosgadfan a minnau'n bennaf ffrindiau ac mae'r cyfeillgarwch wedi parhau hyd heddiw er mai anaml iawn y gwelwn ein gilydd bellach. Nefoedd, fe gawsom ni'r hwyl ryfeddaf ac rwy'n barnu i mi dreulio mwy o amser yn ystafell John nag a dreuliais yn f'ystafell fy hun yn ystod fy mlwyddyn gyntaf. Dyna lle byddem yn llunio englynion-dau-funud ar y testunau odiaf. Fel y gellid disgwyl, doedden nhw ddim yn teilyngu lle ymhlith englynion gorau'r ganrif; yn wir, doedd ambell un fel hwn i Hitler ddim hyd yn oed yn deilwng o rai salaf y ganrif:

> Hen foi *stern* hefo'i fwstás, hen gythrel
> Mewn gweithred ddiurddas,
> Un a luniodd alanas
> I'r byd hwn â gwn a *gas*.

Oddigerth un gair, fe welwch fod y llinell gyntaf yr un fath â'r llinell honno a gododd wrychyn Bob Owen flynyddoedd ynghynt.

Digon tebyg oedd yr un i Efa yn yr Ardd:

> Dynes heb ddim amdani yn rhedeg
> Drwy'r *radish* yn heini;
> Rhyw asen rhwng y rhesi
> I Adda hen ydoedd hi.

Doedd pob un ddim cweit mor affwysol o sâl. Roedd esgyll yr un i'r Gliw, er enghraifft, yn eithaf gafaelgar:

> Dyn a gliw ar din ei glos
> Am yn hir y mae'n aros.

Byddai criw dethol ohonom yn hoff o chwarae pontŵn am ychydig geiniogau a dyma'r englyn a luniodd John a minnau ar y testun hwnnw:

O bontŵn ces bunt unwaith ond biti
Fu gwneud bet yr eilwaith.
Heb swlltyn na chwechyn chwaith
Na dimai rwy'n mynd ymaith.

Er bod myrdd o englynion eraill wedi eu llunio ar destunau
fel 'Dry Rot', 'Brylcreem' a dyn a ŵyr beth, cofnodaf un
ohonynt yn unig, sef hwn i'r 'Peth Agor Tún':

Ti gei gorn-biff mewn jiffyn o iwsio
Yr hwylusaf erfyn;
Arswydus frathwr sydyn
I ŵr y tŷ agor tún.

Wrth gwrs, doedd hyn oll yn ddim ond hwyl gan ddau gyfaill
o'r un anian yn difyrru'r amser. Eto i gyd, yr oeddem mewn
cwmni da ac yn parhau traddodiad y bu rhai llawer disgleiriach
na ni yn ei gynnal yn ystod eu dyddiau coleg ym Mangor. Sonia
Thomas Parry ym mhennod gyntaf — ac unig bennod — ei
hunangofiant fel yr arferai criw o fyfyrwyr ymgynnull yn ei lety
ef a John Gwilym Jones i lunio englynion a chywyddau. Dywed
mai prin oedd diddordeb John Gwilym yn hyn ac mai dim
ond un llinell o gynghanedd a wnaeth erioed. 'Yn anffodus,'
meddai, 'dyw hi ddim yn gyfryw y gallaf fi ei dweud hi'n
gyhoeddus yn y fan yma'.

Wel, rwy'n cofio John Gwilym yn sôn am y llinell honno
ac am amgylchiadau ei chreu. Roedd Thomas Parry ac yntau
mewn cwch rhwyfo ar y Fenai ac roedd ar John Gwilym eisiau
gwneud ei raid na fu rotsiwn beth. Yn ei gyfyngder fe luniodd
linell o gynghanedd lusg, sef 'Mi gachaf ar yr afon' ac fe'i
hatebwyd ar amrantiad gan Thomas Parry, 'A drewi mawr ar
drai Môn'. Mae meddwl am y ddau academydd hyn yn llunio'r
fath gwpled yn fy ngoglais i'n fawr. Fel y gwna'r hanesyn
hwnnw am T. Gwynn Jones a Dewi Morgan yn mynd i ollwng
deigryn mewn tŷ bach cyhoeddus. 'Ni biswn os yn bosibl,'
meddai Dewi Morgan gan dybio na fedrai ei gyfaill ei ateb yn
dragywydd, ond meddai Gwynn Jones ar drawiad, 'Mae sôn
am biso'n y Bibl'.

Sut bynnag, cyn cael fy sgubo ymhellach i'r môr, mae'n well
imi ddychwelyd i lan y Fenai at John. Rwy'n cofio un noson
neilltuol yn ei ystafell, sef y noson cyn fy arholiad Addysg

Iechyd. Prin oedd fy niddordeb yn y pwnc ond roedd fy ngwybodaeth yn brinnach byth. Wedi i John fod wrthi am ryw hanner awr yn gofyn y math o gwestiynau y byddwn yn debygol o'u hwynebu drannoeth, daeth yn gwbl amlwg mai fy unig achubiaeth fyddai cael anhwylder a olygai na fyddwn yn ffit i wynebu unrhyw bapur ond papur tŷ bach. Ar ôl bwyta tair oren fawr, yfed potel gyfan o sudd oren a bwyta paced cyfan o *fig rolls* roeddwn i'n eithaf hyderus y byddai gennyf reswm digonol i'm rhyddhau o'm hymrwymiad drannoeth. Am naw o'r gloch y bore doeddwn i ddim yn eistedd ar orsedd fy ngobeithion nac yn trafod unrhyw bapur ond papur Addysg Iechyd. Na, phasiais i ddim oll y diwrnod hwnnw.

Ar ddiwedd fy mlwyddyn gyntaf roedd peryg gwirioneddol y byddai'n rhaid imi adael yr hostel a theithio'n ddyddiol o Gaernarfon ond, trwy lwc, mi gefais fy mhenodi'n llywydd *The Literary and Debating Society* a olygai y cawn aros ar Safle'r Fenai. Roedd hynny'n hwyluso pethau'n arw gan fy mod, fel y soniais eisoes, yn ymwneud â dramâu'r coleg yn ogystal ag arwain y Parti Noson Lawen. Byddai rhyw ddwsin ohonom yn mynd o gwmpas i gynnal nosweithiau yn achlysurol a chaem hwyl fawr hyd yn oed os nad dyna farn y gynulleidfa bob amser.

Rwy'n cofio cynnal noson mewn ysgoldy yn Y Felinheli un tro ac roeddwn i ar ganol rhyw sgets fer (diolch byth) lle'r oeddwn i'n actio cowboi ac yn saethu hefo banana ar ôl plicio rhywfaint o'i groen yn ôl. Yr uchafbwynt (os dyna'r gair priodol) oedd bod y bwledi'n gorffen a minnau'n tynnu'r banana o'r croen ac yn rhoi banana di-groen yn ei le a pharhau i saethu. Credwch neu beidio, roedd hi fymryn gwell nag mae hi'n swnio. Y noson honno yn Y Felinheli tynnais y banana o'r croen a'i roi ar ben y piano heb sylwi nad oedd caead arno ac fe ddiflannodd y ffrwyth i stumog yr offeryn. Yr eitem nesaf oedd Edwin Roberts o Abergwyngregyn yn canu 'Y Dymestl' a Walt yn cyfeilio. Doedd dim o'i le ar y canu ond, hyd yn oed i'm clust angherddorol i, doedd y cyfeiliant ddim yn swnio cystal ag arfer.

Yn festri Salem, Caernarfon y cawsom ni'r noson fwyaf aflawen o'r cwbl. Roedd pob jôc fel petai'n bennod o Alarnad Jeremia a'r gynulleidfa'n dweud ag un llais, 'Seion a ledodd ei dwylo, heb neb yn ei diddanu'. Roedd fy mam yn cywilyddio'n ddirfawr, yn enwedig gan mai ar ei hawgrym hi y cawsom wahoddiad yno. Yr unig beth a lwyddodd i ennyn rhyw fath o ymateb oedd yr hyn a ddigwyddodd i Wil Lloyd. Yng nghefn y llwyfan roedd cwpwrdd yn rhan o'r wal ac roedd ei ddrysau'n agor i'r llwyfan. Roedd Wil wedi mynd i mewn i'r cwpwrdd o'r tu ôl a dyna lle'r oedd ar ei gwrcwd yn sbecian sut roedd pethau'n mynd. Daeth Walt o'r tu ôl iddo a'i wthio nes disgynnodd yn glewt ar y llwyfan yn union fel petai'n cael ei daflu allan o salŵn yn Dodge City. Ond nid Dodge City oedd festri Salem. Fuom ni ddim yn unman wedyn.

Cafodd Walt — pwy arall? — chwilen yn ei ben y byddai'n syniad da codi tîm pêl-droed yn enw Cymdeithas Gymraeg y coleg. Doedd o ddim yn un o syniadau gorau Walt ond, am unwaith, roedd o'n syniad a'n cadwai o drwbwl. Chwarae yn erbyn timau ysgolion uwchradd Môn ac Arfon y byddem ni ac roedd hynny'n gamgymeriad. Buasai wedi bod yn ddoethach inni herio'r ysgolion cynradd. O leiaf, fe fyddai'r sgôr rywfaint yn fwy parchus wedyn. Colli ym mhobman oedd ein hanes ond ym Motwnnog y cawsom ni'r grasfa fwyaf. Wrth i Walt a minnau ddod allan o'r bws — y fo wedi tynnu ei wallt yn ôl yn fflat, a mwstás gen innau — fe glywem un o hogiau Botwnnog yn gofyn i'w fêt, 'Faint uffar 'di oed rheina?'

Roedd sawl rheswm am y grasfa honno — un ar ddeg ohonynt yn ein tîm ni — ond, heb os, y prif reswm oedd bachgen melynwallt o'r enw David Barnes. Doedd dim modd ei atal. Roedd o'n mynd heibio fel awel mewn adwy. Yn fuan wedyn ymunodd â chlwb Lerpwl ond, yn anffodus, daeth ei yrfa i ben cyn iddo gael cyfle i gyflawni ei addewid lachar. Cafodd anaf difrifol i'w lygad ac, os gwir y sôn, y mae bellach bron â bod yn ddall.

Yn ystod fy ail flwyddyn, 1965, enillais gadair yr Urdd yng Nghaerdydd a phan euthum i ddweud wrth y Prifathro ac i ofyn am ei ganiatâd i golli deuddydd o goleg, roedd o mor falch nes teimlwn y buasai wedi bod yn fwy na pharod i roi deufis i ffwrdd imi. Dyna'r tro cyntaf i rywun o'r Normal ennill cadair yr Urdd ac, yn naturiol, roedd hynny wrth fodd calon Edward Rees. Roedd gen i dipyn o feddwl o'r Prifathro, a mwy fyth bedair blynedd yn ddiweddarach pan wrthododd wahoddiad i'r Arwisgiad yng Nghaernarfon.

Am gasgliad o gerddi y cynigid y gadair y flwyddyn honno, a chan mai casgliad arall o'm heiddo i a ddaeth yn ail, roedd gen i gnewyllyn go lew i'm cyfrol gyntaf, *Ugain Oed a'i Ganiadau*. O edrych yn ôl, camgymeriad oedd cyhoeddi'r gyfrol honno oherwydd mai cerddi bachgen ysgol oedd llawer iawn o'r cynnwys ac roedd amryw ohonynt yn haerllug o adleisiol. Y dyddiau hyn, bob tro y gwelaf gopi mewn siop lyfrau ail-law byddaf yn gwingo ac yn cael fy nhemtio i'w brynu rhag i neb arall gael ei bump arno.

Ond heddiw yw hynny. Yn ôl yn 1966 nid felly yr edrychwn ar bethau. Er imi gynnig y llyfr i ddau gwmni cyhoeddi ni chefais unrhyw lwyddiant, a hawdd deall eu hamharodrwydd i fentro. Wedi'r cwbl, roedd hi *yn* fenter. Rhaid cofio nad oedd y fath beth â chymorthdaliadau ar gyfer cyhoeddi llyfrau Cymraeg bryd hynny ac roedd pob llyfr yn golygu buddsoddiad sylweddol heb unrhyw sicrwydd o enillion, yn enwedig yn achos rhywun fel fi a oedd ymhell o fod wedi ennill ei blwy. Sut bynnag, gan mor gryf oedd fy ysfa gyhoeddi, doedd dim amdani ond mentro ar fy liwt fy hun ond nid yn gyfan gwbl ar fy liwt fy hun chwaith.

Roeddwn wedi cael pris am argraffu mil o gopïau gan Lyfrfa'r MC yng Nghaernarfon ac er na chofiaf yr union swm erbyn hyn yr oedd yn rhai cannoedd o bunnau nad oedd gen i monynt. Ond roedd gen i ffrindiau. Daeth yr hogie i'r adwy ac fe dreuliwyd oriau lawer yn trafod ac yn trefnu cyngerdd i'w gynnal yn Neuadd John Phillips nos Fercher, 1 Rhagfyr 1965 a'r elw tuag at gyhoeddi *Ugain Oed a'i Ganiadau*. O safbwynt y Gyfraith, wn i ddim ymhle'n union y safem oherwydd doeddem ni ddim yn Elusen Cofrestredig ac fe fyddai'r elw, os elw o gwbl, yn elw personol i mi yng ngolwg y Gyfraith. Dyna fentro i'r diawch ac, er mawr ryddhad inni roedd Neuadd John Phillips dan ei sang. Ond wedyn, pa ryfedd? Roedd Walt wedi sicrhau gwasanaeth ei arwr mawr, Richie Thomas, Penmachno a oedd, chwarae teg iddo, yn fodlon dod am ei dreuliau yn unig. Yno hefyd roedd Trefor ac Alwyn Selway, Triawd y Normal, sef Edward Morris Jones, Caryl Owens (Triban wedyn) a Margaret Davies, dwy ferch o Ynys-y-bŵl. Roedd Carys Puw wedi methu â dod oherwydd eira ond, ar y funud olaf, daeth y ddeuawd Linda a Jean, dwy fyfyrwraig o Ben Llŷn, i lenwi'r bwlch ac, yn ôl eu harfer, roedden nhw'n ardderchog. Walt oedd yn cyfeilio i 'Penmachno' chwedl yntau, ac roedd o hefyd yn rhoi datganiad o'i waith ei hun, sef darn cyfareddol o'r enw 'Catarî'.

Bu'r noson yn llwyddiant ac nid yn unig fe lwyddwyd i glirio'r costau ond fe wnaed elw go ddethe tuag at gyhoeddi'r llyfr. Rhai dyddiau yn ddiweddarach cafodd Walt lythyr anrhydeddus iawn gan Richie Thomas yn dweud bod y trysorydd wedi talu decpunt yn ormod iddo a'i fod yn ei ddychwelyd. Ymhen ychydig wythnosau fe gyhoeddwyd y llyfr mewn clawr caled gyda siaced lwch o waith fy nghyfaill a'm cyd-fyfyriwr Celf, Wil Owen. Cymysg fu'r adolygiadau — Y Goleuad yn or-hael ei glod a'r Tyst natur twt-twtio. Sut bynnag, gydag elw'r cyngerdd a'r cant-a-rhywbeth a werthodd fy nhaid yn ogystal â'r copïau a brynodd fy nghyd-fyfyrwyr, mi lwyddais i osgoi llosgi fy mysedd. O leiaf, yn ariannol. Yn awenyddol . . . wel, ieuenctid yw fy unig amddiffyniad.

Bellach roeddwn ar fy mlwyddyn olaf ac yn Ysgol Troed-yr-allt, Pwllheli y treuliais fy ymarfer dysgu terfynol. Mi gefais agoriad llygad yn yr ysgol ragorol honno. John Williams, brodor o Edern, oedd y prifathro ac os bu prifathro brwdfrydig ac egnïol erioed, y fo oedd hwnnw. Doedd o ddim yn malio botwm corn am ddarlithwyr a thiwtoriaid y Normal nac unrhyw goleg arall. Roedd ganddo'i syniadau ei hun ac er mai Mathemateg oedd ei gariad mawr yr oedd yn oleuedig ac yn flaengar ei agwedd a'i weledigaeth ym mhob pwnc. A dweud y gwir plaen, roedd ysgol Troed-yr-allt gryn chwarter canrif o flaen y Coleg Normal bryd hynny ac mi ddysgais i fwy am ddysgu plant mewn chwe wythnos ym Mhwllheli nag a ddysgais mewn tair blynedd ym Mangor.

Yn nosbarth Peredur Roberts, athro ifanc o Nanmor, yr oeddwn i ac roedd hwnnw'n goleg ynddo'i hun. Ambell dro byddwn yn eistedd yn yr ystafell ddosbarth ac yn gwrando arno'n rhoi gwers ac, ni waeth beth fyddai'r pwnc, byddwn innau, fel y plant, dan gyfaredd yr athro. Welais i neb erioed yn medru ennyn y fath ddiddordeb a'r fath ymateb gan blant. Roedd hi'n fraint cael bod yno, a heb os nac oni bai, dyna'r hyfforddiant gorau a gefais i erioed. Athrylith o athro y bu'n rhaid iddo ymddeol yn ifanc oherwydd ei iechyd bregus. Bu farw yn 1995 cyn bod yn drigain oed.

Mewn meithrin creadigrwydd yr oedd fy niddordeb pennaf i ac mi drewais ar gynllun a fyddai'n cyfuno'r gweledol a'r geiriol ac yn cymell plentyn i feddwl yn drosiadol. Hynny yw, meddwl fel bardd. Mi euthum ati i baratoi llyfr ymarferion ar bapur stensil a manglo copïau ar beiriant yr ysgol gyda chefnogaeth frwd y prifathro. Does dim diben manylu ar y cynllun yn y fan yma ond ei hanfod oedd meithrin sylwgarwch a chanfod tebygrwydd yn yr annhebyg gan ddechrau gyda lluniau yn unig. Er enghraifft, roeddwn wedi gwneud llun murddun a llun penglog, llun llygad a llun wy wedi'i ffrïo — llond dalen o wahanol bethau blith draphlith a'r dasg gyntaf i'r plant oedd eu gosod yn barau ar sail tebygrwydd gweledol. Wedyn, gofyn iddynt ddod â'r ddeubeth ynghyd mewn cyffelybiaeth eiriol, sef, er enghraifft, 'Mae murddun fel penglog' cyn symud ymlaen i drosiad, 'Mae'r murddun yn benglog'. Erbyn cyrraedd diwedd yr ymarferion doedd dim ond rhestr o bethau — testunau i bob pwrpas — iddyn nhw eu dyfalu trwy gyffelybiaeth a throsiad, boed un llinell neu bennill cyfan. Roedd y canlyniadau'n rhyfeddol a'r gwaith yn pefrio gan ddychymyg afieithus.

Dangosodd John Williams un o'r llyfrynnau hyn i ddarlithwraig o'r coleg pan alwodd heibio i arolygu gwaith y merched oedd yno ar ymarfer dysgu. Ei hymateb oedd, 'Wel ie, ryden ni'n rhoi arweiniad iddyn nhw hefo gwaith creadigol fel hyn'. Dim o'r fath beth, ac nid yn unig fe wyddai John Williams hynny ond fe ddywedodd hynny wrthi hefyd.

Soniodd wrthyf ryw ddiwrnod y byddai'n syniad da pe bawn i'n darlunio rhai o chwedlau'r Mabinogi ar ffurf striped ac yna gofyn i'r plant adrodd y stori mewn mydryddiaeth gyferbyn â phob llun. Felly fu ac fe fu'r arbrawf hwnnw'n llwyddiant diamheuol. Yn naturiol, roedd John Williams wrth ei fodd.

Mwynhad pur fu'r ymarfer dysgu terfynol hwnnw yn Nhroed-yr-allt ac, yn wahanol i'r flwyddyn cynt yng Nhefncoedycymer, mi basiais yn anrhydeddus. I John Williams a'r diweddar Peredur Roberts yr oedd llawer o'r diolch am hynny. Yr unig beth a darfodd ar yr wythnosau hynny oedd clywed am farwolaeth Eurwen, hithau ar ei hymarfer dysgu terfynol.

Bûm yn ystyried croesi'r ffordd i'r Brifysgol i geisio am radd pan fyddwn wedi gorffen fy nghwrs yn y Normal ond sigwyd fy hyder braidd pan awgrymodd un o'm darlithwyr nad oedd gen i ddim digon o ddisgyblaeth academaidd i wneud cwrs gradd yn y Gymraeg. Peth arall a barai imi betruso oedd y syniad o wynebu tair blynedd arall mewn coleg. Eto i gyd, roedd y ffaith nad oedd gen i radd yn fy mhigo'n barhaus oherwydd byddai'n well gen i fod yn dysgu Cymraeg yn unig mewn ysgol uwchradd yn hytrach na phopeth ond cerddoriaeth a gwnïo mewn ysgol gynradd. Ond dyna fo, wnes i ddim croesi'r ffordd ac roedd rhaid dod o hyd i swydd ar gyfer mis Medi.

Yn 1966 doedd hynny ddim yn anodd, yn enwedig os oeddech chi'n fodlon croesi'r ffin i ddinasoedd Lloegr. Ond yng Nghymru ac yn enwedig yn Sir Gaernarfon doedd hi ddim mor hawdd. Sir Gaernarfon a Sir Feirionnydd oedd fy newis i. Cefais gyfweliad yn y Swyddfa Addysg yng Nghaernarfon ac fel roeddwn i'n cyrraedd yr adeilad daeth I. B. Griffith allan i'm cyfarfod gan ddweud, 'Gwranda, mae 'na ormod o Gymraeg yn dy ffurflen gais di'. Ceisio fy helpu oedd I.B. wrth reswm ac roedd o'n gwybod yn bur dda sut roedd y gwynt yn chwythu. Ond gormod o Gymraeg? Ffurflen Saesneg oedd y ffurflen gais ac felly yr hyn a olygai I.B. oedd bod y ffaith imi fod yn Llywydd y Gymdeithas Gymraeg, yn cymryd rhan yn y ddrama Gymraeg, wedi gwneud fy nghwrs trwy gyfrwng y Gymraeg, wedi astudio Cymraeg fel prif bwnc, wedi cyhoeddi cyfrol o farddoniaeth Gymraeg ac wedi ennill cadair yr Urdd ddwywaith yn mynd i filwrio yn fy erbyn. Doedd y ffaith imi fod hefyd yn *President of the Literature and Debating Society* ddim yn ddigon i wrthbwyso'r gweddill. Er nad oedd I.B. yn un o'r cyfwelwyr, roedd yn amlwg fod ei glust ar y ddaear a'i fod yn gwybod sut roedd cynghorwyr Llafur Sir Gaernarfon yn meddwl, os meddwl hefyd.

Euthum i mewn i'r cyfweliad fel oen i'r lladdfa. Roedd yno gryn ugain o bobl a'r unig wynebau cyfarwydd i mi oedd Eluned Ellis Jones a'r cadeirydd Ffowc Williams a oedd hefyd yn gadeirydd y rhaglen radio 'Byd Natur' yr oedd fy nhad ar ei phanel. Cymraeg a Saesneg trwy'i gilydd oedd y drefn a phan ofynnodd rhyw gynghorydd imi, *'What's your main ambition in life, Mr Owen?'* mi gefais fy nhemtio i roi'r ateb amlwg, sef bod yn athro da. Yn lle hynny, dywedais, *'This will probably sound very silly but I'd like to be a good poet'.* Teimlwn braidd yn wirion ond teimlwn yn wirionach byth pan ddywedodd yr holwr, *'Oh no, that's not silly at all, Mr Owen. I wanted to be a tenor'.* Sut bynnag, doedd ar Bwyllgor Addysg Sir Gaernarfon ddim eisiau darpar *'good poets'* ac fe'm gwrthodwyd. Petai rithyn o ots, rwy'n dal i gredu hyd heddiw fy mod wedi fy ngwrthod am resymau nad oedd a wnelont ddim oll â dysgu plant. Y gwir yw fod Awdurdod Addysg Sir Gaernarfon bryd hynny dan law farw'r Blaid Lafur ac fe wyddai I.B. hynny yn burion.

Mor wahanol oedd hi ym Meirionnydd. Cyfweliad yn swyddfa Penarlâg, Dolgellau, cyfweliad mwy ffurfiol yr olwg ond, serch hynny, yn llawer mwy cartrefol ei naws. Cyfweliad Cymraeg yn unig hefyd. Yn rhyfedd iawn, does gen i ddim cof am fanylion yr achlysur dim ond rhyw argraff gyffredinol fod yno fwy o groeso imi nag yng Nghaernarfon. Fel y mab afradlon, fe'm derbyniwyd yn ôl â breichiau agored ac ymhen ychydig wythnosau cefais wybod mai yn ysgol Trawsfynydd y byddwn deued Medi. Ffarweliais â'r Coleg Normal heb feddwl am eiliad y byddwn yn dychwelyd yno ymhen chwarter canrif yn ddarlithydd rhan-amser.

Yn y cyfamser roedd gen i rai misoedd o wyliau haf ac mi euthum hefo Wil Lloyd i ddidoli bananas yng Nghyffordd Llandudno. Haf rhyfedd ar y diân oedd hwnnw. Roedden ni wedi cael fflat ym Mae Colwyn ac yn mynd yn ôl a blaen yng nghar Wil.

Bu gweithio yn Fyffes yn dipyn o agoriad llygad i'r ddau ohonom. Roedd rhyw bedwar neu bump arall yn gweithio yno, heb gyfri'r gyrwyr lorïau, a doedd ganddyn nhw ddim math o ymwybyddiaeth Gymreig; roedd eu mastiau'n wynebu Lloegr a phan enillodd Gwynfor Evans sedd Caerfyrddin yr haf hwnnw roedd llawenydd Wil a minnau y tu hwnt i'w dirnadaeth.

Roedd y rheilffordd o fewn dwylath neu dair i gefn y warws ac fe ddôi'r bananas yn rhaffau trymion hefo'r trên. Wrth wagio'r cerbydau roedd gofyn bod yn dra gofalus oherwydd bod pryfed cop anferthol — rhai'n beryglus, medden nhw — yn gymysg â'r cargo. Byddai un o'r gweithwyr yn eu dal mewn bocsys ac yn eu gwerthu am ryw goron yr un i 'Llannerch Deer Park' yn Llanelwy.

Ac, o sôn am arian, rhaid nodi un digwyddiad eithaf smala er nad felly yr edrychai Wil arno ar y pryd. Un pnawn Gwener ar ôl cael ein cyflogau am yr wythnos (decpunt yr un, os cofiaf yn iawn) roeddem ar ein ffordd adref i Fae Colwyn pan welsom ferch ifanc ddeniadol yn bodio i'r un cyfeiriad. Stop. Roedd hi ar ei ffordd adref i Fanceinion. Wrth sgwrsio â hi cawsom wybod nad oedd ganddi waith fel y cyfryw ond ei bod, serch hynny, yn llwyddo i ennill ei bara beunyddiol. Yn wir, roedd hi wedi cael deg swllt ar y trên y bore hwnnw. Erbyn hyn roedd gan Wil ei amheuon a dyna, mae'n debyg, pam y bu bron iddo fynd i din rhyw fws pan ddywedais i, *'We've just had our wages'*. Ym Mae Colwyn, ar ôl ymadael â'r foneddiges ifanc, mi ges bregeth gan Wil ac fe aethom adref i gael te.

14

Roeddwn i wrth fy modd yn Nhrawsfynydd. Prin y caech chi
yn unman bobl mwy croesawus a chynnes. Pobl wydn hefyd.
Wedi'r cwbl, ni ellir diystyru'r ffaith bod y gwersyll milwrol
— 'y camp' fel y'i galwent — wedi bod yn gryn fygythiad i
gymeriad a diwylliant y fro ond, erbyn 1966, roedd hwnnw
wedi bod ac wedi mynd heb adael dim o'i ôl ond sylfeini'r hen
siediau ym Mronaber ac ambell gyfenw estron ar lyfrau ysgol
a chapel. Roedd iaith Hedd Wyn wedi dal ei thir er gwaetha'r
goresgyniad caci ac, fel y fawnog, roedd Trawsfynydd wedi
sugno'r cyfan a'i wasgu'n rhan o'i gynhysgaeth ei hun.

Bronwydd, cartref Now ac Ann Williams a'u merched
Catherine a Gillian oedd fy llety i ac ni allwn ddymuno gwell
cartref oddi cartref. Y misoedd cyntaf hynny yn Bronwydd
oedd yr unig dro yn fy mywyd i mi ennill pwysau a magu bol.
Bob nos yn ddi-ffael byddai Ann yn paratoi gwledd deilwng
o Fynyddog Mwynfawr. Bwytäwr bach fûm i erioed ond, ar
awgrym Now, byddwn yn yfed potelaid o stowt cyn swper er
mwyn codi archwaeth. Rhwng y stowt a'r swper nid oedd yn
syndod fy mod wedi magu bol nas gwelais byth wedyn. A
dweud y gwir, erbyn heddiw, gallwn wneud â rhywfaint ohono
at fy wyth stôn a hanner.

Yn rhyfedd iawn, magu bol fu achos fy ymadawiad â
Bronwydd ar ôl rhyw flwyddyn a hanner. Cyhoeddodd Ann
ei bod yn disgwyl ac y byddai'n anodd iddi ofalu am ddau fabi.
Yng nghyflawnder yr amser fe anwyd bachgen a'i enwi'n
Dilwyn. Roedd yn chwith gen i ymadael â Bronwydd ac mi

fyddaf yn fythol ddiolchgar am y croeso a gefais ar yr aelwyd hapus honno.

A hithau bellach yn 1999, trist yw nodi bod Now yn ei fedd ers degawd a hanner, a hynny cyn cyrraedd ei drigain. Bu honno'n ergyd greulon i Ann a'r plant ond, os rhywbeth, roedd ergyd greulonach i ddod. Yng Ngorffennaf 1997 lladdwyd Dilwyn mewn ras foto-beics ac yntau'n ddim ond naw ar hugain oed.

Safon 2 oedd fy nosbarth i yn ysgol Trawsfynydd, sef plant wyth oed. Roedden nhw'n dod ataf yn syth o ddosbarth hynaf y babanod ac felly heb lwyr golli'r dychymyg diymatal sy'n nodweddu plant o'r oedran hwnnw, ac erbyn fy nghyrraedd i roedd ganddynt afael go dda ar iaith a geirfa — y cyfuniad perffaith i athro a roddai bwyslais mawr (gormod efallai) ar greadigrwydd. Er mor beniog oedd plant Pwllheli roedd gan blant Trawsfynydd rywbeth ychwanegol, rhyw gyfoeth o gefndir iaith a diwylliant a etifeddwyd ganddynt yn gwbl naturiol. Meddyliwch am Elizabeth McCormick (Siani i ni) ar ddiwrnod trip yr ysgol. Roedd rhyw dri neu bedwar o'r rhai tueddol i fynd yn sâl ar fws yn teithio yn y car hefo fi ac roedd Siani yn un o'r rheiny. Roedden ni'n dilyn y bws a dyna lle'r oedd ei brawd bach Hughie yn gwneud stumiau arnom drwy'r ffenest gefn. Meddai Siani, mor naturiol ag anadlu, 'Drychwch arno fo, syr. Mewn difri, drychwch ar y sarff!' Fedrwn i ddim peidio â chwerthin. Roedd rhyw anwyldeb neilltuol ym mhlant Trawsfynydd ac roedd Elizabeth McCormick gyda'r anwylaf ohonynt.

Un diwrnod daeth cnoc ar ddrws fy ystafell ddosbarth a cherddodd geneth fach o ddosbarth hynaf y babanod i mewn gyda neges imi oddi wrth ei hathrawes. Does gen i ddim math o gof am y neges ond anghofia i byth mo'r negesydd. Sôn am henffel, a sôn am lond pen o Gymraeg. Ymhen blwyddyn roedd yr eneth honno yn fy nosbarth i. Mae'n wir ei bod yn alluog ym mhob pwnc ond o ran sgrifennu creadigol, boed farddoniaeth neu ryddiaith yn y ddwy iaith, roeddwn i'n gwbl argyhoeddedig fod ynddi egin athrylith. Siân Northey Jones oedd ei henw ac, er nad oedd ond wyth oed, roedd ei dychymyg ac aeddfedrwydd ei mynegiant yn fy nychryn i.

Yn fuan iawn deuthum yn gyfeillgar â'i rhieni, Dafydd ac

Eleri, Garregfelen bryd hynny, Arlyn wedyn, ac mae'r cyfeillgarwch hwnnw wedi parhau'n gynnes iawn hyd heddiw. Tŷ pren ynghanol coed oedd Garregfelen ac er ei fod lai na chanllath o'r ffordd dyrpeg roedd ynddo ryw ddistawrwydd rhyfedd fel petai'n tragwyddol fwrw eira o'i gwmpas. Byddwn wrth fy modd yno ac nid peth anarferol oedd i Dafydd a minnau eistedd o flaen y tân yn y parlwr yn cael mygyn heb dorri gair â'n gilydd am allan o hydion, dim ond gwrando'r distawrwydd a meddwl. Digon tebyg i Gwrdd Crynwyr — oni bai am y mwg. Yn wir, roedd y ddau ohonom yn gogwyddo tuag at Grynwriaeth p'run bynnag ac ymhen ychydig flynyddoedd fe fyddai Dafydd yn mynd lawer ymhellach ac yn ymaelodi â'r bobl dda hynny.

Ond sôn am Siân oeddwn i. Yn anffodus, o'm safbwynt i beth bynnag, ar ôl mynd i Ysgol y Moelwyn fe drodd fwyfwy at bynciau gwyddonol ac yna graddio mewn Söoleg ym Mangor. Er na ddywedais hynny wrth reswm, roeddwn i'n siomedig nad oedd y fath addewid lenyddol yn cael ei meithrin ymhellach. Heddiw, ddeng mlynedd ar hugain yn ddiweddarach a hithau'n fam i dair o ferched, mae'r stori'n dra gwahanol. Enillodd gadair Gŵyl Fawr Aberteifi yn 1997 a dod yn agos at ennill Coron yr Eisteddfod Genedlaethol yr un flwyddyn. Yna, yn 1998, cafodd Gwasg Gwynedd y fraint o gyhoeddi casgliad o'i straeon byrion, *Ar y Daith*, casgliad a barodd i Vaughan Hughes ddweud mewn adolygiad nad oedd arno ronyn o hiraeth am Kate Roberts ar ôl ei ddarllen. Ydi, mae'r cylch wedi'i gwblhau ac mi rof fy mhen i'w dorri y bydd Siân yn ennill y Fedal Ryddiaith a'r Goron yn y Brifwyl yn ystod y blynyddoedd nesaf — os dyna'i dymuniad, wrth gwrs.

Un arall o blant y dosbarth hwnnw yn Nhrawsfynydd oedd Ynyr Williams ac roedd ganddo yntau ddawn neilltuol gyda geiriau. Doedd o ddim yn syndod i mi ei fod wedi dod yn agos iawn at ennill Coron y Genedlaethol yn 1993 ac fe fydd yn llai fyth o syndod pan fydd yn ei hennill, a bwrw ei fod yn trafferthu cystadlu.

Roedd yno hefyd eneth o'r enw Susan Roberts, chwaer hynaf yr actor a'r canwr Iwan Roberts (Iwcs) ac roedd ganddi hithau dalent ddiamheuol. Ar ôl gorffen ei chwrs yng Ngholeg y

Brifysgol, Bangor fe briododd ac ymroi i fagu teulu gartref yn Nhrawsfynydd. Rwy'n ei hedmygu am hynny ond, ar yr un pryd, ni fedraf lai na gofidio os yw ei dyletswyddau teuluol yn mygu ei dawn greadigol. Ond pwy a ŵyr? Weithiau, daw talent i'r wyneb mor annisgwyl â phridd y wadd.

Gweinidog yr Annibynwyr yn Nhrawsfynydd bryd hynny oedd y diweddar Meurwyn Williams ac mi fyddwn yn mynd yn aml — rhy aml rwy'n siŵr — i'r Gilfach, ei gartref ef a Carys (Carys Puw, Cynythog, Llidiardau gynt). Roedd Carys ar staff yr ysgol. Mi gefais groeso cynnes bob amser a llawer o chwerthin yng nghwmni'r ddau. Y nhw, gyda llaw, oedd y rhai cyntaf erioed i glywed cwpled agoriadol 'Fy Ngwlad',

> Wylit, wylit, Lywelyn,
> Wylit waed pe gwelit hyn.

Roedd llawer o sôn bryd hynny hyd yn oed am yr Arwisgiad a fyddai yng Nghaernarfon yn 1969 ac fe ddaeth y cwpled o rywle ond ym mlwyddyn yr Arwisgiad ei hun y lluniwyd y gweddill.

Yn ystod fy ngwyliau hanner tymor cyntaf yn Nhrawsfynydd aeth John Roberts, fy hen gyfaill coleg, a minnau ar daith o gwmpas Iwerddon — rhywbeth a wnaethom sawl tro ar ôl hynny. Dyna ddechrau fy 'ngharwriaeth' â'r Ynys Werdd a'i phobl. Mae'n wir fy mod wedi ymweld â Dulyn unwaith o'r blaen ond doeddwn i ddim wedi bod y tu allan i'r ddinas. Roedd Mr Nelson ar ei draed y tro hwnnw ond roedd o ar ein din erbyn fy ail ymweliad. Roedd 1966, wrth gwrs, yn hanner canmlwyddiant Gwrthryfel y Pasg ac roedd dathliadau lu, yn enwedig yn Nulyn. Buom mewn gwylnos yn yr Ardd Goffa, a dyna olygfa fythgofiadwy oedd honno — cannoedd o ganhwyllau ynghynn a phobl ifanc, gan mwyaf, yn eistedd neu'n penlinio mor fud â'r meirwon yn eu meddyliau.

Yn gymysg â'r difrifwch, fodd bynnag, fe gafodd John a minnau lond trol o hwyl a chwerthin. Dyna'r tro hwnnw mewn caffi yn Bray pan archebais gyw iâr a sglodion a'r weinyddes ifanc yn gofyn pa un ai 'leg' ynteu 'breast' a ddymunwn. Gan fy mod yn rhy swil i ddweud 'Breast, please' mi ddywedais rywbeth llawer mwy awgrymog nag a fwriadwn, sef 'Bust, please'. Meddai hithau gyda gwên gellweirus, 'Of the chicken'.

177

Wrth gwrs, roedd peth felly wrth fodd calon John ac ni chlywais mo'i diwedd hi am weddill yr wythnos.

Bodio ein ffordd o gwmpas yr oeddem ni ac roedd Iwerddon bryd hynny mor ddidraffig â'r Iwerydd. Dyma ganlyn ffordd Naas allan o Ddulyn a'n cael ein hunain mewn tref fechan o'r enw Athy lle'r oedd clamp o eglwys newydd sbon danlli wedi'i chodi i'r Brodyr Duon a hynny'n gyfan gwbl trwy ymdrech y trigolion. Ar fainc gerllaw'r eglwys eisteddai un o hynafgwyr y dref ac fe gawsom sgwrs ddifyr ag o. Yr hyn a'm synnodd i'n fwy na dim oedd y ffaith ei fod, yn achlysurol o leiaf, yn gwylio'r rhaglen 'Heddiw' ar y teledu ac roedd wedi gweld a chlywed Dic Jones yn adrodd rhannau o awdl 'Y Cynhaeaf' ar y rhaglen ryw ddeufis ynghynt. Er nad oedd yn deall y geiriau roedd yn ymglywed â'r gynghanedd ac wedi cael ei gyfareddu'n llwyr. Yn ei farn ef, doedd dim achos i ni'r Cymry bryderu am barhad ein hiaith tra byddai beirdd yn dal i greu'r fath soniaredd ynddi.

Cerdded milltiroedd ar filltiroedd wedyn heb weld rhyw lawer o geir o gwbl heb sôn am gael ein codi. Yna daeth gŵr mewn Volkswagen ac fe stopiodd. Dywedodd ei fod yn mynd *'a few miles down the road'* ond mewn gwirionedd roedd y *'few miles'* hynny yn ddeg a thrigain. Pan ddaeth taith y gyrrwr caredig i ben bu'n rhaid i ninnau, eto fyth, gerdded milltiroedd lawer cyn cyrraedd Clonmel a gwesty'r Silevenamon. Gan mor flinedig oeddem fe aethom yn syth i'n gwlâu a chysgu tan amser cinio drannoeth.

Cork oedd ein cyrchfan nesaf ond ar ôl cyrraedd dyma ganfod fod yno lifogydd difrifol. Roedd yr holl ddinas yn nofio. Rhag gwlychu'n traed, a ninnau'n dibynnu cymaint arnynt, doedd dim amdani ond ei throi hi am Limerick. Gan ein bod yn gorfod cerdded milltiroedd lawer cymerem oriau i fynd o le i le ac erbyn min nos y diwrnod hwnnw dim ond yn Mallow, ugain milltir o Cork, yr oeddem ni.

Wedi treulio'r nos yn y fan honno, dyma gyrraedd Limerick drannoeth ac ar ôl cael hyd i lety eithriadol o resymol ond afresymol o fudr, dyma fynd ati i weld Limerick. Credwch neu beidio, y peth cyntaf a wnaethom oedd dod yn fêts â maer y ddinas, Mr Glasgow. Digwydd troi i mewn i siop *Gael Linn*, y mudiad iaith, a wnaethom a dechrau sgwrsio â'r gŵr bychan y tu ôl i'r cownter. Pan ddeallodd mai Cymry oeddem fe fywiogodd trwyddo a dechrau ein holi am Gymdeithas yr Iaith a thwf cenedlaetholdeb Cymreig yn sgil buddugoliaeth Plaid Cymru yng Nghaerfyrddin ychydig fisoedd ynghynt. Roedd y gŵr hynaws hwn wedi bod yng ngharchar yn ystod y brwydro am annibyniaeth ac fe fu sgwrsio ag ef yn gryn agoriad llygad. Dywedodd fod yr Wyddeleg i bob pwrpas wedi diflannu o fewn un genhedlaeth yn Limerick ac un rheswm am hynny oedd bod yr awdurdodau Prydeinig yn cynnig ugain punt am enw unrhyw athro a ddysgai Wyddeleg i'w ddisgyblion. Yn y ganrif ddiwethaf roedd ugain punt yn ffortiwn, yn enwedig yn Limerick.

Fel gwesteion y maer, aeth John a minnau i glywed côr meibion y ddinas yn ymarfer ac ar y ffordd yno dywedais nad oeddwn erioed wedi gweld cynifer o ferched hardd o fewn yr un dref. Roedd John yn cytuno. Yn wir, roedd gennym gric yn ei gwarrau ar ôl ychydig oriau yn unig. Cawsom wybod gan Mr Glasgow fod Limerick yn enwog ledled Iwerddon am ei merched hardd. A ninnau'n mynd i wrando ar gôr meibion. Buom yn ôl yn Limerick sawl tro wedyn a, diawch erioed, âi'r merched yn harddach bob gafael.

Ffarwelio â Limerick a'r maer ac anelu am Galway. Crwydro Connemara a rhyfeddu at brydferthwch milain y penrhyn hwnnw. Bythynnod to gwellt ac ychydig gaeau ddim llawer mwy na chorlannau cerrig; ambell hulog o wair yma ac acw yn brawf o gynhaeaf hwyr a chyndyn; teisi mawn o bobtu'r ffordd; mulod swrth a phlant carpiog yn syllu'n gegrwth ar ein dieithrwch; cwpled T. Llew Jones a Waldo'n mynnu brigo i'r meddwl,

Chwi blant troednoeth, cyfoethog,
Yn trin hen iaith Tir na n-Og.

Rwy'n cofio gweld ysgol fechan ar fin y ffordd yng nghanol nunlle. Doedd dim iard o'i blaen hi, dim ond creigiau ac ychydig glytiau o laswellt rhyngddynt. Mynd at y ffenestri i sbecian a gweld bod y faner drilliw yn cael lle anrhydeddus wrth ddesg yr athro. Roedd 'Datganiad 1916' ar y wal yn ogystal â llun o Pearse a Connolly, dau brif arweinydd Gwrthryfel y Pasg. Minnau'n meddwl tybed, tybed a welid

Y Ddraig Goch ym mhob dosbarth yng Nghymru ryw ddydd. Ie'r Ddraig Goch heb sôn am ddim arall.

Daeth yn bryd inni ffarwelio â Galway a bodio'n ffordd yn ôl i Ddulyn, bron i gant a hanner o filltiroedd i ffwrdd. Wedi cael sawl reiden weddol fyr a cherdded llawer roeddem tua deng milltir ar hugain i'r dwyrain o Galway pan stopiodd *Austin Cambridge Estate*. I mewn â ni i'r cratsh yn y cefn. Dau Almaenwr ifanc oedden nhw ar eu ffordd yn ôl i Ddulyn mewn car wedi'i logi. Gwych. Doedd dim rhaid cerdded yr un llathen arall i gyrraedd pen y daith. Ond, credwch fi, roedd pen y daith yn ymddangos yn nes nag a ddymunem. Dyna'r siwrnai fwyaf brawychus a gawsom erioed. Roedd y gyrrwr nid yn unig yn mynd ar gyflymder cwbl afresymol ond roedd o hefyd yn gwneud pethau anghredadwy o ryfygus. Ar ôl ychydig filltiroedd daethom i'r casgliad ei fod yn hollol honco ac roedd ei chwerthin lloerig ar ôl pob dihangfa gyfyng fel pe'n cadarnhau hynny. Roedd pob math o feddyliau yn corddi ym mhen John a minnau. Tybed a oedd o'n meddwl mai Saeson oeddem a'i fod yn dial arnom oherwydd canlyniad ffeinal Cwpan y Byd yn Wembley yr haf hwnnw?

Pwy a ŵyr, ond yn sicr, roedd y geiriau enwog '*They think it's all over*' yn boenus o berthnasol i'r ddau ohonom y diwrnod hwnnw. Toc, dyma John yn dweud ei fod bron â hollti eisiau gwneud dŵr. 'Hidia befo,' meddwn innau, 'mi gei wneud yn yr Iorddonen unrhyw funud rŵan'. Trwy ryw wyrth dyna gyrraedd glannau Liffey a chyrchu'r toiled agosaf. Y fath ryddhad o fod yn fyw.

Wrth gerdded Stryd O'Connell y prynhawn hwnnw gwelsom sawl hysbyslen bapur newydd yn cyfeirio'n benagored at ryw ysgol yn rhywle wedi'i chladdu dan fynydd a hyn a hyn wedi'u lladd. Trychineb arall ym mhen draw'r byd ac fe aethom i'r pictiwrs. Drannoeth troi am adref a chael bod Aber-fan a Chymru gyfan yn wylo am ei phlant.

Lle bywiog iawn oedd Trawsfynydd ac roedd yno griw niferus o bobl ifanc yn ymwneud â'r Pethe. Clwb Ffermwyr Ifanc cryf iawn hefyd. O ran hyfforddi plant a phobl ifanc i adrodd a chanu roedd yr ardal yn fawr ei dyled i Mrs Laura Morris, Rhianfa, mam Miss Haf Morris sydd wedi cyfrannu cymaint ym maes cerdd dant. Fe hyfforddodd Mrs Morris genedlaethau o blant Trawsfynydd yn eu tro ac, yn 1967, daeth rhai o'i chyn-ddisgyblion at ei gilydd i ffurfio grŵp pop a enillodd y wobr gyntaf yn Eisteddfod yr Urdd, Caerfyrddin y flwyddyn honno. Yn sgil y llwyddiant hwnnw, daeth Y Pelydrau i sylw cenedlaethol a bu galw mawr am eu gwasanaeth ledled Cymru. Byddwn innau yn eu canlyn yma ac acw am fod gen i fwy na diddordeb cerddorol mewn un 'belydren' benodol.

Roedd Susan wedi'i geni yng Nghatraeth yn yr Hen Ogledd (Catterick bellach) lle'r oedd ei thad yn swyddog yn y fyddin. Yn dair oed collodd ei mam ac fe'i hanfonwyd i Drawsfynydd i gael ei magu gan ei modryb (chwaer ei thad) a'i gŵr Dei Jones Owen. Cymry di-Gymraeg o gyffiniau Merthyr oedd ei thad a'i modryb ond yn Nhrawsfynydd daeth Susan yn Gymraes lân loyw er mai Saesneg yn bennaf oedd iaith yr aelwyd. Roedd hi ar ei blwyddyn olaf yn Ysgol y Moelwyn pan gyrhaeddais i'r Traws yn athro ifanc un ar hugain oed.

Llwyddem i gael rhyw ddihangfa gyfyng byth a hefyd. Mynd i lawr i'r De un noson mewn NSU hefo'r injan yn y cefn a'r tanc petrol yn y blaen . . . Susan a Glenys (y ddiweddar Glenys, ysywaeth, erbyn hyn) yn y car hefo fi . . . tarten fwyar duon ar silff y ffenest ôl . . . dail ar y ffordd . . . sgidio a tharo pont ger Llanwrda . . . malu asgell dde'r car, y tanc petrol a'r darten fwyar duon. Wedi llwyddo i'w symud oddi ar y bont doedd dim i'w wneud ond eistedd yn y car a disgwyl i rywun ddod heibio. Y tri ohonom yn ysu am fygyn ond doedd fiw inni danio gan fod oglau petrol ym mhobman. Toc, dyma rywun yn dod ac yn stopio neu, yn fwy cywir, yn cael ei stopio'n ddiseremoni gan wal y bont. Roedd yn dda ein bod wedi llwyddo i symud neu fe fuasem wedi'i chael hi o'r tu ôl hefyd. Diwedd y stori fu gadael y car a'r darten fwyar duon yng ngofal dyn garej yn Ffair-fach a chael tacsi yr holl ffordd o Landeilo i Gaerdydd. Rwy'n falch o ddweud mai dyna'r unig ddamwain wirioneddol a gefais mewn bron i ddeugain mlynedd o yrru car.

Prin fod yr hyn a ddigwyddodd ar hen feysydd tanio'r fyddin rhwng Trawsfynydd a Llanuwchllyn yn cyfri fel damwain. Anffawd, debycach. Ceisio mynd i feirniadu llên yng Nghyfarfod Bach Abergeirw oeddwn i ond mi gollais fy ffordd a'm cael fy hun, yn ddiarwybod imi, yn mynd yn dalog am

Lanuwchllyn. Wedi mynd am filltiroedd lawer mi ddeuthum i'r casgliad y dylaswn fod wedi hen gyrraedd Abergeirw. Troi'n ôl a throed i lawr. Doedd y ffordd ddim llawer lletach na'r mini ac yn fuan iawn roedd y mini wedi ffarwelio â'r ffordd ac yn gorwedd fel hwch sugno mewn mwd. Mi fûm yn bustachu, yn tynnu ac yn gwthio; mi fûm yn gweddïo ar bob duw y medrwn gofio'i enw ac yn rhegi pob dafad o fewn clyw ond fedrwn i ddim cael y mini bach yn ôl ar y ffordd. Doedd dim i'w wneud ond gobeithio y dôi rhywun rywdro ar hyd y ffordd unig honno. Ond fe ddaeth y nos o flaen neb arall. Yna, a phobman mor dawel ac mor dywyll, dyna'r awyr yn goleuo yn y pellteroedd. O'r diwedd, car. Roeddwn i'n gweddïo y dôi i gyfeiriad Llanuwchllyn yn hytrach nag Abergeirw nac unman arall. Atebwyd fy ngweddi gan Gareth Bryngolau, Trawsfynydd. Rhwng y ddau ohonom, fe gafwyd y car yn ôl ar y ffordd. Aeth Gareth am Lanuwchllyn a minnau am Abergeirw. Roedd y Cyfarfod Bach yn ei anterth pan gyrhaeddais o leiaf ddwyawr yn hwyr ac yn edrych fel pe bawn newydd ddod o'r domen.

I Goleg y Brifysgol, Caerdydd yr aeth Susan ac yn Ionawr 1968, ar ôl ei danfon yn ôl wedi'r Nadolig, roeddwn yn cychwyn adref am Drawsfynydd gan fod yr ysgol yn ailagor drannoeth. Roedd hi'n bwrw rhyw lun o odlaw yn y brifddinas ond erbyn cyrraedd Cefncoedycymer a godre'r Bannau roedd hi'n bwrw eira o ddifri ac yn edrych yn ddu. Duw a ŵyr sut y llwyddais i groesi'r Bannau ond mi wnes ac, er gwaethaf sawl sgid ac eira di-baid yr holl ffordd, mi gyrhaeddais Fachynlleth. Doedd dim diben ystyried Dinas Mawddwy ac Oerddrws. O leiaf, drwy fynd i Fachynlleth gallwn ddilyn yr arfordir trwy Dywyn i Ddolgellau. Er fy syndod, fodd bynnag, doedd dim eira ym Machynlleth, dim ond glaw ac ar sail hynny mi benderfynais fynd dros Dal-y-llyn. Camgymeriad a allasai fod yn ddigon am fy mywyd.

Os oedd hi'n ddrwg yng Nghorris roedd hi'n ganwaith gwaeth ym Mwlch Tal-y-llyn ond, rywsut neu'i gilydd, roedd yr hen fini bach a minnau'n dal i fynd. Cyrhaeddais ben y bwlch ac i lawr â mi am Gwm Hafod Oer gan fy llongyfarch fy hun ar y fath orchest. Ond och, gyferbyn â Chefnyclo ar ddechrau'r gwastad roedd lluwchfeydd anorchfygol a cherbydau amddifad ym mhobman. Er imi lwyddo i droi'n ôl mi euthum yn sownd ymhen ychydig lathenni. Dyna ddiwedd y daith, felly. Be rŵan? Mi gefais fy nhemtio i gysgu yn y car ond petawn wedi gwneud hynny go brin y buaswn yma heddiw i adrodd yr hanes. Fy unig obaith oedd ceisio'i gwneud hi am y Bylan ym mhen arall y cwm lle'r oedd Tomi Rowlands a'r teulu'n byw. Mi wyddwn y cawn loches yno.

Cychwynnais gerdded ac mi allaf ddweud yn gwbl onest mai dyna un o'r profiadau mwyaf dychrynllyd yn fy hanes. Gyda phob cam roeddwn i'n suddo at fy nghrothau a'r eira'n gawodydd o hoelion yn fy wyneb. Ond gwaeth na dim oedd y ffaith fy mod yn mygu'n gorn. Ar ôl brwydro ymlaen am ryw dri chan llath a minnau, credwch neu beidio, yn barod i orwedd a marw, gwelais lidiard Hafod Oer ac ymlwybrais yn araf i gyfeiriad y ffermdy. Er mai rhyw chwarter i ddeg oedd hi doedd dim llygedyn o olau yno. Curais y drws ac yn y man agorwyd ffenest un o'r llofftydd gan wraig weddol oedrannus. Dywedais pwy oeddwn a gofynnais a gawn i ddefnyddio eu ffôn. Cyn pen chwinciad roedd Hafod Oer mor olau â'r Hilton. Aeth y meibion ati i ailgynnau'r tân i'm twymo ac i sychu fy nillad tra oedd Mrs Evans eu mam yn paratoi pryd o fwyd cynnes imi. Cefais groeso na fu rotsiwn beth — a gwely. Pan gaeais fy llygaid i fynd i gysgu roeddwn i'n dal i weld eira, eira, eira yn saethu ataf fel y bu trwy gydol y daith o Gaerdydd.

Drannoeth doedd dim golwg o'r car nac unrhyw un o'r cerbydau eraill. Yn ystod y prynhawn clywsom eu bod wedi agor y ffordd o Ddolgellau hyd at Cross Foxes ond o'r fan honno ymlaen fe gymerai ddyddiau lawer oherwydd bod cynifer o gerbydau wedi eu claddu dan yr eira. Llwyddodd fy nhad i gyrraedd Cross Foxes a cherddais innau ac un o feibion Hafod Oer dros y caeau i'w gyfarfod. Ymhen wythnos y cefais i'r car a oedd erbyn hynny ym muarth Hafod Oer. Rwy'n fythol ddiolchgar i'r teulu caredig hwnnw am eu lletygarwch. Hafod Gynnes yw Hafod Oer yn fy nghof i. Gyda llaw, hyd yn oed petaswn wedi llwyddo i gyrraedd y Bylan fel y bwriadwn, buaswn wedi cael cawell gan fod y teulu wedi symud o'r tŷ ond yn dal i ffermio'r tir. Do, bûm yn ffodus iawn y noson honno.

Tra oeddwn yn Nhrawsfynydd mi gefais chwilen yn fy mhen

y carwn gynhyrchu comic ar gyfer bechgyn yn bennaf. Roedd *Hwyl* yn bod eisoes ers blynyddoedd maith dan ofal diflino Ifor Owen, yntau'n un o hen blant y Sarnau. Fe wnaeth Ifor gymwynas fawr â chenedlaethau o blant. Un tro, rwy'n cofio cael fy nhywys o gwmpas Gwasg y Brython yn Lerpwl a gweld *Hwyl* yn cael ei argraffu. Roedd honno'n fraint fawr i fachgen bach a'i darllenai'n eiddgar bob mis. Ar ôl mynd yn athro, fodd bynnag, teimlwn fod angen darpariaeth ar gyfer plant hŷn gyda'r pwyslais, nid yn gymaint ar hiwmor ond ar *blood and thunder* rhai o'r comics Saesneg. Wrth gwrs, roedd gan yr Urdd hefyd amryw o gyhoeddiadau ond prin y gellid eu galw'n gomics.

Wedi hir bendroni ynglŷn â'r syniad penderfynais mai *Yr Hebog* fyddai enw'r comic newydd (dylanwad yr *Eagle* efallai) ac mi gysylltais â rhai o'm cyfoedion coleg. Daeth John Roberts, William Lloyd Davies, Ken Lloyd Griffith, Delwyn Jones, Dafydd Alwyn Hughes a minnau at ein gilydd mewn gwesty ym Mhrestatyn ac fe gaed trafodaeth fywiog a phawb yn frwd o blaid y syniad.

Penderfynwyd mai'r cam cyntaf fyddai cynhyrchu llyfr mawr ar batrwm yr *annuals* Saesneg nid yn unig yn y gobaith o greu diddordeb ond hefyd er mwyn cyfleu natur yr hyn y byddai'r comic yn ei gynnig. Felly fu ac fe sicrhaodd y Cyd-bwyllgor Addysg werthiant teilwng iddo trwy eu cynllun llyfrau i ysgolion. Yna fe anfonwyd llythyr at yr holl awdurdodau addysg i'w hysbysu y byddai comic *Yr Hebog* yn ymddangos bob pythefnos o 24 Ebrill 1968 ymlaen. Yr awdurdodau addysg oedd yn archebu ar ran yr ysgolion bryd hynny a nhw hefyd oedd yn talu. Os cofiaf yn iawn, fe gaed archeb sefydlog o bron i dair mil o gopïau. Felly, dyna fwrw iddi yn eithaf hyderus.

Delwyn, Ken a minnau oedd yn gyfrifol am yr arlunwaith, a'r tri arall yn cynllunio storïau, posau ac ati. Roedd Wil yn briod erbyn hyn ac yn ei fflat ef a Marian yn Negannwy y byddem yn cwrdd i bacio'r parseli ar gyfer eu postio i'r gwahanol ysgolion. Roedd hi'n antur eithaf hwyliog ar y dechrau ond buan iawn yr aeth paratoi, pacio a phostio comic 16 tudalen bob pythefnos yn ormod o faich inni. Wedi'r cwbl, gwaith gwirfoddol yn ein hamser hamdden oedd o. Ar ôl blwyddyn dyna benderfynu cyhoeddi'n fisol ond hyd yn oed wedyn roedd o'n waith caled. Eto i gyd, roedd o'n waith a roddai foddhad mawr. Rwy'n cofio cyrraedd yr ysgol yn Nhrawsfynydd un bore Llun a chyn imi ddod allan o'r car roedd criw o'r hen blant wedi ymgasglu o'm cwmpas ac yn holi, 'Ydi'r Hebog gynnoch chi, syr?' Oedd, roedd o'n werth yr ymdrech.

Yn bur gynnar yn 1968 fe'm hysbyswyd gan Bwyllgor Addysg Meirionnydd y byddent yn fy symud i Gorwen y Medi canlynol. Barnent mai merch a ddylai fod yng ngofal fy nosbarth i yn Nhrawsfynydd. Doedd gen i ddim oll yn erbyn Corwen ond doedd arna i ddim awydd mynd yno chwaith, yn enwedig o'r Traws.

Tua'r un pryd ag y clywais am y bwriad i'm symud i Gorwen darllenais yn *Y Cymro* fod y gŵr busnes Trefor Morgan wedi prynu plasty ym Mhen-y-bont ar Ogwr gyda'r bwriad o agor ysgol Gymraeg breifat yno dan yr enw Ysgol Glyndŵr. Sgrifennais yn syth bin i fynegi fy niddordeb ac i ofyn a gawn i gyfle i ymgeisio pan fyddent yn penodi athrawon. Mae'n wir bod gen i gymhellion nad oedd a wnelont ddim oll ag addysg (roedd Pen-y-bont o fewn cyrraedd hwylus i Gaerdydd) ond, ar yr un pryd, roedd gen i ddiddordeb dilys yn y syniad o ysgol breifat Gymraeg. Ymhen hir a hwyr cefais alwad ffôn gan Mrs Dorothy Dolben, trefnydd Cronfa Glyndŵr, yn fy ngwahodd i gyfweliad ym Mhen-y-bont. Dau ohonom yn unig oedd dan ystyriaeth ar gyfer dosbarth uchaf yr adran gynradd, a Mrs Gwyneth Morgan, Mrs Wendy Richards, Yr Athro Stephen J. Williams a'r Parch. Ifan R. Williams oedd yn ein cyfweld. Roedd Mrs Dolben hefyd yn bresennol ond doedd ganddi ddim pleidlais. Sut bynnag, pan ganfuwyd bod y bleidlais wedi hollti'n gyfartal, tri o blaid a thri yn erbyn y naill a'r llall ohonom, fe alwyd arni hi i droi'r fantol ac, am ryw reswm, fe wnaeth hynny o'm plaid i. Ac felly, ym Medi 1968 mi fyddwn yn athro yn Ysgol Glyndŵr yn hytrach nag yng Nghorwen ym Mro Glyndŵr.

Ar y pryd, prin y meddyliwn y byddai hynny'n llwyr newid cyfeiriad fy mywyd ond fe wnaeth.